LES SINGVLARI= TEZ DE LA FRAN- CE ANTARCTIQVE, AV- trement nommée Amerique: & de plusieurs Terres & Isles de- couuertes de nostre temps.

Par F. André Theuet, natif d'Angoulesme.

A PARIS,
Chez les heritiers de Maurice de la Porte, au Clos
Bruneau, à l'enseigne S. Claude.
1558.
AVEC PRIVILEGE DV ROY.

PRIVILEGE.

HENRY par la grace de Dieu Roy de France, aux Prenoſt de Paris, Baillif de Rouen, Seneſchal de Lyon, Thoulouſe, Bordeaux, ou leurs lieutenans, & à tous noz autres iuſticiers & officiers ſalut. Noſtre amé F. André Theuet d'Angou‐leſme, nous a fait remonſtrer, qu'apres auoir longuement voyagé & diſcouru par l'Amerique, & autres terres & iſles decouuertes de noſtre temps, qu'il a redigé par eſcript, auec grand peine & labeur, les Singularitez de toutes les contrées deſſuſdictes, ayant le tout mis en bonne forme & deue, pour le contentement & profit des gens ſtu‐dieux de noſtre Royaume, & pour l'illuſtration & augmentation des bonnes lettres: leſquelles Singula‐ritez il auroit grand deſir faire imprimer & mettre en lumiere, s'il nous plaiſoit de grace luy per‐mettre les faire imprimer par tel ou tels Libraires & Imprimeurs de noz villes de Paris & Lyon qu'il voudra eſlire. Mais il doubte que quelques autres des Imprimeurs de noſtre Royaume le voulant fruſtrer de ſon labeur, facent imprimer ledit liure, ou en vendent qui ayent eſté imprimez par autre que par celuy ou ceux auſquels il en donnera la charge. Nous requerant ſur ce luy impartir noz lettres & grace eſpeciale. Pource eſt il que nous inclinans à ſa requeſte pour les cauſes ſuſdites & autres à ce nous mouuans, auons permis & ottroyé, permettons & ottroyons de grace eſpeciale par ces preſentes audit ſuppliant, que luy ſeul puiſſe par tels Libraires & Imprimeurs que bon luy ſemblera, & qui luy ſembleront plus capables & diligens en noſdites villes de Paris & Lyon, & autres, faire imprimer le‐dit liure. Et à fin que le Libraire ou Imprimeur auquel ledit Theuet ſuppliant aura donné la char‐ge de ce faire, ſe puiſſe rembourſer des frais qu'il aura faits pour l'impreſſion, Auons inhibé & defendu, inhibons & defendons à tous autres Libraires & Imprimeurs & autres perſonnes quelconques de noſ‐dites Preuoſtez, Bailliages, & Seneſchaucées, & generalement à tous noz ſubiets d'imprimer ou faire imprimer, vendre, ou diſtribuer ledit liure iuſques à dix ans apres la premiere impreſſion d'iceluy à cō‐pter du iour qu'il aura eſté acheué d'imprimer, ſans la permiſſion & conſentement dudit Libraire ou Imprimeur: & ce ſur peine de confiſcation des liures imprimez & d'amende arbitraire. Si vous man‐dons & commandons par ces preſentes, & à chacun de vous ſi comme à luy appartiendra, que de noz preſente grace, permiſſion, & ottroy, vous faciez, ſouffriez, & laiſſez ledit ſuppliant, ou celuy ou ceux auſquels il aura donné charge de faire ladite impreſſion, iouyr & vſer plainement & paiſiblement de noſtredite preſente permiſſion & ottroy. Et à fin que perſonne n'en pretēde cauſe d'ignorance, nous vou‐lons que la copie en ſoit miſe & inſerée dedans les liures qui ſerōt imprimez, & que foy y ſoit adiouſtée comme au preſent original. Car ainſi nous plaiſt il eſtre fait. Donné à Saint Germain en Laye, le dixhuitieſme iour du mois de Decembre, L'an de grace mil cinq cens cinquante ſix, & de noſtre regne la dixieſme.   Ainſi ſigné,   Par le Roy, vous preſent.   Eizes.

A MONSEIGNEVR MONSEIG. LE REVERENDISSIME CARDINAL DE Sens, Garde des seaux de France, F. André Theuet desire paix & felicité.

Onseigneur, estant suffisammét auerty, combien, apres ce
treslouable, & nõ moins grád
& laborieux exercice, auquel
á pleu au Roy employer vostre prudence, & preuoyant
sçauoir, vous prenés plaisir, nõ
seulement à lire, ains à voir &
gouster quelque belle histoire, laquelle entre tant de fati-
gues puisse recréer vostre esprit, & luy dóner vne delecta-
ble intermissió de ses plus graues & serieux negoces: i'ay
bien osé m'enhardir de vous presenter ce mien discours,
du lointain voyage fait en l'Inde Amerique (autrement,
de nous nommée la France Antarctique, pour estre
partie peuplée, partie decouuerte par noz Pilottes,) terre,
qui pour le iourd'huy se peut dire la quatrieme partie du
monde, non tant pour l'elongnemét de noz orizons, que
pour la diuersité du naturel des animaux, & temperature du ciel de la contrée: aussi pource que aucun n'en à fait

á ij

iufques icy la recherche, cuidans tous Cofmographes (voire fe perfuadans) que le monde fut limité en ce que les Anciens nous auoient defcrit. Et iaçoit que la chofe me femble de foy trop petite, pour eftre offerte deuant les yeux de voftre Seigneurie, toutefois la grãdeur de voftre nom fera agrandir la petiteffe de mon œuure : veu meſmement que ie m'affeure tant de voftre naïfue douceur, vertu & defir d'ouïr chofes admirables, que facilement vous iugerez mon intention ne tendre ailleurs, qu'à vous faire congnoiftre, que ie n'ay plaifir, qu'à vous offrir chofe, de laquelle vous puifsiez tirer & receuoir quelque cõtentemẽt, & ou quelquefois vous trouuiez relafche de ces grands & ennuyeux foucis, qui f'offrent en ce degré, que vous tenez. Car qui eft l'efprit fi cõftant, qui quelque fois ne fe fafche, voire fe confume en vacquant fans interualle, aux affaires graues du gouuernement d'vne republique? Certes, tout ainfi que quelquefois, pour le foulagement du corps, le docte medecin ordonne quelque mutation d'alimens: aufsi l'efprit eft alleché, & comme femonds à grands chofes, par le recit diuerfifié de chofes plaifantes, & qui par leur veritable douceur femblent chatouiller les oreilles. Cecy eft la raifon pourquoy les Philofophes anciens, & autres, fe retiroient fouuent à l'efcart de la tourbe, & enueloppement d'affaires publiques. Comme aufsi ce grãd orateur Ciceron tefmoigne f'eftre plufieurs fois abfenté du Senat de Rome (au grand regret toutefois des citoyens) pour, en fa maifon champeftre, cherir plus librement les douces Mufes. Doncques puis qu'entre les noftres, ainfi que luy entre les Romains, pour voftre finguliere erudition, prudence, & eloquence, eftes

com-

comme chef, & principal adminiſtrateur de la triomphâte Republique Frãçoiſe, & tel à la verité, que le deſcrit Platon en ſa Republique, c'eſt à ſçauoir grand Seigneur, & hôme amateur de ſcience & vertu: auſsi n'eſt il hors de raiſon de l'imiter & enſuiuir en ceſt endroit. Or Monſeigneur, ainſi que retournant tout attedié & rompu de ſi long voyage, i'ay eſté par vous premierement, de voſtre grace, receu & bien venu, qui me donnoit à congnoiſtre, qu'eſtes le ſingulier patron de toute vertu, & de tous ceux qui s'y appliquent: auſsi m'a ſemblé ne pouuoir adreſſer en meilleur endroit ce mien petit labeur qu'au voſtre. Lequel ſil vous plaiſt receuoir autant humainement, cõme de bon & affectionné vouloir le vous preſente & dedië: & ſi liſez le contenu d'iceluy, trouuerez à mon opinion en quoy vous recreer, & m'obligerez à iamais (combien que deſia, pour pluſieurs raiſons, ie me ſente grandement voſtre tenũ & obligé) à faire treshumble & treſobeïſſant ſeruice à voſtre Seigneurie : à laquelle ie ſupplie le Createur donner accompliſſement de toute proſperité.

á iij

ESTIENNE IODELLE SEIGNEVR
DV LIMODIN. A M. THEVET.
ODE.

SI nous auions pour nous les Dieux,
Si nostre peuple auoit des yeux,
Si les grands aymoient les doctrines,
Si noz magistrats trafiqueurs
Aymoient mieux s'enrichir de mœurs,
Que s'enrichir de noz ruines,
Si ceux la qui se vont masquant
Du nom de docte en se mocquant
N'aymoyent mieux mordre les sciences
Qu'en remordre leurs consciences,
Ayant d'vn tel heur labouré
Theuet tu serois asseuré
Des moissons de ton labourage,
Quand fauoriser tu verrois
Aux Dieux, aux hommes & aux Roys
Et ton voyage & ton ouurage.
  Car si encor nous estimons
De ceux la les superbes noms,
Qui dans leur grand Argon ozerent
Asseruir Neptune au fardeau,
Et qui maugré l'ire de l'eau
Iusque dans le Phase voguerent:
Si pour auoir veu tant de lieux
Vlysse est presque entre les Dieux,
Combien plus ton voyage t'orne,
Quand passant soubs le Capricorne
As veu ce qui eust fait pleurer
Alexandre? si honorer
L'on doit Ptolomée en ses œuures.
Qu'est ce qui ne t'honoreroit
Qui cela que l'autre ignoroit
Tant heureusement nous descoeuures?
  Mais le Ciel par nous irrité

Semble

Semble d'vn œil tant depité
Regarder nostre ingrate France.
Les petits sont tant abrutis,
Et les plus grands qui des petits
Sont la lumiere & la puissance,
S'empeschent tousiours tellement
En vn trompeur accroissement,
Que veu que rien ne leur peut plaire,
Que ce qui peut plus grands les faire,
Celuy la fait beaucoup pour soy
Qui fait en France comme moy,
Cachant sa vertu la plus rare,
Et croy veu ce temps vicieux,
Qu'encor ton liure seroit mieux
En ton Amerique barbare.

 Car qui voudroit vn peu blasmer
Le pays qu'il nous faut aymer,
Il trouueroit la France Arctique
Auoir plus de monstres ie croy
Et plus de barbarie en soy
Que n'a pas ta France Antarctique.
Ces barbares marchent tous nuds,
Et nous nous marchons incognus,
Fardez, masquez, Ce peuple estrange
A la pieté ne se range.
Nous la nostre nous mesprisons,
Pipons, vendons & deguisons.
Ces barbares pour se conduire
N'ont pas tant que nous de raison,
Mais qui ne voit que la foison
N'en sert que pour nous entrenuire?

 Toutesfois, toutesfois ce Dieu,
Qui n'a pas bani de ce lieu
L'esperance nostre nourrice,
Changeant des cieux l'inimitié,
Aura de sa France pitié
Tant pour le malheur que le vice.

Ie voy noz Rois & leurs enfans
De leurs ennemis triomphans,
Et noz magistrats honorables
Embrasser les choses louables,
Separans les boucs des agneaux,
Oster en France deux bandeaux,
Au peuple celuy d'ignorance,
A eux celuy de leur ardeur,
Lors ton liure aura bien plus d'heur
En sa vie, qu'en sa naissance.

A MONSIEVR THEVET ANGOV-
moisin, Autheur de la presente histoire, François de Belleforest Comingeois.

ODE.

LE laboureur, quand il moissonne
Courbé par les champs ondoyans:
Ou quand sur la fin de l'Autonne
Contraint ses bœufs (ia panthelans
Dessoubs le ioug, soubs l'atellage)
Recommencer le labourage,
Qui pouruoir puisse aux ans suyuans:
  Ne s'esbahist, quoy que la pene,
Que la rudesse du labeur
Cassent son corps, ains d'vne halene
Forte, attend le temps, qui donneur
D'Années riches, luy remplisse
Ses granges, & luy parfournisse
L'attente d'vn esperé heur.
  Ainsi ta plume qui nous chante
Les meurs, les peuples du Leuant,
Du passé point ne se contente,
Quoy qu'elle ait espandu le vent
D'vne gloire immortalisee,
D'vne memoire eternisee,

Qui court du Leuant au Ponent.
 Car encor que l'antique Thrace,
Que l'Arabe riche ayes veu,
Que d'Asie la terre grasse,
D'AEgypte les merueilles sceu:
Encor que ta plume diuine
Nous ait descrit la Palestine,
Et que de ce son loz ait eu:
 Toutefois ce desir d'entendre
Le plus exquis de l'vniuers,
A fait ton vol plus loing estendre:
Luy a fait voir de plus diuers,
Tant peuples, que leurs païsages,
Hommes nuds allans, & Sauuages,
Iusque icy de nul decouuers.
 Ie voy ton voyage, qui passe
Tous degrez & dimensions
D'vn Strabon, qui le ciel compasse,
Et les habitez orizons,
Lesquels Ptolomée limite:
Mais leur congnoissance petite
Surpassent tes conceptions.
 Car ayant costoyé d'Aphrique
Les regnes riches, & diuers,
Les loingtains païs d'Amerique
Doctement nous as decouuers:
Encor en l'Antarctiq' auances,
Non vne, mais deux telles Frances
Qui soient miracle à l'vniuers.
 Et ce que iamais l'escrit d'homme
N'auoit par deça rapporté
Tu l'exprimes, tu le pains, somme
Tel tu le fais, qu'en verité
L'obscurté mesme en seroit clere:
Tant que par ce moyen i'espere
Que lon verra resuscité
 Des Mondes cest infini nombre,

Qui feit Alexandre plourer.
O que d'arbres icy ie nombre,
Quels fruits doux i'y peux sauourer:
Que de monstres diuers en formes,
Quelles meurs de viure difformes
Aux nostres tu sçais coulourer!
 Ie voy la gent qui idolatre
Tantost vn poisson escaillé,
Ors vn bois, vn metal, vn plastre
Par eux mis en œuure, & taillé:
 Tantost vn Pan, qui mis en œuure
Nostre Dieu tout puissant descœuure,
Qui de l'vniuers emaillé
 Par maintes beautez, feit le monde,
Et l'enrichit d'animaux maints,
Qui la terre en forme de boule
Entoura des ciels clers serains.
 De là sortent tes Antipodes,
Ces peuples que tu accommodes
A ces Sauuages inhumains.
 Desquels quand la façon viens lire
Auec tant d'inhumanitez,
D'horreur, de pitié, & puis d'ire,
Ie poursuis ces grands cruautez;
Quelquefois de leur politique
Ie louë la saincte pratique,
Auecques leurs simplicitez,
 Làs! si de ton esprit l'image
Dieu eust posé en autre corps,
Lequel d'vn marinier orage
Eust euité les grands effors,
Qui eust craint de voir par les vndes
Les esclats, les coups furibondes
Des armés, & cent mille morts.
 Pas n'aurions de ceste histoire
Le docte & veritable trait:
Mais Dieu soigneux & de ta gloire

Et de l'equitable souhait
De la France, qui ne desire
Que choses rares souuent lire,
Ce desir a mis en effait.

C'est quand il estrena ce pole
De ton bon esprit, & t'esleut
O Theuue pour porter parolle
De ces peuples, ainsi voulut
Que de voir desireux tu fusses,
Et pour le mieux, il feit que peusses
Parfaire ce que autre onc ne sceut.

Ainsi l'Europe tributaire
A ton labeur, t'exaltera:
Pas ne pourra France se taire,
Ains t'admirant s'esgaiera,
Lisant ces merueilles cachées
Et par nul escriuant touchées:
Les lisant, elle t'honorera.

IN THEVETVM NOVI ORBIS PERAGRA-
torem & descriptorem, Io. Auratus, literarum
Græcarum Regius professor.

A Vre tenus, sed non pedibus, nec nauibus vllis,
  Plurimus & terras, mensus & est maria.
Multa tamen non nota maris terræque relicta
  His loca, nec certis testificata notis.
At maria & terras pariter vagus iste Theuetus
  Et visu, & mensus nauibus, & pedibus.
Pignora certa refert longarum hæc scripta viarum,
  Ignotique orbis cursor & author adest.
Vix quæ audita aliis, subiecta fidelibus edit
  Hic oculis, terra sospes ab Antipodum.
Tantum aliis hic Cosmographis Cosmographus anteit
  Auditu quanto certior est oculus.

acquerir le comble de philosophie, mais aussi pour la communique au public, sans espoir d'aucun loyer ne recōpense. Cicero n'a il pas enuoyé son fils Marc à Athenes, pour en partie ouyr Cratippus en Philosophie, en partie pour apprendre les meurs & façons de viure de citoyens d'Athenes? Lysander eleu pour sa magnanimité, Gouuerneur des Lacedemoniēs, a si vaillamment executé plusieurs belle entreprises cōtre Alcibiades, homme preux & vaillant: & Antiochus son lieutenant sur la mer, que quelque iacture ou detrimen qu'il ait encouru, n'eut iamais le cueur abaissé, ains a tant poursuyui son ennemy par mer & terre, que finablement il a rendu Athenes soubs son obeïssance. Themistocles non moins expert en l'art militaire, qu'en philosophie, pour monstrer combien il auoit desir d'exposer sa vie pour la liberté de son païs, a persuadé aux Atheniens que l'argent recueilly es mines, que l'on auoit accoustumé de distribuer au peuple, fust conuerti & employé à bastir nauires, fustes, & galeres, cōtre Xerxes, lequel pour en partie l'auoir deffait, & en partie mis en route, cōgratulant à ceste heureuse victoire (contre le propre d'vn ennemy) luy a fait present de trois les plus apparētes citez de son empire. Qui a causé à Seleuc Nicanor, à l'Empereur Auguste Cesar, & à plusieurs Princes & notables personnages de porter dans leurs deuises & enseignes le Daulphin, & l'anchre de la nauire, sinon donnans instruction à la posterité, que l'art de la marine est le premier, & de tous les autres le plus vertueux? Voila sans plus long discours, exemple en la nauigation, cōme toute chose, d'autant qu'elle est plus excellente, plus sont difficiles les moyens pour y paruenir: ainsi qu'apres l'experiēce nous tesmoigne Aristote, parlant de vertu. Et que la nauigation soit tousiours accompagnée de peril, cōme vn corps de son vmbre, l'a biē monstré quelquefois Anacharsis Philosophe, lequel apres auoir interrogé de quelle espesseur estoient les ais & tablettes, dont sont composées les nauires : & la response faicte

PREFACE.

faicte, qu'ils estoient seulement de quatre doigts: De plus, dit il, n'est elongnée la vie de la mort de celuy qui auecques nauires flotte sus mer. Or messieurs, pour auoir allegué tant d'excellens personnages, n'est que ie m'estime leur deuoir estre comparé, encor moins les egaler: mais ie me suis persuadé que la grandeur d'Alexandre, n'a empesché ses successeurs de tenter, voire iusques à l'extremité, la fortune: aussi n'a le scauoir eminent de Platon iusques là intimidé Aristote, qu'il n'aye à son plaisir traicté de la Philosophie. Tout ainsi, à fin de n'estre veu oyseux & inutile entre les autres, non plus que Diogenes entre les Atheniens, i'ay bien voulu reduire par escrit plusieurs choses notables, que i'ay diligemment obseruées en ma nauigation, entre le Midy & le Ponent : C'est à scauoir la situation & disposition des lieux, en quelque climat, zone, ou parallele que ce soit, tant de la marine, isles, & terre ferme, la temperature de l'air, les meurs & façons de viure des habitans, la forme & proprieté des animaux terrestres, & marins: ensemble d'arbres, arbrisseaux, auec leurs fruits, mineraux & pierreries: le tout representé viuemẽt au naturel par portrait le plus exquis, qu'il m'a esté possible. Quant au reste, ie m'estimeray bien heureux, s'il vous plaist de receuoir ce mien petit labeur, d'aussi bon cueur, que le vous presente: m'asseurãt au surplus que chacun l'aura pour agreable, si bien il pense au grand trauail de si longue & penible peregrination, qu'ay voulu entreprendre, pour à l'œil voir, & puis mettre en lumiere les choses plus memorables que ie y ay peu noter & recueillir, comme lon verra cy apres.

ADVERTISSEMENT AV LECTEVR
PAR M. DE LA PORTE.

IE ne doute point, Lecteur, que la defcription de cefte prefente hiftoire ne te mette aucunemẽt en admiration, tant pour la varieté des chofes qui te font à l'œil demõftrées, que pour plufieurs autres qui de prime face te femblerõt pluftoft monftrueufes que naturelles. Mais apres auoir meuremẽt cõfideré les grãs effects de noftre mere Nature, ie croy fermement que telle opinion n'aura plus de lieu en ton efprit. Il te plaira femblablemẽt ne t'esbahir de ce que tu trouueras la defcription de plufieurs arbres, cõme des palmiers, beftes, & oyfeaux, eftre totalement contraire à celle de noz modernes obferuateurs, lefquels tant pour n'auoir veu les lieux, que pour le peu d'experience & doctrine qu'ils ont, n'y peuuent adioufter foy. Te fuppliant auoir recours aux gens du païs qui demeurẽt par deçà, ou à ceux qui ont fait ce voyage, lefquels te pourront affeurer de la verité. D'auãtage s'il y a quelques dictions Francoifes qui te femblent rudes ou mal accõmodées, tu en accuferas la fiebure, & la mort: la fiebure, laquelle a tellemẽt detenu l'Autheur depuis fon retour, qu'il n'a pas eu loyfir de reuoir fon liure auant que le bailler à l'Imprimeur, eftant preffé de ce faire par le cõmandement de monfeigneur le Cardinal de Sens. La mort qui a preuenu AMBROISE DE LA PORTE, hõme ftudieux & bien entendu en la langue Francoife, lequel auoit pris l'entiere charge du prefent liure. Toutefois tu te doibs affeurer, que noftre deuoir n'a point efté oublié, fouhaitant pour toute recompenfe qu'il te puiffe eftre agreable.

L'EMBARQVEMENT
DE L'AVTEVR.

CHAPITRE PREMIER.

OMBIEN que les elemens, & toutes choses qui en prouiennent sous la Lune, iusques au cêtre de la terre, semblent (comme la verité est) auoir esté faittes pour l'homme: si est-ce que Nature mere de toutes choses, à esté, & est tousiours telle, qu'elle à remis & caché au dedans les choses les plus precieuses & excellentes de son œuure, voire bien s'y est remise elle mesme: au contraire de la chose artificielle. Le plus sçauant ouurier, fusse bien Apelles ou Phidias, tout ainsi qu'il demeure par dehors seulement pour portraire, grauer, & enrichir le vaisseau, ou statue, aussi n'y à que le superficiel, qui reçoiue ornement & polissure: quant au dedans il reste totalement rude & mal poli. Mais de nature nous en voyons tout le contraire. Prenons exemple premierement au corps humain. Tout l'artifice & excellence de nature est cachée au dedans, & centre de nostre corps, mesme de

Toutes choses ont esté faittes pour l'hõme.

Differēce d'art & de nature.

tout autre corps naturel: le superficiel & exterieur n'est rien en comparaison, sinon que de l'interieur il prend son accomplissement & perfection. La terre nous mõstre exterieurement vne face triste, & melancholique, couuerte le plus souuét de pierres, espines & chardons, ou autres semblables. Mais si le laboureur la veult ouurir auecques soc & charrue, il trouuera ceste vertu tant excellente, preste de luy produire à merueilles, & le recompenser au centuple. Aussi est la vertu vegetatiue au dedans de la racine, & du tronc de la plante, remparée à l'entour de dure escorce, aucunesfois simple, quelquefois double: & la partie du fruict la plus precieuse, ou est ceste vertu de produire & engédrer son semblable est serrée, cõme en lieu plus seur, au cẽtre du mesme fruict. Or tout ainsi que le laboureur ayãt sondé la terre & receu grand emolument: vn autre non content de voir les eaux superficiellement, les à voulu sonder au semblable, par le moyen de ceste tant noble nauigatiõ, auec nauires & autres vaisseaux. Et pour y auoir troué & recueilli richesses inestimables (ce qui n'est outre raison, puisque toutes choses sont pour l'homme) la nauigation est deuenue peu à peu tant frequentée entre les hommes, que plusieurs ne s'arrestans perpetuellement es isles inconstantes & mal asseurées, ont finalement abordé la terre ferme, bonne, & fertile: ce que auant l'experience l'on n'eust iamais estimé, mesmes selon l'opinion des anciens. Doncques la principale cause de nostre nauigation aux Indes Ameriques, est que Monsieur de Villegagnon Cheualier de Malte, homme genereux, & autant bien accompli, soit à la marine,

Exemple en la terre.

Vtilité de la nauigation.

Cause de la nauigation de l'Auteur aux Ameriques.

marine, ou autres honeſtetez, qu'il eſt poſsible, ayant auecques meure deliberation, receu le commádement du Roy, pour auoir eſté ſuffiſamment informé de mon voyage au païs de Leuant, & l'exercice que ie pouuois auoir fait à la marine, m'à inſtamment ſollicité, voire ſous l'autorité du Roy, monſeigneur & Prince, (auquel ie dois tout honneur & obeïſſance) expreſſement commandé luy aſsiſter pour l'execution de ſon entrepriſe. Ce que librement i'ay accordé, tant pour l'obeïſſance, que ie veux rendre à mon Prince naturel, ſelon ma capacité, que pour l'honeſteté de la choſe, combien qu'elle fuſt laborieuſe. Pource eſt-il que le ſixieſme iour de May, Mil cinq cens cinquante cinq, apres que ledit Sieur de Villegagnon eut donné ordre pour l'aſſeurance & commodité de ſon voyage, à ſes vaiſſeaux, munitions, & autres choſes de guerre: mais auec plus grande difficulté, que en vne armée marchant ſur terre, au nóbre & à la qualité de ſes gens de tous eſtats, Gentils-hommes, Soldats, & varieté d'artiſans: bref, le tout dreſſé au meilleur equipage, qu'il fuſt poſsible: le temps venu de nous embarquer au Hable de grace, ville moderne, lequel en paſſant, ie diray auoir eſté appellé ainſi Hable, ſelon mon iugemét, de ce mot Ἁλῶν qui ſignifie mer, ou deſtroict: ou ſi vous dictes Haure, *ab hauriendis aquis*, ſituée en Normandie à noſtre grád mer & Ocean Gallique, ou abádonans la terre, feiſmes voile, nous acheminans ſus ceſte grád mer à bon droit appellée Ocean, pour ſon impetuoſité de ce mot ὠκύς, comme veulent aucuns: & totallement ſoubmis à la mercy & du vent & des ondes. Ie ſçay bien, qu'en la ſu-

Louënges du Seigneur de Villegagnon.

Embarquement des Franſois pour aller aux Indes Ameriqs.

Hable de grace, et pourquoi eſt ainſi appellé.

perstitieuse & abusiue religion des Gétils plusieurs faisoient vœux, prieres, & sacrifices à diuers dieux, selon que la necesité se presentoit. Doncques entre ceux qui vouloyent faire exercice sur l'eau, aucuns iettoient au commencement quelque piece de monnoye dedans, par maniere de present & offrande, pour auecques toute congratulation rendre les dieux de la mer propices & fauorables. Les autres attribuans quelque diuinité aux vents, ils les appaisoient par estranges cerimonies: comme lon trouue les Calabriens auoir faict à Iapix, vent ainsi nómé : & les Thuriens et Pamphiliens à quelques autres. Ainsi lisons nous en l'Eneide de Virgile (si elle est digne de quelque foy) combien, pour l'importune priere de Iunon vers Eolus Roy des vents, le miserable Troïen a enduré sus la mer, & la querelle des Dieux, qui en est ensuyuie. Par cela peut on euidemment cognoistre l'erreur & abus, dont estoit aueuglée l'antiquité en son gentilisme damnable, attribuát à vne creature, voire des moindres, & soubs la puissance de l'hóme, ce qui appartient au seul Createur: lequel ie ne sçaurois suffisammét louër en cest endroit, pour s'estre cómuniqué à nous, & nous auoir exempté d'une si tenebreuse ignoráce. Et de ma part, pour de sa seule grace auoir tant fauorisé nostre voyage, que nous dónant le vent si bien à poupe, nous auós tráquillemét passé le destroict, & de la aux Canaries, isles distátes de l'Equinoctial de vingtsept degrez, & de nostre Fráce de cinq cens lieues, ou enuiron. Or pour plusieurs raisons m'a semblé mieux seant commécer ce mien discours à nostre embarquement, comme par vne plus certaine methode

Superstition des Anciens auát que nauiger.

thode. Ce que faisant,(i'espere amy Lecteur) si vous prenez plaisir à le lire, de vous conduire de point en autre, & de lieu en lieu, depuis le commencemét iusques à la fin, droit, cóme auec le fil de Thesée, obseruant la longitude des païs, & latitude. Toutesfois ou ie n'auroys faict tel deuoir, que la chose, & vostre iugement exquis meriteroit, ie vous supplie m'excuser, considerant estre malaisé à vn homme seulet, sans faueur & support de quelque Prince ou grád Seigneur, pouuoir voyager & descouurir les païs lointains, y obseruát les choses singulieres, n'y executer grandes entreprises, cóbien que de soy en fust assez capable. Et me souuient qu'à ce propos dit tres-bien Aristote, Qu'il est impossible & fort malaisé, que celuy face choses de grande excellence, & dignes de louënge, quand le moyen, c'est à dire, richesses luy defaillent: ioinct que la vie de l'homme est breue, subiecte à mille fortunes & aduersitez.

Du destroict anciennement nommé Calpe, & au-iourd'huy Gibaltar.
CHAP. 2.

Costoyans donc l'Espaigne à senestre auec vn vent si calme & propice, vimmes iusques vis à vis de Gibaltar, sans toutefois de si pres en aprocher pour plusieurs causes: auquel lieu nous feimes quelque seiour. Ce destroit est sur les limites d'Espaigne, diuisant l'Europe d'auec l'Afrique: comme celuy de Constantinople, l'Europe

Destroit de Gibaltar.

LES SINGVLARITEZ

de l'Asie. Plusieurs tiennent iceluy estre l'origine de nostre mer Mediterranée, comme si la grand mer pour estre trop pleine, se degorgeoit par cest endroict sus la terre, duquel escript Aristote en son liure Du monde en ceste maniere: L'Ocean, qui de tous costez nous enuironne, vers l'Occident pres les colonnes d'Hercules, se respand par la terre en nostre mer, comme en vn port, mais par vn embouchement fort estroict. Aupres de ce destroit se trouuent deux isles assez prochaines l'vne de l'autre, habitées de barbares, coursaires, & esclaues la plus grande part, auec la cadene à la iambe, lesquels trauaillent à faire le sel, dont il se fait là bien grand traffique. De ces isles l'vne est Australe, & plus grãde faite en forme de triãgle, si vous la voyez de loin, nõmée par les anciens Ebusus, & par les modernes Ieuiza: l'autre regarde Septentrion, appellée Frumentaria. Et pour y aller est la nauigation fort difficile, pour certains rochers, qui se voient à fleur d'eau, & autres incommoditez. D'auantage y entrent plusieurs riuieres nauigables, qui y apportent grand enrichissement, comme vne appellée Malue, separant la Mauritanie de la Cesariense: vne autre encores nommée, Sala, prenant source de la montagne de Dure: laquelle ayant trauersé le Royaume de Fes, se diuise en forme de ceste lettre Grecque ∆, puis se va rendre dans ce destroit: & pareillemẽt quelques autres, dont à present me deporte. Ie diray seulement en passant, que ce destroit passé, incontinent sus la coste d'Afrique iusques au tropique de Cancer, on ne voit gueres croistre ne decroistre la mer, mais par dela, si tost que l'on approche

Isles & autres singularitez de Gibaltar.

Ebusus.

Ieuiza.
Frumentaria.

Malue, fl.

Sala, fl.

proche de ce grand fleuue Niger, vnze degrez de la ligne, on s'en apperçoit aucunement selon le cours de ce fleuue. En ce destroict de la mer Mediterranée y a deux motagnes d'admirable hauteur, l'vne du costé de l'Afrique, selon Mela, anciennement dite Calpe, maintenant Gibaltar: l'autre Abyle, lesquelles ensemble l'on appelle Colonnes d'Hercules: pource que selon aucuns il les diuisa quelquefois en deux, qui parauāt n'estoient qu'vne montagne continue, nommée Briarei. Et là retournant de la Grece par ce destroit feit la consummation de ses labeurs, estimant ne deuoir, ou pouuoir passer oultre, pour la vastité & amplitude de la mer, qui s'estendoit iusques à son orizon, & fin de sa veuë. Les autres tiennent, que ce mesme Hercules, pour laisser memoire de ses heureuses conquestes, feit là eriger deux Colonnes de merueilleuse hauteur, du costé de l'Europe. Car la coustume à esté anciennement, que les nobles & grands Seigneurs faisoient quelques hautes colonnes au lieu, ou ils finissoient leurs voyages & entreprises, ou bien leur sepulchre & tōbeau: pour monstrer par ce moyen leur grandeur & eminence par sus tous les autres. Ainsi lisons nous Alexandre auoir laisé quelques signes aux lieux de l'Asie maieure, ou il auoit esté. Pour mesme cause à esté erigé le Colosse à Rhodes. Autant se peult dire du Mausolée, nōbré entre les sept merueilles du mōde, fait & basti par Artemisia en l'hōneur, & pour l'amitié qu'elle portoit à son mary: autant des pyramides de Méphis, sous lesquelles estoient inhumez les Roys d'Egypte. D'auantage à l'entrée de la mer maieure Iule Cesar feit dresser vne haute colonne

Diuerses opinions sur l'erection des Colōnes d'Hercules.

Coustumedes anciēs Roys & Seigneurs.

a iiij

LES SINGVLARITES

Quel Hercules a esté, duqʹl sont nōmées ces Colōnes.

Tartesse, ancienne ville d'Afrique.

Gibaltar, lieu de traffique de l'Europe & d'Afrique.

de marbre blanc : de laquelle, & du colosse de Rhodes trouuerez les figures en ma Description de Leuant. Et pourtant que plusieurs ont esté de ce nom, nous dirōs auec Arrian Historiographe, ce Hercules auoir esté celuy, que les Tyriés ont celebré : pource q̃ iceux ont edifié Tartesse à la frontiere d'Espagne, ou sont les colonnes dont nous auons parlé : & là vn temple à luy consacré, & basti à la mode des Pheniciens, auecques les sacrifices & cerimonies, qui s'y faisoient le temps passé : aussi a esté nommé le lieu d'Hercules. Ce destroit auiourd'huy est vn vray asile, & receptacle de larrons, pyrates, & escumeurs de mer, cóme Turcs, Mores, & Barbares, ennemis de nostre religion Chrestienne : lesquels voltigeans auecques nauires volent les marchants qui viennẽt traffiquer tant d'Afrique, Espagne, que de Fráce: mesmes qu'est encores plus à deplorer, la captiuité de plusieurs Chrestiens, desquels ils vsent autant inhumainement que de bestes brutes, en tous leurs affaires, outre la perdition des ames, pour le violement & transgression du Christianisme.

De l'Afrique en general.
CHAP. 3.

Cap de Canti.

Passans outre ce destroict, pource qu'auions costoyé le païs d'Afrique l'espace de huit iournées, semblablement à senestre iusques au droit du Cap de Canti, distant de l'equinoctial trẽte trois degrez, nous en escrirons

rons sommairement. Afrique selon Ptolemée, est vne des trois parties de la terre, (ou bien des quatre, selon les modernes Geographes, qui ont escrit depuis, que par nauigations plusieurs païs anciennement incongneus ont esté decouuers, comme l'Inde Amerique, dont nous pretendons escrire) appellée selon Iosephe, Afrique, de Afer, lequel, comme nous lisons és histoires Grecques & Latines, pour l'auoir subiuguée, y à regné, & faict appeller de son nom: car au parauant elle s'appelloit Libye, comme veulent aucuns, de ce mot Grec Λίβς, qui signifie ce vent de midy, qui là est tant frequent & familier: ou de Libs, qui y regna. Ou bien Afrique à esté nommée de ceste particule A, & Φρίκη, qui signifie froid, comme estant sans aucune froidure: & parauant appellée Hesperia. Quant à sa situation elle commence veritablement de l'Ocean Atlantique, & finit au destroit de l'Arabie, ou à la Mer d'Egypte, selon Appian: comme pareillement en peu de parolles escrit tresbien Aristote. Les autres la font cómencer au Nil, & vers Septentrion à la mer Mediterranée. Dauantage l'Afrique à esté appellée (ainsi que descrit Iosephe aux Antiquitez Iudaïques) tout ce qui est cópris d'vn costé depuis la mer de Septétrion, ou Mediterranée, iusques à l'Ocean Meridional, separée toutefois en deux, vieille & nouuelle: la nouuelle commence aux monts de la Lune, ayant son chef au cap de Bonne esperance, en la mer de Midi, trentecinq degrez sus la ligne, de sorte, qu'elle côtient de latitude, vingtcinq degrez. Quant à la vieille elle se diuise en quatre prouinces, la premiere est la Barbarie, contenant Moritanie ou Tingitane, Cy-

Quatre parties de la terre selon les modernes Geographes.

Etymologie diuerse de ce mot Afrique.

Situatió de l'Afrique.

b

LES SINGVLARITEZ

rene, & Cesariense. Là tout le peuple est fort noir: autresfois ce païs a esté peu habité, auiourd'uy beaucoup plus, sans parler de diuers peuples au milieu de ceste côtrée, pour la diuersité des meurs & de leur religion, la congnoissance desquels meriteroit bien voyage tout exprès. Ptolemée n'a faict métion de la partie exterieure vers le midy, pour n'auoir esté decouuerte de son téps. Plusieurs l'ont descritte plus au long, côme Pline, Mela, Strabo, Apian, & autres, qui m'épeschera de plus m'y arrester. Ceste region dit Herodian estre feconde & populeuse, & pourautât y auoir gens de diuerses sortes, & façós de viure. Que les Pheniciens quelquesfois soiét venuz habiter l'Afrique, móstre ce qu'est escrit en langue Phenicienne en aucunes colónes de pierre, qui se voyent encores en la ville de Tinge, nómée à present Tamar, appartenant au Roy de Portugal. Quant aux meurs: tout ainsi qu'est diuerse la temperature de l'air, selon la diuersité des lieux: aussi acquerét les personnes varieté de temperamens, & par conseqécé de meurs, pour la sympathie, qu'il y à de lame auec le corps: cóme móstre Galien au liure qu'il en à escrit. Nous voyós en nostre Europe, mesme en la France, varier aucunement les meurs seló la varieté des païs: cóme en la Celtique autremét qu'en l'Aquitaine, & là autremét qu'en la Gaule Belgique: encores en chacune des trois on trouuera quelq varieté. En general ló trouue les Africains, cauteleux: cóme les Syriens, auares: les Siciliens, subtils: les Asians, voluptueux. Il y à aussi varieté de religions: les vns gentilisent, mais d'vne autre façon, qu'au temps passé: les autres sont Mahometistes, quelques vns

Colónes de pierre, ou sont caracteres Pheniciens.

Meurs & religion des Africains.

vns tiénét le Chriſtianiſme d'vne maniere fort eſtráge, & autremét que nous. Quất aux beſtes brutes, elles ſont fort variables. Ariſtote dit les beſtes en Aſie eſtre fort cruelles, robuſtes en l'Europe, en Afrique móſtrueuſes. Pour la rarité des eaux, pluſieurs beſtes de diuerſe eſpece ſont contraintes de s'aſſembler au lieu ou il ſe trouue quelque eau: & là bien ſouuét ſe cómuniquét les vnes aux autres, pour la chaleur qui les rend aucunement próptes & faciles. De là s'engendrét pluſieurs animaux móſtrueux, d'eſpeces diuerſes repreſentées en vn meſme indiuidu. Qui a dóné argument au prouerbe, Que l'Afrique produit touſiours quelque choſe de nouueau. Ce meſme prouerbe ont plus auant pratiqué les Romains, cóme pluſieurs fois ils ayent faict voyages, & expeditions en Afrique, pour l'auoir par long temps dominée. Cóme vous auez de Scipion ſurnommé Africain, ils emportoyent touſiours ie ne ſçay quoy d'eſtrange, qui ſembloit mettre & engendrer ſcandale en leur cité & Republique.

Cauſe par alquelle prouiennent en Afrique beſtes móſtrueuſes.

Prouerbe.

De l'Afrique en particulier.   CHAP. 4.

OR quant à la partie d'Afrique, laquelle nous auós coſtoyée vers l'Ocean Atlantique, cóme Mauritanie, & la Barbarie, ainſi appellée pour la diuerſité & façon eſtrange des habitans: elle eſt habitée de Turcs, Mores, & autres natifs du païs, vray eſt qu'en aucús lieux elle eſt peu habitée, & cóme deſerte, tát à cauſe de l'exceſsiue chaleur, qui les cótraint demeurer tous nuds, hors-mis les parties honteuſes, que pour la ſterilité d'aucuns endroits pleins d'arenes, & pour

Barbarie partie de l'Afrique, pour quoy aïſi nómée.

b ij

LES SINGVLARITEZ

la quantité des beſtes ſauuages, comme Lions, Tigres, Dragons, Leopards, Buffles, Hyeues, Pantheres, & autres, qui contraignent les gens du païs aller en troupes à leurs affaires & traffiques, garnis d'arcs, de fleches, & au-

tres baſtons pour ſoy defendre. Que ſi quelquefois ils ſont ſurpris en petit nombre, comme quand ils vont peſcher, ou autrement, ils gaignent la mer, & ſe iettans dedans ſe ſauuent à bien nager : à quoy par contrainte ſe ſont ainſi duits & accouſtumez. Les autres n'eſtans ſi habiles, ou n'ayans l'induſtrie de nager, montent aux arbres, & par ce meſme moyen euitent le danger d'icelles beſtes. Faut auſſi noter que les gens du païs meurent plus ſouuent par rauiſſemét des beſtes ſauuages, que par mort naturelle : & ce depuis Gibaltar iuſques au cap Verd.

Ils

Ils tiennent la malheureuse loy de Mahomet, encores *Religion* plus superstitieusemét que les Turcs naturels. Auant que *& ceremonies* faire leur oraison aux temples & mousquées, ils se lauent *monies* entierement tout le corps, estimans purger l'esprit ainsi *des Barbares.* cóme le corps par ce lauement exterieur & cerimonieux, auec vn element corruptible. Et est l'oraison faicte quatre fois le iour, ainsi que i'ay veu faire les Turcs à Constantinoble. Au temps passé que les Payens eurent premierement, & auant tous autres receu ceste damnable religion, ils estoyent contraints vne fois en leur vie faire le voyage de Mecha, ou est inhumé leur gentil Prophete: autremét *Mecha* ils n'esperoyent les delices, qui leur estoyent promises. Ce *sepulchre* qu'obseruent encores auiourd'huy les Turcqs: & s'assem- *de Mahomet.* blent pour faire le voyage auec toutes munitions, comme s'ils vouloyent aller en guerre, pour les incursions des *Voyage* Arabes, qui tiennent les montagnes en certains lieux. *des Turcs* Quelles assemblées aý-ie veu, estant au Caire, & la magni *en Mecha.* ficence & triomphe que lon y fait? Cela obseruent encores plus curieusement & estroittement les Mores d'Afrique, & autres Mahometistes, tant sont ils aueuglez & obstinez. Qui m'a donné occasion de parler en cest endroit des Turcqs, & du voyage, auant qu'entreprendre la guerre, ou autre chose de grande importance. Et quand principalement le moyen leur est osté de faire ce voyage, ils sacrifient quelque beste sauuage ou domestique, ainsi qu'il se rencontre: qu'ils appellent tant en leur langue, qu'en Arabesque, *Corban*, diction prise des Hebreux *Corban.* & Chaldées, qui vaut autant à dire, cóme present, ou offráde. Ce que ne font les Turcs de Leuát, mesmes dedans Constátinoble. Ils ont certains prestres, les plus gráds im-

b iij

LES SINGVLARITEZ

posteurs du monde: ils font croyre & entendre au vulgaire, qu'ils sçauent les secrets de Dieu, & de leur Prophete, pour parler souuét auecques eux. D'auátage, ils vsent d'vne maniere d'escrire fort estráge, & s'attribuét le premier vsage d'escriture, sur toutes autres nations. Ce que ne leur accordét iamais les Egyptiens, ausquels la meilleure part de ceux qui ont traité des antiquitez, donnét la premiere inuention d'escrire, & representer par quelques figures la cóception de l'esprit. Et à ce propos a escrit Tacite en ceste maniere, Les Egyptiens ont les premiers representé & exprimé la conception de l'esprit par figures d'animaux, grauans sus pierres, pour la memoire des hómes, les choses anciennement faites & aduenuës. Aussi ils se dient les premiers inuétèurs des lettres & caracteres. Et ceste inuention (comme lon trouue par escrit) a esté portée en Grece des Pheniciens, qui lors dominoyent sus la mer, reputans à leur grand gloire, cóme inuenteurs premiers de ce qu'ils auoyent pris des Egyptiens. Les hómes en ceste part du costé de l'Europe sont assés belliqueux, coustumiers de se oindre d'huile, dont ils ont abódance, auát qu'entreprendre exercice violent: ainsi que faisoient au temps passé les Athletes, & autres, à fin que les parties du corps, comme muscles, tendons, nerfs, & ligamens adoucis par l'huile, fussent plus faciles & dispos à tous mouuemens, selon la varieté de l'exercice: car toute chose molle & pliable est moins subiecte à rompre. Ils font guerre principalement contre les Espagnols de frontiere, en partie pour la religion, en partie pour autres causes. Il est certain que les Portugais, depuis certain temps en cà, ont pris quelques places en ceste Barbarie, & basty villes & forts, ou ils

Les Egyptiẽs premiers inuenteurs des lettres et caracteres.

Barbares assez belliqueux.

ont

ont introduit nostre religion: specialement vne belle ville, qu'ils auoyét nómé Saincte Croix, pour y estre arriuez & arrestez vn tel iour: & ce au pied d'vne belle mótagne. Et depuis deux ans ença la canaille du païs assemblez en grád nóbre, ont precipité de dessus ladicte mótagne, grosses pierres, & cailloux, qu'ils auoyent tiré des rochers: de maniere que finablemét les autres ont esté cótraints de quitter la place. Et à tousiours telle inimitié entre eux, qu'ils traffiquét de sucre, huile, ris, cuirs, & autres par hostages & personnes interposées. Ils ont quátité d'assez bons fruits, cóme orages, citrós, limons, grenades, & semblables, dót ils vsent par faute de meilleures viádes: du ris au lieu de blé. Ils boiuét aussi huilles, ainsi que nous beuuons du vin. Ils viuent assez bon aage, plus (à mon aduis) pour la sobrieté, & indigence de viandes, que autrement.

S. Croix, ville en Barbarie.

Fertilité de la Barbarie.

Des isles Fortunées, maintenant appellées Canaries. CHAP. 5.

Este Barbarie laissée à main gauche, ayans tousiours vent en poupe, nous congneumes par l'instrument de marine, de combien nous pouuions lors approcher des isles Fortunées, situées aux frontieres de Mauritanie deuers l'Occident, ainsi appellées par les Anciens, pour la bóne temperature de l'air, & fertilité d'icelles. Or le premier iour de Septébre audit an, à six heures du matin, commeçames à voir l'vne de ces isles par la hauteur d'vne mótagne, de laqlle nous parlerós plus amplemét & en particulier cy apres. Ces isles, selon aucús, sont estimées estre dix en nóbre: desqlles y en à trois, dót les Auteurs

Situatió des isles Fortunées, & pourquoy ainsi appellées des Anciés.

Nombre des isles Fortunées.

b iiij

LES SINGVLARITEZ

n'ōt fait métion, pource qu'elles sont desertes, & nō habitées: les autres sept, c'est ascauoir Tenerife l'isle de Fer la Gōmiere, & la grand isle signámét appellée Canarie, sont distantes de l'equinoctial de vingtsept degrez : les trois autres, Fortaueture, Palme & Lencelote, de vingthuit degrez. Et pourtát lon peut voir, que depuis la premiere iusques à la derniere, il y à vn degré, qui vault dixsept lieuës & demye, pris du Nort au Su: selon l'opinion des pilots. Mais sans en parler plus auant, qui voudra rechercher par degrez celestes la quantité des lieües & stades, que contient la terre, & quelle proportion il y à de lieüe & degré (ce que doit obseruer celuy qui veut escrire des païs, comme vray cosmographe) il pourra veoir Ptolomée qui en traitte bien amplemét en sa Cosmographie. Entre ces isles n'y â q̃ la plus gráde qui fut appellée Canarie: & ce pour la multitude des gráds chiens, qu'elle nourrist: ainsi que recite Pline, & plusieurs autres apres luy, qui disent encores que Iuba en emmena deux: maintenant sōt toutes appellées Canaries pour ceste mesme raison, sans distinction aucune. Mais selon mō opinion i'estimeroye plustost auoir esté appellées Canaries pour l'abondance des cannes & roseaux sauuages, qui sont sur le riuage de la Mer: car quant aux roseaux portans sucre, les Espagnols en ont planté quelque partie, depuis le temps qu'ils ont commencé à habiter ces lieux là: mais des sauuages y en auoit au parauant, que ce païs aye porté chiens ne gráds ne petis: ce que aussi n'est vraysemblable: car principalement ay congneu par experience, que tous ces Sauuages decouuers depuis certain temps ença, onques n'auoyent

Chap. 3. 4. 5. et 6.

Isles Fortunées parquoy maintenant appelléesCanaries.

uoyent eu congnoissance de chat, ne de chien: comme nous monstrerons en son lieu plus amplement. Ie sçay bien toutesfois que les Portugais y en ont mené & nourry quelques vns, ce qu'ils font encores auiourd'huy, pour chasser aux cheures & autres bestes sauuages. Pline donc en parle en ceste maniere, La premiere est appellée Ombrion, ou n'y â aucun signe de bastiment ou maison: es montagnes se voit vn estang, & arbres semblables à celuy qu'on appelle Ferula, mais blancs & noirs, desquels on epraint & tire eau: des noirs, l'eau est fort amere: & au contraire des blancs, eau plaisante à boire. L'autre est appellée Iunonia, ou il n'y â qu'vne maisonnette bastie seulement de pierre. Il s'en voit vne autre prochaine, mais moindre & de mesme nom. Vne autre est pleine de grãds lesards. Vis à vis d'icelles y en auoit vne appellée l'Isle de neiges, pource qu'elle est tousiours couuerte de neiges. La prochaine d'icelle est Canaria, ainsi dite pour la multitude des grands chiens qu'elle produit, cõme desia nous auons dit: dont Iuba Roy de Mauritanie en amena deux: & en icelle y â quelque apparence de bastimens vieux. Ce païs anciennement â esté habité de gens sauuages & barbares, ignorãs Dieu & totalement idolatres, adorans le Soleil, la Lune, & quelques autres planetes, cõme souueraines deitez, desquelles ils receuoyent tous biens: mais depuis cinquãte ans les Espagnols les ont defaits & subiuguez, & en partie tuez, & les autres tenus captifs & esclaues: lesquels s'habituans là, y ont introduit la foy Chrestienne, de maniere qu'il n'y â plus des anciens & premiers habitateurs, sinon quelques vns qui se sont retirez & cachez aux montagnes: comme en celle du Pych, de

Ombriõ.

Arbre estrange.

Iunonia.

Isle de neiges.
Canaria.

Habitãs des Canaries reduits à la foy Chrestienne.

c

laquelle nous parleros cy apres. Vray est que ce lieu est vn refuge de tous les bánis d'Espagne, lesquels par punition on enuoye là en exil: dont il y en à vn nóbre infini: aussi d'esclaues, desquels ils se sçauent bien seruir à labourer la terre, & à toutes autres choses laborieuses. Ie ne me puis assez emerueiller comme les habitans de ces isles & d'Afrique pour estre voisins prochains, ayent esté tant differens de langage, de coleur, de religion & de meurs: attendu mesme que plusieurs soubs l'Empire Romain ont conquesté & subiugué la plus grád part de l'Afrique, sans toucher à ces isles, comme ils firent en la mer Mediterranée, consideré qu'elles sont merueilleusemét fertiles, seruans à present de grenier & caue aux Espagnols, ainsi que la Sicile aux Romains & Geneuois. Or ce païs tresbon

Bóté des isles Canaries.

de soy estant ainsi bien cultiué raporte grands reuenuz & emolumens, & le plus en sucres: car depuis quelque téps ils y ont planté force cánes, qui produisent sucres en gráde quantité, & bon à merueilles: & non en ces isles seulement, mais en toutes autres places qu'ils tiennét par delà:

Sucre de Canarie.

toutesfois il n'est si bon par tout qu'en ces Canaries. Et la cause qu'il est mieux recueilly & desiré, est que les isles en la mer Mediterranée, du costé de la Grece, comme Mettelin, Rhodes, & autres esclades rapportans tresbons sucres, auant qu'elles fussent entre les mains des Turcs, ont esté demolies par negligence, ou autrement. Et n'ay

Sucre de Egypte.

veu en tout le païs de Leuant faire sucre, qu'en Egypte: & les cannes, qui le produisent, croissent sur le riuage du Nil, lequel aussi est fort bien estimé du peuple & des marchans, qui en traffiquent autant & plus q̃ de celuy de noz

Sucre de Arabie.

Canaries. Les Anciens estimerent fort le sucre de l'Arabie,

bie, pource qu'il eſtoit merueilleuſement cordial & ſouuerain, ſpecialement en medicines, & ne l'appliquoyent gueres à autres choſes: mais auiourd'huy la volupté eſt augmétée iuſques là, ſpecialement en noſtre Europe, que lon ne ſçauroit faire ſi petit banquet, meſmes en noſtre maniere de viure accouſtumée, que toutes les ſauces ne ſoyent ſucrées, & aucuneſfois les viandes. Ce qu'a eſté defendu aux Atheniens par leurs loix, cóme choſe qui effeminoit le peuple: ce que les Lacedemoniens ont ſuiuy par exemple. Il eſt vray, que les plus grands ſeigneurs de Turquie boyuent eaux ſucrées, pource que le vin leur eſt defendu par leur loy. Quant au vin, qu'à inuenté ce grád Hippocrates medecin, il eſtoit ſeulemét permis aux perſonnes malades & debilitées: mais ce iourd'huy il nº eſt preſque autant commun, que le vin eſt rare en autre païs. Nous auons dit cela en paſſant ſur le propos de ſucre, retournons à noſtre principal ſubiect. De bleds, il y en a quantité en ces iſles, auſſi de treſbon vin, meilleur que celuy de Candie, ou ſe trouuent les maluaiſies, comme nous declarerons aux iſles de Madere. De chairs, ſuffiſammét, comme cheures ſauuages & domeſtiques, oyſeaux de toute eſpece, grande quantité d'oráges, citrons, grenades, & autres fruits, palmes, & grande quantité de bon miel. Il y a auſſi aux riues des fleuues, des arbriſſeaux, que lon nóme papier, & auſdits fleuues des poiſſons nómez ſilures, que Paulus Iouius en ſon liure des Poiſſons, penſe eſtre eſturgeons, dont ſe repaiſſent les pauures eſclaues, ſuans de trauail à grande haleine, le plus ſouuent à faulte de meilleure viande: et diray ce mot en paſſant, qu'ils ſont fort durement traitez des Eſpagnols, principa-

Fertilité des Canaries.

Arbriſſeaux nómez papiers.

c ij

lement Portugais, & pis que s'ils estoient entre les Turcs, ou Arabes. Et suis contrainct d'en parler, pour les auoir ainsi veu mal traicter. Entre autres choses se trouue vne herbe contre les montagnes, appellée vulgairement Oriselle, laquelle ils recueillent diligemment pour en faire teinture. En outre ils font vne gomme noire qu'ils appellent Bré, dont à grande abondance en la Teneriffe. Ils abatent des pins, desquels y a grande quantité: & les rompét en grosses busches iusques à dix ou douze chartées, & les disposent par pieces l'vne sur l'autre en forme de croix: & dessoubs cest amas y a vne fosse ronde de moyenne profondité, puis mettent le feu en ce bois presques par le couppeau du tas: & lors rend sa gomme qui chet en ceste fosse. Les autres y procedent auecques moindre labeur, la fosse faicte mettans le feu en l'arbre. Ceste gomme leur rapporte grands deniers pour la traffique qu'ils en font au Peru, de laquelle ils vsent à callefeutrer nauires, & autres vaisseaux de marine, sans l'appliquer à autre chose. Quant au cueur de cest arbre tirant sur couleur rouge, les paures gens des montagnes le couppent par bastons assez longs, comme de demye brasée, gros d'vn pouce: & l'alumans par vn bout, s'en seruent en lieu de chandelle. Aussi en vsent les Espagnols en ceste maniere.

Oriselle, herbe.

Bré, gomme noire, & la maniere de la faire.

Bois flambant, en vsage au lieu de chãdelle.

De la

De la haute montagne du Pych.
CHAP. 6.

EN l'vne de ces ifles, nommée Teneriffe, y à vne mótagne de fi admirable hauteur, que les montagnes d'Armenie, de la Perfe, Tartarie, ne le mont Liban en Syrie, le mont Ida, Athos, ne Olympe tant celebré par les hiftoires, ne luy doiuét eftre comparez: contenant de circuit fept lieuës pour le moins, & de pied en cap dixhuict lieuës. Cefte montagne eft appellée le Pych, en tout temps quafi nebuleufe, obfcure, & pleine de groffes & froides vapeurs, & de neige pareillement : combien qu'elle ne fe voit ayfement, à caufe, felon mon iugement, qu'elle approche de la moyenne region de l'air, qui eft tresfroide par antiperiftafe des deux autres, comme tiennent les Philofophes : & que la neige ne peult fondre, pourtant qu'en ceft endroit ne fe peut faire reflexion des rayons du Soleil, ne plus ne moins que contre le deual : parquoy la partie fuperieure demeure toufiours froide. Cefte mótagne eft de telle hauteur, que fi l'air eft ferain, on la peut voir fus l'eau de cinquáte lieuës, & plus. Le feft & couppeau, foit qu'ó le voye de pres ou de loing, eft fait de cefte figure Ω, qui eft o mega des Grecs. Iay veu femblablement le mont Etna en Sicile, de trente lieuës : & fus la mer pres de Cypre, quelque montagne d'Armenie de cinquante lieuës, encores que ie n'aye la veuë fi bonne que Lynceus, qui du promontoire Lilybée en Sicile voyoit & difcernoit les nauires au port de Carthage.

Admirable hauteur & circuit de la montagne du Pych.

Hauteur de la mótagne de Etna, & autres.

LES SINGVLARITEZ

lement Portugais, & pis que s'ils estoient entre les Turcs, ou Arabes. Et suis contrainct d'en parler, pour les auoir ainsi veu mal traicter. Entre autres choses se trouue vne herbe contre les montagnes, appellée vulgairement Oriselle, laquelle ils recueillent diligemment pour en faire teinture. En outre ils font vne gomme noire qu'ils appellent Bré, dont à grande abondance en la Teneriffe. Ils abatent des pins, desquels y à grande quantité : & les rompét en grosses busches iusques à dix ou douze chartées, & les disposent par pieces l'vne sur l'autre en forme de croix : & dessoubs cest amas y à vne fosse ronde de moyenne profondité, puis mettent le feu en ce bois presques par le couppeau du tas : & lors rend sa gomme qui chet en ceste fosse. Les autres y procedent auecques moindre labeur, la fosse faicte mettans le feu en l'arbre. Ceste gomme leur rapporte grands deniers pour la traffique qu'ils en font au Peru, de laquelle ils vsent à callefeutrer nauires, & autres vaisseaux de marine, sans l'appliquer à autre chose. Quant au cueur de cest arbre tirant sur couleur rouge, les paures gens des montagnes le couppent par bastons assez longs, comme de demye brassée, gros d'vn pouce : & l'alumans par vn bout, s'en seruent en lieu de chandelle. Aussi en vsent les Espagnols en ceste maniere.

Oriselle, herbe.

Bré, gomme noire, & la maniere de la faire.

Bois flãbant, en vsage au lieu de chãdelle.

De la

De l'isle de Fer.
CHAP. 7.

ENtre ces isles i'ay bien voulu particulierement descrire l'isle de Fer, prochaine à la Teneriffe, ainsi appellée, parce que dedans se trouuent mines de fer : comme celle de Palme pour l'abódance des palmes, & ainsi des autres. Et encores qu'elle soit la plus petite en toute dimension (car son circuit n'est que de six lieuës) si est elle toutesfois fertile, en ce qu'elle côtient, tant en cánes portás sucres, qu'en bestial, fruits, & beaux iardins par sus tous les autres. Elle est habitée des Espagnols, ainsi que les autres isles. Quant au blé il n'y en à pas suffisance pour nourrir les habitans : parquoy la plus grand part, côme les esclaues, sont contraints de se nourrir de laict, & fourmages de cheures, dont y en à quátité : parquoy ils se môstrent frais, dispos, & merueilleusement bien nourris : par ce q̃ tel nourrissemét par coustume est familier à leur naturel, ensemble que la bonne temperature de l'air les fauorise. Quelque demy philosophe ou demy medecin (honneur gardé à qui le merite) pourra demander en cest endroit, si vsans de telles choses ne sont graueleux, attendu que le laict & formage sont matiere de grauelle, ainsi que l'on voit aduenir à plusieurs en nostre Europe : ie respondray que le fourmage de soy peut estre bon & mauuais, graueleux & non graueleux, selon la quantité que lon en prend, & la disposition de la personne. Vray est qu'à nous autres, qui à vne mesme heure non contens d'vne espece de viande, en prenós bien sou-

Isle de Fer pourquoy ainsi appellée.

Fertilité de l'isle de Fer.

Laict et fourmage graueleux.

c iiij

uent de vingt cinq ou trente, ainſi qu'il vient, & boire de meſme, & tant qu'il en peut tenir entre le baſt & les ſangles, ſeulement pour honorer chacune d'icelles, & en bonne quantité & ſouuent: ſi le fourmage ſe trouue d'abondant, nature deſia greuée de la multitude, en pourra mal faire ſon proffit, ioint que de ſoy il eſt aſſez difficile à cuire & à digerer: mais quád l'eſtomach eſt diſpos, non debilité d'exceſſiue crapule, non ſeulement il pourra digerer le fourmage, fuſt-il de Milan, ou de Bethune, mais encores choſe plus dure à vn beſoing. Retournons à noſtre propos: ce n'eſt à vn Coſmographe de diſputer ſi auant de la medicine. Nous voyós les Sauuages aux Indes viure ſept ou huiĉt moys à la guerre de farine faiĉte de certaines racines ſeiches & dures, auſquelles on iugeroit n'y auoir nourriſſemét ou aucune ſubſtáce. Les habitans de Crete & Cypre ne viuét preſque d'autre choſe que de laiĉtages, qui ſont meilleurs que de noz Canaries, pource qu'ils ſont de vaches, & les autres de cheures. Ie ne me veux arreſter au laiĉt de vache, qui eſt plus gros & plus gras que d'autres animaux, & de cheure eſt mediocre. Dauantage que le laiĉt eſt tresbon nourriſſement, qui promptement eſt conuerti en ſang, pource que ce n'eſt que ſang blanchi en la mamelle. Pline au liure 11. chap. 42. recite que Zoroaſtres à veſcu vingt ans au deſert ſeulement de fourmages. Les Pamphiliens en guerre n'auoyent preſque autres viures, que fourmages d'aſneſſes & de chameaux. Ce que i'ay veu faire ſemblablement aux Arabes: & non ſeulement boyuent laiĉt au lieu d'eau paſſans les deſerts d'Egypte, mais auſſi en donnent à leurs cheuaux. Et pour rien ne laiſſer qui plus appartienne à ce
preſent

Diuers nourriſſements de diuers peuples.

Le laiĉt tresbon nourriſſement.

prefent difcours, les anciens Efpagnols la plus part de l'année ne viuoyent que de glans, comme recite Strabon & Pofsidoine,defquels ils faifoient leur pain,& leur bruuage de certaines racines : & non feulement les Efpagnols, mais plufieurs autres, comme dit Virgile en fes Georgiques: mais le temps nous a apporté quelque façon de viure plus douce & plus humaine. Plus en toutes ces ifles les hômes font beaucoup plus robuftes & rompus au trauail,que les Efpagnols en Efpagne,n'ayans aufsi lettres ne autres eftudes,finon toute rufticité. Ie diray pour la fin q̃ les fçauants,& bien apris au faict de marine, tát Portugais que autres Efpagnols, difent que cefte ifle eft droitement foubs le diametre,ainfi qu'ils ont noté en leurs cartes marines, limitans tout ce qu'eft du Nort au Su: comme la ligne equinoctiale de Aoeft & Eft, c'eft afçauoir en longitude du Leüant au Ponent: côme le diametre eft latitude du Nort au Su:lefquelles lignes font egales en grãdeur,car chacune contient trois cens foixante degrez,& chacun degré, comme parauant nous auons dit,dixfept lieuës & demye. Et tout ainfi que la ligne equinoctiale diuife la Sphere en deux, & les vingtquatre climats,douze en Orient,& autant en Occident:aufsi cefte diametrale paffant par noftre ifle, côme l'equinoctiale par les ifles fainct Omer,couppe les paralleles,& toute la Sphere,par moytié de Septêtrion au Midy. Au furplus ie n'ay veu en cefte ifle chofe digne d'efcrire, finon qu'il y á grande quantité de fcorpions,& plus dangereux que ceux que i'ay veuz en Turquie, comme i'ay cogneu par experience:aufsi les Turcs les amaffent diligemment, pour en faire huile propre à la medecine, ainfi comme

Ifle de Fer eft foubs la ligne diametrale.

Valeur du degré.

Scorpiôs des Canaries.

d

LES SINGVLARITEZ
les medecins en sçauent fort bien vser.

Des isles de Madere.

CHAP. 8.

Isles de Madere non congneuës des Anciens.

Ous ne lisons point es Auteurs, que ces isles ayent aucunement esté congneuës ne decouuertes, que depuis soixante ans ença, que les Espagnols & Portugais se sont hazardez & entrepris plusieurs nauigations en l'Ocean. Et comme auons dit cy deuant, Ptolemée a bien eu congnoissance de noz isles Fortunées, mesmes iusques au Cap verd. Pline aussi fait mention que Iuba emmena deux chiens de la grande Canarie, outre plusieurs autres qui en ont parlé. Les Portugais doncques ont esté les premiers qui ont decouuert ces isles dont nous parlons, & nommées en leur langue, Madere, qui vault autant à dire comme bois, pourtant qu'elles estoyent totalemēt desertes, pleines de bois, & non habitées. Or elles sont situées entre Gibaltar, & les Canaries, vers le Ponent: & en nostre nauigation les auōs costoyées à main dextre, distantes de l'equinoctial enuiron trente deux degrez, & des Fortunées de soixāte trois lieuës. Pour decouurir & cultiuer ce païs, ainsi qu'vn Portugais maistre pilot m'a recité, furent contraints mettre le feu dedans les bois, tant de haute fustaye, que autres, de la plus grande & principale isle, qui est faite en forme de triangle, comme Δ des Grecs, contenant de circuit quatorze lieuës ou enuiron: ou le feu cōtinua l'espace de cinq à six iours de telle vehemēce & ardeur, qu'ils furent contraints

Madere, que signifie en langue de Portugais. Situatiō des isles de Madere.

DE LA FRANCE ANTARCTIQVE.

traints de se sauuer & garantir à leurs nauires:& les autres qui n'auoyent ce moyen & liberté, se ietterent en la mer, iusques à tant que la fureur du feu fust passée. Incótinent apres se mirent à labourer, planter, & semer graines diuerses, qui proffitent merueilleusement bien pour la bóne disposition & amenité de l'air: puis bastirent maisons & forteresses, de maniere qu'il ne se trouue auiourd'huy lieu plus beau & plus plaisant. Entre autres choses ils ont planté abondance de cannes, qui portent fort bon sucre: dont il se fait grand traffique, & auiourd'huy est celebré le sucre de Madere. Ceste gent qui auiourd'huy habite Madere, est beaucoup plus ciuile & humaine, que celle des Canaries,& traffique auec tous autres le plus humainement qu'il est possible. La plus grande traffique est de sucre, de vin, (dont nous parlerons plus amplemet) de miel, de cire, orenges, citrons, limons, grenades, & cordouans. Ils font confitures en bóne quátité, les meilleures & les plus exquises qu'on pourroit souhaitter : & les font en formes d'hómes, de femmes, de lyons, oyseaux, & poissons, qui est chose belle à contempler, & encores meilleure à gouster. Ils mettent dauátage plusieurs fruits en confitures, qui se peuuét garder par ce moyen, & transporter és païs estranges, au soulagemét & recreation d'vn chacun. Ce païs est donc tresbeau, & autát fertile: tant de son naturel & situation (pour les belles montagnes accópagnées de bois, & fruits estranges, lesquels nous n'auós par deçà) que pour les fontaines & viues sources, dont la campagne est arrosée, & garnie d'herbes & pasturages suffisamment, bestes sauuages de toutes sortes: aussi pour auoir diligemment enrichi le lieu de labourages. Entre

Sucre de Madere celebré entre autres.

Confitures de Madere.

Fertilité des isles de Madere.

d ij

Gomme. les arbres qui y sont, y a plusieurs qui iettent gommes, lesquelles ils ont appris auec le téps à bien appliquer à choses necessaires. Ils se void là vne espece de gaiac, mais
Espece de Gaiac. pource qu'il n'a esté trouué si bon que celuy des Antilles, ils n'en tiennét pas grád conte: peut estre aussi qu'ils n'entendent la maniere de le bié preparer & accómoder. Il y a aussi quelques arbres qui en certain téps de l'année iettent bonne gomme, qu'ils appellent Sang de dragon: &
Sang de dragon. pour la tirer hors percent l'arbre par le pied, d'vne ouuerture assez large & profonde. Cest arbre produit vn fruict iaune de grosseur d'vne cerize de ce païs, qui est fort propre à refreschir & desalterer, soit en fieure ou autrement. Ce suc ou gomme n'est dissemblable au Cynabre, dont
Cynabre de Dioscoride. escript Dioscoride, Quát au Cynabre, dit il, on l'apporte de l'Afrique, & se vend cher, & ne s'en trouue assez pour satisfaire aux peintres: il est rouge & non blafard, pourquoy aucuns ont estimé que c'estoit Sang de dragon: & ainsi l'à estimé Pline en son liure trentetrosiesme de l'histoire naturelle, chap. septiesme. Desquels tant Cynabre que Sang de dragon, ne se trouue auiourd'huy de certain, ne naturel par deça, tel que l'ont descript les Anciens, mais l'vn & l'autre est artificiel. Doncques attendu ce qu'en estimoyent les Anciens, & ce que i'ay congnu de ceste gomme, ie l'estimeroye estre totalemét semblable au Cynabre, & Sang de dragon, ayant vne vertu astringente & refrigeratiue. Ie ne veux oublier entre ces fruits tant singuliers, comme gros limons, orenges, citrons, & abondance de grenades doulces, vineuses, aigres, aigresdoulces, moyennes, lescorce desquelles ils appliquent à tanner & enforcer les cuirs, pource qu'elles sont fort astringentes.

stringentes. Et pense qu'ils ont apris cela de Pline, car il en traite au liure treziesme chap. dixneufiesme de son histoire. Brief, ces isles tant fertiles & amenes surmōteront en delices celles de la Grece, fusse Chios, que Empedocles a tant celebré, & Rhodes Apollonius, & plusieurs autres.

Du vin de Madere.
CHAP. 9.

Nous auons dit combien le terrouër de Madere est propre & dispos à porter plusieurs especes de bons fruits, maintenant faut parler du vin, lequel entre tous fruits pour l'vsage & necesité de la vie humaine, ie ne sçay s'il merite le premier degré, pour le moins ie puis asseurer du second en excellence & perfection. Le vin & sucre pour vne affinité de temperature, qu'ils ont ensemble, demādent aussi mesme disposition, quāt à l'air & à la terre. Et tout ainsi que noz isles de Madere apportent grande quantité de tresbon sucre, aussi apportent elles de bon vin, de quelque part que soyent venuz les plants & marquotes.

Vin & sucre de Madere.

Les Espagnols m'ont affermé n'auoir esté apportez de Leuant, ne de Candie, combien que le vin en soit aussi bon, ou meilleur: ce que doncques ne doit estre attribué à autre chose, sinon à la bonté du territoire.

Ie sçay bien que Cyrus Roy des Medes & Asyriens, auant que d'auoir conquesté l'Egypte, feit planter grand nombre de plantes, lesquelles il feit apporter de Syrie, qui depuis ont rapporté de bons vins, mais qui n'ont

d iij

surpasé toutesfois ceux de Madere. Et quant au vin de
Candie, combien que les maluaifies y foyent fort excellentes, ainfi que anciennement elles ont efté grandement eftimées és báquets des Romains, vne fois feulement par repas, pour faire bóne bouche: & eftoyent beaucoup plus celebrées que les vins de Chios, Metellin, & du promontoire d'Aruoife, que pour fon excellence & fuauité, à efté appellé bruuage des dieux. Mais auiourd'huy ont acquis & gaigné reputation les vins de noftre Madere, & de l'ifle de Palme, l'vne des Canaries, ou croift vin blanc, rouge, & clairet: dont il fe fait grand traffique par Efpagne & autres lieux. Le plus excellent fe vend fus le lieu de neuf à dix ducats la pipe: duquel païs eftant tranfporté ailleurs, eft merueilleufement ardent, & plus toft venin aux hommes que nourriffemét, f'il n'eft pris auec gráde difcretion.

Platon á eftimé le vin eftre nourriffemét tresbó, & bien familier au corps humain, excitant l'efprit à vertu & chofes honeftes, pourueu que lon en vfe moderement. Pline aufi dit le vin eftre fouueraine medecine. Ce que les Perfes congnoiffans fort bien eftimerent les grandes entreprifes, apres le vin moderement pris, eftre plus valables, que celles que lon faifoit à ieun: c'eft a fçauoir eftant pris en fuffifante quátité, felon la complexion des perfonnes.

Nous auons dit, qu'il n'y á que la quátité és alimens qui nuife. Doncques ce vin eft meilleur à mon iugement la feconde ou troifiefme année, que la premiere, qu'il retient cefte ardeur du Soleil, laquelle fe confume auec le temps, & ne demeure que la chaleur naturelle du vin: cóme nous pourrions dire de noz vins de cefte année 1556. ou bien apres eftre tranfportez d'vn lieu en autre, car par ce moyen

Maluaifie de Cádie.

Vin de l'isle de Palme.

Vtilité du vin pris moderemét.

ce moyen ceste chaleur ardente se dissipe. Ie diray encore qu'en ces isles de Madere luxurient si abondamment les herbes & arbres, & les fruits à semblable, qu'ils sont contraints en coupper & brusler vne partie, au lieu desquels ils plantent des cannes à sucre, qui y proffitent fort bien, apportans leur sucre en six moys. Et celles qu'ils auront plantées en Ianuier, taillent au mois de Iuin : & ainsi en proportion de moys en autre, selon qu'elles sont plantées: qui empesche q̃ l'ardeur du Soleil ne les incómode. Voyla sommairement ce que nous auons peu obseruer, quant aux singularitez des isles de Madere.

Du promontoire Verd & de ses isles.
CHAP. 10.

Les Anciens ont appellé promontoire vne eminéce de terre entrant loing en la mer, de laq̃lle lon void de loing: ce qu'au iourd'huy les modernes appellent Cap, comme vne chose eminente par sus les autres, ainsi que la teste par dessus le reste du corps, aussi quelques vns ont voulu escrire *Promuntorium à prominendo*, ce qui me semble le meilleur. Ce cap ou promontoire, dont nous voulons parler, situé sur la coste d'Afrique, entre la Barbarie & la Guynée, au royaume de Senega, distant de l'equinoctial de 15 degrez, anciennement appellé Ialont par les gens du païs, & depuis cap Verd par ceux qui ont là nauigé, & fait la decouuerte : & ce pour la multitude d'arbres & arbrisseaux, qui y verdoyent la plus grád partie de l'ánée: tout ainsi que lon

Promontoire est ce q̃ nous appellõs, Cap.

Ialont, maintenant cap Verd, & pourquoy ãsi dit.

d iiij

appelle le promontoire ou cap Blanc, pource, qu'il est plein de sablons blancs comme neige, sans apparence aucune d'herbes ou arbres, distant des isles Canaries de 70. lieuës, & la se trouue vn goufre de mer, appellé par les gens du païs Dargin, du nom d'vne petite isle prochaine de terre ferme, ou cap de Palme, pour l'abódáce des palmiers. Ptolemée à nommé ce cap Verd, le promontoire d'Ethiopie, dont il à eu cognoissance sans passer outre. Ce que de ma part i'estimeroye estre bien dit, car ce païs contient vne grande estendue: de maniere que plusieurs ont voulu dire, qu'Ethiopie est diuisée en l'Asie & en l'Afrique. Entre lesquels Gemma Phrise dit que les monts Ethiopiques occupants la plus gráde partie de l'Afrique, vont iusques aux riues de l'Ocean occidental, vers Midy, iusques au fleuue Nigritis. Ce cap est fort beau & grand, entrant bien auát dedans la mer, situé sus deux belles mótagnes. Tout ce païs est habité de gens assez sauuages, non autant toutesfois que des basses Indes, fort noirs cóme ceux de la Barbarie. Et fault noter, que depuis Gibaltar, iusques au païs du Preste Ian, & Calicut, côtenant plus de trois mille lieuës, le peuple est tout noir. Et mesmes i'ay veu dans Hierusalem, trois Euesques de la part de ce Preste Ian, qui estoyent venuz visiter le saint sepulchre, beaucoup plus noirs, que ceux de la Barbarie, & non sans occasion: car ce n'est à dire que ceux generalemét de toute l'Afrique, soyent egalement noirs, ou de semblables meurs & conditions les vns comme les autres: attendu la varieté des regiós, qui sont plus chaudes les vnes que les autres. Ceux de l'Arabie & Egypte sont moyens entre blanc & noir: les autres bruns ou grisastres, que lon appelle

Dargin goufre.
Promõtoire d'Ethiopie.

Estendue gráde de l'Ethiopie.

pelle Mores blancs : les autres parfaictement noirs comme adustes. Ils viuent la plus grand part tous nuds, comme les Indiens, recongnoissans vn roy, qu'ils nomment en leur langue Mahouat : sinon que quelques vns tant hommes que femmes cachent leurs parties hôteuses de quelques peaux de bestes. Aucuns entre les autres portent chemises & robes de vile estoffe, qu'ils reçoiuent en traffiquant auec les Portugais. Le peuple est assez familier & humain enuers les estrangers. Auant que prendre leur repas, ils se lauent le corps & les membres : mais ils errent grádement en vn autre endroit, car ils preparét tresmal & impurement leurs viandes, aussi mágent ils chairs & poissons pourris, & corrompus : car le poisson pour son humidité, la chair pour estre tendre & humide, est incontinent corrompue par la vehemente chaleur, ainsi que nous voyons par deça en esté : veu aussi que humidité est matiere de putrefaction, & la chaleur est côme cause efficiente. Leurs maisons & hebergemens sont de mesmes, tous ronds en maniere de colombier, couuerts de ionc marin, duquel aussi ils vsent en lieu de lict, pour se reposer & dormir. Quant à la religion, ils tiennét diuersité d'opinions assez estranges & contraires à la vraye religion.

Les vns adorent les idoles, les autres Mahomet, principalement au royaume de Gambre, estimans les vns, qu'il y à vn Dieu auteur de toutes choses, & autres opinions non beaucoup dissemblables à celles des Turcs. Il y à aucuns entre eux, qui viuent plus austerement que les autres, portans à leur col vn petit vaisseau fermé de tous costez, & collé de góme en forme de petit coffret ou estuy, plein de certains caracteres propres à faire inuocations,

Mores blancs.

Religion et mœurs des habitans du cap verd.

e

dont coustumierement ils vsent par certains iours sans l'oster, ayans opinion que cependant ne sont en danger d'aucun inconuenient. Pour mariage ils s'assemblent les vns auec les autres p quelques promesses, sans autre ceremonie. Ceste nation se maintient assez ioyeuse, amoureuse des danses, qu'ils exercent au soir à la Lune, à laquelle ils tornent tousiours le visage en dansant, par quelque maniere de reueréce & adoration. Ce que m'à pour vray asseuré vn mien amy, qui le sçait pour y auoir demeuré quelque temps. Par delà sont les Barbazins & Serrets, auec lesquels font guerre perpetuelle ceux dont nous auós parlé, combien qu'ils soyent semblables, hors-mis que les Barbazins sont plus sauuages, cruels & belliqueux. Les Serrets sont vagabonds, & comme desesperez, tout ainsi que les Arabes par les deserts, pillans ce qu'ils peuuét, sans loy, sans roy, sinon qu'ils portent quelque honneur à celuy d'entre eux qui à fait quelque prouësse ou vaillance en guerre: & alleguent pour raison, que s'ils estoient soubmis à l'obeissance d'vn Roy, qu'il pourroit prendre leurs enfans, & en vser cóme d'esclaues, ainsi que le roy de Senega. Ils combatent sus l'eau le plus souuent auec petites barques, faittes d'escorche de boys, de quatre brasées de long, qu'ils nomment en leur langue Almadies. Leurs armes sont arcs & flesches fort aiguës, & enuenimées, tellement qu'il n'est possible de se sauuer, qui en à esté frappé. Dauantage ils vsent de bastons de cannes, garnis par le bout de quelques dents de beste ou poisson, au lieu de fer, desquels ils se sçauent fort bien aider. Quand ils prennent leurs ennemys en guerre, ils les reseruent à vendre aux estrangers, pour auoir autre marchandise

Barbazins & Serrets peuples d'Afrique.

Almadies.

chandise (car il n'y à vsage d'aucune monnoye) sans les tuer & manger : comme font les Canibales, & ceux du Bresil. Ie ne veux omettre que ioignant ceste contrée, y à vn tresbeau fleuue, nómé Nigritis, & depuis Senega, qui est de mesme nature que le Nil, dont il procede, ainsi que veulent plusieurs, lequel passe par la haute Libye, & le royaume d'Orguene, trauersant par le milieu de ce païs & l'arrousant, comme le Nil fait l'Egypte : & pour ceste raison à esté appellé Senega. Les Espagnols ont voulu plusieurs fois par sus ce fleuue entrer dedans le païs, & le subiuguer : & de fait quelquefois y ont entré bien quatre vingts lieuës : mais ne pouuans aucunement adoucir les gens du païs, estráges & barbares, pour euiter plus grands incóueniens se sont retirez. La traffique de ces sauuages est en esclaues, en bœufs, & cheures, principalement des cuirs, & en ont en telle abondance, que pour cent liures de fer vous aurez vne paire de bœufs, & des meilleurs.

Nigritis fl. maintenăt Senega.

Les Portugais se vantent auoir esté les premiers, qui ont mené en ce cap Verd, cheures, vaches, & toreaux, qui depuis auroyét ainsi multiplié. Aussi y auoir porté plátes & seméces diuerses, comme de ris, citrons, orenges. Quant au mil, il est natif du païs, & en bonne quantité. Aupres du promontoire Verd y à trois petites isles prochaines de terre ferme, autres que celles, que nous appellons Isles de cap Verd, dont nous parlerons cy apres, assez belles, pour les beaux arbres, qu'elles produisent : toutesfois elles ne sont habitées. Ceux qui sont là prochains y vont souuét pescher, dont ils rapportent du poisson en telle abondance, qu'ils en font de la farine, & en vsent au lieu de pain, apres estre seiché, & mis en poudre. En l'vne de ces isles

Isles pres du cap Verd, nõ habitées.

e ij

LES SINGVLARITEZ

se trouue vn arbre, lequel porte fueilles semblables à cel- *Arbre*
les de noz figuiers, le fruit est long de deux pieds ou en- *estrange.*
uiron, & gros en proportion, approchant des grosses &
longues coucourdes de l'isle de Cypre. Aucuns mangēt
de ces fruits, comme nous faisons de sucrins & melons:
& au dedans de ce fruit est vne graine faite à la semblance d'vn rognon de lieure, de la grosseur d'vne febue.

Quelques vns en nourrissent les singes, les autres en
font colliers pour mettre au col: car cela est fort beau
quand il est sec & assaisonné.

Du vin de Palmiers.
CHAP. II.

Yant escript le plus sommairement qu'il
à esté possible ce que meritoit estre escript du promotoire Verd, cy dessus declaré, i'ay bien voulu particulierement
traiter, puis qu'il venoit à propos, des Palmiers, & du vin & bruuage que les Sau-
uages noirs ont appris d'en faire, lequel en leur langue ils
appellent, Mignol. Nous voyons combien Dieu pere & *Mignol.*
createur de toutes choses nous donne de moyens pour
le soulagement de nostre vie, tellement que si l'vn defaut,
il en remet vn autre, dont il ne laisse indigence quelconque à la vie humaine, si de nous mesmes nous ne nous
delaissons par nostre vice & negligēce: mais il donne diuers moyens, selon qu'il luy plaist, sans autre raison.

Doncques si en ce païs la vigne n'est familiere comme
autrepart, & parauenture pour n'y auoir esté plantée &

e iij

diligemment cultiuée: il n'y à vin en vſage, nó plus qu'en pluſieurs autres lieux de noſtre Europe, ils ont auec prouidence diuine recouuert par art & quelque diligence cela, que autrement leur eſtoit denié. Or ce palme eſt vn arbre merueilleuſement beau, & bien accompli, ſoit en grandeur, en perpetuelle verdure, ou autrement, dont il y en à pluſieurs eſpeces, & qui prouiennent en diuers lieux. En l'Europe, comme en Italie, les palmes croiſſent abondamment, principalement en Sicile, mais ſteriles.

Pluſieurs eſpeces de palmes.

En quelque frótiere d'Eſpagne elles portent fruit aſpre & malplaiſant à manger. En Afrique, il eſt fort doux, en Egypte ſemblablement, en Cypre & en Crete, en l'Arabie pareillement. En Iudee, tout ainſi qu'il y en à abondance, auſſi eſt-ce la plus grande nobleſſe & excellence, principalement en Iericho. Le vin que lon en fait, eſt excellent, mais qui offenſe le cerueau. Il y à de ceſt arbre le maſle & la femelle: le maſle porte ſa fleur à la branche, la femelle germe ſans fleur. Et eſt choſe merueilleuſe & digne de contemplation ce que Pline & pluſieurs autres en recitét: Que aux foreſts des palmiers prouenus du naturel de la terre, ſi on couppe les maſles, les femelles deuiennent ſteriles ſans plus porter de fruit: cóme femmes vefues pour l'abſence de leurs marits. Ceſt arbre demande le païs chaud, terre ſablonneuſe, vitreuſe, & cóme ſalée, autrement on luy ſale la racine auant que la planter.

Pli. li. 13. chap. 4.

Quant au fruit il porte chair par dehors, qui croiſt la premiere, & au dedans vn noyau de bois, c'eſt à dire la graine ou ſemence de l'arbre: comme nous voyons es pommes de ce païs. Et qu'ainſi ſoit lon en trouue de petites ſans noyau en vne meſme branche que les autres.

Dauantage

Dauantage, cest arbre apres estre mort, reprend naissance de soymesme: qui semble auoir donné le nom à cest oyseau, que lon appelle Phenix, qui en Grec signifie Palme, pource qu'il prend aussi naissance de soy sans autre moyen. Encores plus cest arbre tant celebré à doné lieu & argument au prouerbe, que l'on dit, Remporter la palme, c'est à dire le triomphe & victoire: ou pource que le temps passé on vsoit de palme pour couronne en toutes victoires, comme tousiours verdoyante: combien que chacun ieu, ou exercice auoit son arbre ou herbe particulierement, comme le laurier, le myrthe, l'hierre, & l'oliuier: ou pource que cest arbre, ainsi que veulent aucuns, ayt premierement esté consacré à Phebus, auant que le laurier, & ayt de toute antiquité representé le signe de victoire. Et la raison de ce recite Aule Gelle, quand il dit, que cest arbre a vne certaine proprieté, qui conuient aux hommes vertueux & magnanimes: cest que iamais la palme ne cede, ou plie soubs le fais, mais au contraire tant plus elle est chargée, & plus par vne maniere de resistence, se redresse en la part opposite. Ce que conferme Aristote en ses problemes, Plutarque en ses Symposiaques, Pline & Theophraste. Et semble conuenir au propos ce que dit Virgile,

N'obeis iamais au mal qui t'importune,
Ains vaillamment resiste à la Fortune.

Or est il temps desormais de retourner à nostre promontoire: auquel, tant pour la disposition de l'air treschaud (estant en la zone torride distant 15. degrez de la ligne equinoctiale) que pour la bonne nature de la terre, croist abondance de palmes, desquels ils tirent cer-

Phenix, oyseau pourquoy ainsi appellé.
Prouerbe.

Proprieté de la palme.
Liure 3. chap.6.
Li. 7.
Li. 8.
Li. 16. chap.42.
Li. 5. des plantes.

LES SINGVLARITEZ

Maniere de faire ce vin de palmiers. tain suc pour leur despence & boisson ordinaire. L'arbre ouuert auec quelque instrument, cóme à mettre le poin, à vn pied ou deux de terre, il en sort vne liqueur, qu'ils reçoiuent en vn vaisseau de terre de la hauteur de l'ouuerture, & la reseruent en autres vaisseaux pour leur vsage.

Et pour la garder de corruption, ils la salent quelque peu, cóme nous faisons le verius par deça: tellement que le sel cósume ceste humidité cruë estant en ceste liqueur, laquelle autrement ne se pouuant cuire ou meurir, necessairement se corromproit. Quant à la couleur & con-

Proprieté du vin de palmiers. sistence, elle est semblable aux vins blancs de Champagne & d'Aniou: le goust fort bon, & meilleur que les citres de Bretagne. Ceste liqueur est trespropre pour refreschir & desalterer, à quoy ils sont subiets pour la continuelle

tinuelle & excessiue chaleur. Le fruict de ces palmiers, sont petites dattes, aspres & aigres, tellement qu'il n'est facile d'en manger: neantmoins que le ius de l'arbre ne laisse à estre fort plaisant à boire: aussi en font estime entre eux, comme nous faisons des bons vins. Les Egyptiens anciennement, auant que mettre les corps morts en basme, les ayans preparez ainsi qu'estoit la coustume, pour mieux les garder de putrefaction, les lauoyent trois ou quatre fois de ceste liqueur, puis les oignoyent de myrrhe, & cinnamome. Ce breuuage est en vsage en plusieurs contrées de l'Ethiopie, par faute de meilleur vin. Quelques Mores semblablemēt font certaine autre boisson du fruit de quelque autre arbre, mais elle est fort aspre, cōme verius, ou citre de cormes, auant qu'elles soyent meures. Pour euiter prolixité, ie laisseray plusieurs fruits & racines, dont vsent les habitans de ce païs, en aliments & medicaments, qu'ils ont appris seulement par experience, de maniere qu'ils les sçauent bien accommoder en maladie. Car tout ainsi qu'ils euitent les delices & plusieurs voluptez, lesquelles nous sont par deça fort familieres, aussi sont ils plus robustes & dispos pour endurer les iniures externes, tant soyent elles grādes: & au contraire nous autres, pour estre trop delicats, sommes offensez de peu de chose.

Autre sorte de bruuage.

LES SINGVLARITEZ
De la riuiere de Senegua.
CHAP. 12.

Ombien que ie ne me foys propofé en ce mien difcours, ainfi que vray Geographe d'efcrire les païs, villes, citez, fleuues, goufres, môtagnes, diftances, fituations, & autres chofes appartenás à la Geographie, ne m'a femblé toutesfois eftre hors de ma profeſsion, d'efcrire amplemét quelques lieux les pl9 notables, felô qu'il venoit à propos, & cóme ie les puis auoir veuz, tant pour le plaifir & contentement, qu'en ce faifant le bô & bien affectionné Lecteur pourra receuoir, que pareillement mes meilleurs amis: pour lefquels me femble ne pouuoir aſsez faire, en cóparaifon du bon vouloir & amitié qu'ils me portent: ioint que ie ne me fuis perfuadé depuis le commencement de mon liure efcrire entieremét la verité de ce que i'auray peu voir & cógnoiftre. Or ce fleuue entre autres chofes tant fameux (duquel le païs & royaume qu'il arroufe, à efté nommé Senegua: comme noftre mer Mediterranée acquiert diuers noms felon la diuerfité des contrées ou elle paſſe) eft en Libye, venant au cap Verd, duquel nous auons parlé cy deuant: & depuis lequel iufques à la riuiere, le païs eft fort plain, fablonneux, & fterile: qui eft caufe que là ne fe trouue tant de beftes rauiſſantes, qu'ailleurs. Ce fleuue eft le premier, & plus celebre de la terre du cofté de l'Ocean, feparant la terre feiche & aride de la fertile. Son eftédue eft iufques à la haute Libye, & plufieurs autres païs & royaumes, qu'il arrofe. Il tient de largeur enuiron vne lieuë,

Royaume de Senegua, appellé du nom du fleuue.

lieuë, qui toutesfois est bien peu, au regard de quelques riuieres qui sont en l'Amerique: desquelles nous toucherós plus amplement cy apres. Auaut qu'il entre en l'Ocean (ainsi que nous voyons tous autres fleuues y tendre & aborder) il se deuise, & y entre par deux bouches elóngées l'vne de l'autre enuiron demye lieuë, lesquelles sont asses profondes, tellement que lon y peut mener petites nauires. Aucuns Anciens, cóme Solin en son liure nommé Polyhistor, Iules Cesar, & autres, ont escrit ce grád fleuue du Nil passant par toute l'Egypte, auoir mesme source & origine que Senegua, & de mesmes montagnes. Ce que n'est vraysemblable. Il est certain que la naissance du Nil est bien plus outre l'Equateur, car il vient des hautes montagnes de Bede, autrement nommées des anciens Geographes, montagnes de la Lune, lesquelles font la separation de l'Afrique vieille à la nouuelle, comme les monts Pyrenées de la Fráce d'auec l'Espagne. Et sont ces mótagnes situées en la Cyrenaique, qui est outre la ligne quinze degrez. La source de Senegua dont nous parlons, procede de deux montagnes, l'vne nommée Mandro, & l'autre Thala, distinctes des montagnes de Bed, de plus de mille lieuës. Et par cecy lon peut voir combien ont erré plusieurs pour n'en auoir faict la recherche, comme ont fait les modernes. Quant aux montagnes de la Lune, elles sont situées en l'Ethiopie inferieure, & celles d'ou vient Senegua en Libye, appellée interieure: de laquelle les principales montagnes sont Vsergate, d'ou procede la riuiere de Bergade, la montagne de Casa, de laquelle descend le fleuue de Darde: le mont Mandro eleué par sus les autres, comme ie puis coniecturer, à cause que toutes

Opinion de quelques Anciens sur l'origine du Nil, & de Senegua.

Montagnes de la Lune, auec leur situatiõ.

Origine de Senegua.

Montagnes de Libye.

f ij

riuieres, qui courent depuis celle de Salate, iusques à celle de Masse, distans l'vne de l'autre enuiron septante lieuës, prennent leur source de ceste montagne. Dauantage le mont Girgile, duquel tombe vne riuiere nommée Cympho: & de Hagapole vient Subo fleuue peuplé de bō poisson, & de crocodiles ennuyeux & dommageables à leurs voysins. Vray est que Ptolemée qui à traicté de plusieurs païs & nations estranges, à dit ce que bon luy à semblé, principalemēt de l'Afrique & Ethiopie, & ne trouue auteur entre les anciens, qui en aye eu la cōgnoissance si bōne & parfaitte, qui m'en puisse donner vray cōtentemēt. Quand il parle du promontoire de Prasse (ayant quinze degrez de latitude, & qui est la plus loingtaine terre, de laquelle il à eu congnoissance: cōme aussi descrit Glarean à la fin de la description d'Afrique) de son temps le monde inferieur à esté descrit, neantmoins ne l'à touché entierement, pour estre priué & n'auoir congneu vne bonne partie de la terre meridionale, qui à esté decouuerte de nostre téps. Et quant & quant plusieurs choses ont esté adioustées aux escrits de Ptolemée: ce que lon peut voir à la table generale, qui est proprement de luy. Parquoy le Lecteur simple, n'ayant pas beaucoup versé en la Cosmographie & congnoissance des choses, notera, que tout le monde inferieur est diuisé par les Anciens en trois parties inegales, à sçauoir Europe, Asie, & Afrique: desquelles ils ont escrit les vns à la verité, les autres ce que bō leur à semblé, sans toutesfois rien toucher des Indes occidentales, qui font auiourd'huy la quatriesme partie du monde, decouuertes par les modernes: comme aussi à esté la plus grand part des Indes orientales, Calicut, & autres. Quant à celles

Nul auteur ancien à eu parfaitte cōgnoissance de toute l'Afrique.

à celles de l'Occident, la France Antarctique, Peru, Mexique, on les appelle auiourd'huy vulgairement, Le nouueau monde, voire iufques au cinquante deuxiefme degré & demy de la ligne, ou eſt le deſtroit de Magello, & pluſieurs autres prouinces du coſté du North, & du Su à coſté du Leuant: & au bas du Tropique de Capricorne en l'Ocean meridional, & à la terre Septentrionale: deſquelles Arrian, Pline, & autres hiſtoriographes n'ont fait aucune mention qu'ells ayent eſté decouuerts de leur temps. Quelques vns ont bien fait mention d'aucunes iſles qui furent decouuertes par les Carthaginois, mais i'eſtimeroys eſtre les iſles Heſperides ou Fortunées. Platon auſsi dit en ſon Timée, que le temps paſſé auoit en la mer Atlantique & Ocean vn grãd païs de terre: & que là eſtoit ſemblablement vne iſle appellée Atlantique, plus grande que l'Afrique, ne que l'Aſie enſemble, laquelle fut engloutie par tremblement de terre. Ce que pluſtoſt i'eſtimeroye fable: car ſi la choſe eut eſté vraye, ou pour le moins vray-ſemblable, autres que luy en euſſent eſcrit: attendu que la terre de laquelle les Anciens ont eu cõgnoiſſance, ſe diuiſe en ceſte maniere. Premierement de la part de Leuant, elle eſt prochaine à la terre incongneuë, qui eſt voyſine de la grande Aſie: & aux Indes orientales du coſté du Su, ils ont eu congnoiſſance de quelque peu, aſçauoir de l'Ethiopie meridionale, dite Agiſimbra, du coſté du North des iſles d'Angleterre, Eſcoſſe, Irlande, & montagnes Hyperborées, qui ſont les termes plus loigtains de la terre Septentrionale, comme veulent aucuns. Pour retourner à noſtre Senegua, deçà & delà ce fleuue tout ainſi que le territoire eſt fort diuers, auſsi ſont les hõmes

Nouueau monde.

Iſles Heſperides decouuertes autresfois par les Carthaginois.

Iſle Atlantique du temps de Platõ.

Diuerſité de païs, & meurs des habitans de Senegua.

f iij

qu'il nourrit. Delà les hommes sont fort noirs, de grande stature, le corps alaigre & deliure, nonobstant le païs verdoye, plein de beaux arbres portans fruit. Deça vous verrez tout le contraire, les hommes de couleur cendrée, & de plus petite stature. Quant au peuple de ce païs de Senegua, ie n'en puis dire autre chose, que de ceux du cap Verd, sinon qu'ils sont encore pis. La cause est que les Chrestiens n'oseroyent si ayséme͂t descédre en terre pour traffiquer, ou auoir refraischement co͂me aux autres endroits, s'ils ne veulent estre tuez ou pris esclaues. Toutes choses sont viles & co͂temptibles entre eux, sinon la paix qu'ils ont en quelque recommendation les vns entre les autres. Le repos pareillement, auec toutesfois quelque exercice à labourer la terre, pour semer du ris: car de blé, ne de vin, il n'y en à point. Quant au blé, il n'y peut venir, co͂me en autres païs de Barbarie, ou d'Afrique, pource qu'ils ont peu souuent de la pluïe, qui est cause que les semences ne peuuent faire germe, pour l'excessiue chaleur & siccité. Incontinent qu'ils voyent leur terre trempée ou autrement arrousée, se mettent à labourer, & apres auoir semé, en trois mois le fruit est meur, prest à estre moissonné. Leur boisson est de ius de palmiers & d'eau.

Arbre fructifere, & huille de grande proprieté.

Entre les arbres de ce païs, il s'en trouue vn de la grosseur de noz arbres à glan, lequel apporte vn fruict gros comme dattes. Du noyau ils font huile, qui à de merueilleuses proprietez. La premiere est, qu'elle tient l'eau en couleur iaune comme saffran: pourtant ils en teignent les petis vaisseaux à boire, aussi quelques chapeaux faits de paille de ionc, ou de ris. Cest huille dauantage à odeur de violette de Mars, & saueur d'oliue: parquoy plusieurs

en

en mettent auec leur poisson, ris, & autres viandes qu'ils mangent. Voyla que i'ay bien voulu dire du fleuue & païs de Senegua : lequel confine du costé de Leuant à la terre de Thuensar, & de la part de Midy au royaume de Cambra, du Ponent à la mer Oceane. Tirans tousiours nostre route, commençasmes à entrer quelques iours apres au païs d'Ethiopie, en celle part, que lon nomme le royaume de Nubie, qu'est de bien grande estendue, auec plusieurs royaumes & prouinces, dont nous parlerons cy apres.

Des isles Hesperides autrement dittes de cap Verd.
CHAP. 13.

Pres auoir laisé nostre promontoire à senestre, pour tenir chemin le plus droit qu'il nous estoit possible, faisans le Surouest vn quart du Su, feimes enuiron vne iournée entiere : mais venans sur les dix ou vnze heures, se trouua vent contraire, qui nous ietta sus dextre, vers quelques isles, que lon appelle par noz cartes marines, isles de cap Verd, lesquelles sont distantes des isles Fortunées ou Canaries, de deux cens lieuës, & du cap de soixante par mer, & cent lieuës de Budomel en Afrique, suyuant la coste de la Guynée vers le pole Antarctique. Ces isles sont dix en nombre, dont il en y à deux fort peuplées de Portugais, qui premieremét les ont decouuertes, & mis en leur obeissance : l'vne des deux, laquelle ils ont nommée saint Iacques, sur toutes est la plus habitée : aussi se fait grandes

Situatiõ des isles de cap Verd.

Isle S. Iacques.

f iiij

traffiques par les Mores, tant ceux qui demeurent en terre ferme, que les autres qui nauigent aux Indes, en la Guinée, & à Manicongre, au païs d'Ethiopie. Ceste isle est distáte de la ligne equinoctiale de quinze degrez: vne autre pareillement, nommée Saint Nicolas, habitée de mesme comme l'autre. Les autres ne sont si peuplées, comme Flera, Plintana, Pinturia, & Foyon: ausquelles y à bien quelque nombre de gens & d'esclaues, enuoyez par les Portugais pour cultiuer la terre, en aucuns endroits qui se trouueroyent propres: & principalement pour y faire amas de peaux de cheures, dont y à grande quantité, & en font fort grand traffique. Et pour mieux faire, les Portugais deux ou trois fois l'année passent en ces isles auec nauires & munitions, menás chiens & filets, pour chasser aux cheures sauuages: desquelles apres estre escorchées reseruent seulemét les peaux, qu'ilz deseichent auecques de la terre & du sel, en quelques vaisseaux à ce appropriez, pour les garder de putrefaction: & les emportent ainsi en leur païs, puis en font leurs morroquins tant celebrez par l'vniuers. Aussi sont tenus les habitans des isles pour tribut, rendre pour chacun au Roy de Portugal le nombre de six mille cheures, tant sauuages que domestiques salées & seichées: lesquelles ils deliurent à ceux, qui de la part d'iceluy Seigneur font le voyage auec ses grãds vaisseaux, aux Indes orientales, comme à Calicut, & autres, passans par ces isles: & est employé ce nóbre de cheures pour les nourrir pendant le voyage, qui est de deux ans, ou plus, pour la distance des lieux, & la grãde nauigation qu'il fault faire. Au sur plus l'air en ces isles est pestilentieux & mal sain, tellement que les premiers Chrestiens qui ont

Isle S. Nicolas.
Isles Flera, Plintana, Pinturia, & Foyon.

Marroquins d'Espagne.

qui ont commencé à les habiter, ont esté par long temps vexez de maladie, tant à mon iugement pour la temperature de l'air qui en tels endroits ne peut estre bóne, que pour la mutation. Aussi sont là fort familieres & communes les fieures chaudes, aux Esclaues specialement, & quelque flux de sang: qui ne peuuent estre ne l'vn ne l'autre que d'humers excessiuement chaudes & acres, pour leur continuel trauail & mauuaise nourriture, ioint que la temperature chaude de l'air y cósent, & l'eau qu'ils ont prochaine: parquoy reçoiuent l'exces de ces deux elemés.

Des tortues, & d'vne herbe qu'ils appellent Orseille.
CHAP. 14.

Vis qu'en nostre nauigation auons deliberé escrire quelques singularitez obseruées és lieux & places ou auons esté: il ne sera hors de propos de parler des tortues, que noz isles dessus nómées nourrissent en grande quantité, aussi bien que de cheures. Or il s'en trouue quatre especes, terrestres, *Quatre* marines, la troisiesme viuant en eau douce, la quatriesme *especes de* aux marests: lesquelles ie n'ay deliberé de deduire par le *tortues.* menu, pour euiter prolixité, mais seulement celles qui se voyent aux riuages de la mer, qui enuironne noz isles.

Ceste espece de tortues saillent de la mer sus le riuage *Tortue* au temps de son part, fait de ses ongles vne fosse dedans *marine.* les sablons, ou ayant fait ses œufs (car elle est du nombre des ouiperes, dont parle Aristote) les couure si bien, qu'il est impossible de les voir ne trouuer, iusques à ce que le

g

flot de la mer venant les decouure: puis par la chaleur du Soleil, qui là est fort veheméte, le part s'engédre & ecloſt, ainsi que la poule de son œuf, lequel consiste en grand nombre de tortues, de la grandeur de crabes (qui est vne espece de poisson) que le flot retournant emmeine en la mer. Entre ces tortues, il s'en trouue quelques vnes de si merueilleuse grandeur, mesmes en ces endroits dont ie parle, que quatre hommes n'en peuuent arrester vne: cóme certainement i'ay veu, & entendu par gens dignes de foy. Pline recite, qu'en la mer Indique sont de si grandes tortues, que l'escaille est capable & suffisante à couurir vne maison mediocre: & qu'aux isls de la mer Rouge, ils en peuuent faire vaisseaux nauigables. Ledit auteur dit aussi en auoir de semblables au destroit de Carmanie en la mer Persique. Il y à plusieurs manieres de les prendre.

Li. 9. chap. 10.

Quelquesfois ce grád animal, pour appetit de nager plus doulcement, & plus librement respirer, cherche la partie superficielle de la mer vn peu deuant midy, quád l'air est serain: ou ayant le dos tout decouuert, & hors de l'eau, incontinent leur escaille est si bien deseichée par le Soleil, qu'elles ne pouuans descendre au fond de la mer, elles flottent par dessus bon gré mal gré: & sont ainsi prises.

Maniere de prédre les tortues marines.

Lon dit autrement, que de nuyt elles sortent de la mer, cherchans à repaistre, & apres estre saoules & lassées s'endorment sur l'eau pres du riuage, ou lon les prend aisement, pour les entendre ronfler en dormant: outre plusieurs autres manieres qui seroient longues à reciter. Quant à leur couuerture & escaille ie vous laisse à penser de quelle espesseur elle peut estre, proportionnée à sa grandeur. Aussi sur la coste du destroit de Magellan, & de la

Espesseur de ces escailles de tortues marines, & cōme ils s'en seruent.

de la riuiere de Plate, les Sauuages en font rondelles, qui leur feruent de boucliers Barcelonnois, pour en guerre receuoir les coups de flefches de leurs ennemys. Semblablement les Amazones fur la cofte de la mer Pacifique, en font rampars, quand elles fe voyent affaillies en leurs logettes, & cabannes. Et de ma part i'oferay dire & fouftenir auoir veu telle coquille de tortue, que la harquebufe ne pourroit aucunement trauerfer. Il ne faut demander combien noz infulaires du cap Verd en prennent, & en mangent communement la chair, comme icy nous ferions du beuf ou mouton. Aufsi eft elle femblable à la chair de veau, & prefque de mefme gouft. Les Sauuages des Indes Ameriques n'en veulent aucunemét manger, perfuadez de cefte folle opinion, qu'elle les rendroit pefans, cóme aufsi elle eft pefante, qui leur cauferoit empefchement en guerre : pource qu'eftans appefantis, ne pourroyent legerement pourfuyure leurs ennemys, ou bien efchapper & euader leurs mains. Ie reciteray pour la fin l'hiftoire d'un Gentilhomme Portugais lepreux, lequel pour le grand ennuy qu'il receuoit de fon mal, cherchant tous les moyens de f'abfenter de fon païs, comme en extreme defefpoir, apres auoir entédu la conquefte de ces belles ifles par ceux de fon païs, delibera pour recreation f'y en aler. Doncques il fe dreffa au meilleur equipage, qu'il luy fut pofsible, c'eft afçauoir de nauires, gens, & munitions, beftial en vie, principalement cheures, dont ils ont quantité : & finablement aborda en l'vne de ces ifles: ou pour le degouft que luy caufoit la maladie, ou pour eftre reffafié de chair, de laquelle couftumierement il vfoit en fon païs, luy vint appetit de man-

Hiftoire d'vn gentilhõme Portugais.

ger œufs de tortues, dont il fist ordinaire l'espace de deux ans, & de maniere qu'il fut gueri de sa lepre. Or ie demanderoys volontiers, si sa guerison doit estre donnée à la temperature de l'air, lequel il auoit chágé, ou à la viande. Ie croiroys à la verité, que l'vn & l'autre ensemble en partie, en pourroient estre cause. Quant à la tortue, Pline en parlant tant pour aliment que pour medicament ne fait aucune mention qu'elle soit propre contre la lepre: toutesfois il dit qu'elle est vray antidote contre plusieurs venins, specialement de la Salemandre, par vne antipathie, qui est entre elles deux, & mortelle inimitié.

Antipathie de la tortue auec la Salemáde.

Que si cest animant auoit quelque proprieté occulte & particuliere contre ce mal, ie m'en rapporte aux philosophes & medecins. Et ainsi l'experience à donné à congnoistre la proprieté de plusieurs medicaments, de laquelle lon ne peut donner certaine raison. Parquoy ie conseilleroys volontiers d'en faire experiéce en celles de ce païs, & des terrestres, si lon nen peut recouurer de marines: qui seroit à mon iugement beaucoup meilleur & plus seur, que les viperes tant recommandées en ceste affection, & dont est composé le grand Theriaque: attendu qu'il n'est pas seur vser de viperes pour le venin qu'elles portent, quelque chose que lon en die: laquelle chose est aussi premierement venue d'vne seule experience.

Lon dit que plusieurs y sont allez à l'exemple de cestuy cy, & leur à bien succedé. Voila quant aux tortues. Et quant aux cheures que mena nostre Gentilhomme, elles ont là si bien multiplié, que pour le present il y en á vn nombre infini: & tiennent aucuns, que leur origine vient de là, & que parauant n'y en auoit esté veu. Reste à parler

DE LA FRANCE ANTARCTIQVE. 27

ler d'vne herbe, qu'ils nomment en leur langue Orseille. *Orseille,*
Ceste herbe est cóme vne espece de mousse, qui croist à *herbe.*
la sommité des hauts & inaccessibles rochers, sans aucune terre, & y en à grande abondance. Pour la cuillir ils attachent quelques cordes au sommet de ces montagnes & rochers, puis montent à mont par le bout d'embas de la corde, & grattans le rocher auec certains instrumens la font tomber, comme voyez faire vn ramonneur de cheminée: laquelle ils reseruent & descendent en bas par vne corde auec corbeilles, ou autres vaisseaux. L'emolument & vsage de ceste herbe est qu'ils l'appliquent à faire tein- *Au cha.* tures, comme nous auons dit par cy deuant en quelque 5. passage.

De l'isle de Feu.
CHAP. 15.

Ntre autres singularites, ie n'ay voulu omettre l'isle de Feu, ainsi appellée, pourtant que continuellement elle iette vne flambe de feu, telle, que si les Anciens en eussent eu aucune congnoissance, ils l'eussent mise entre les autres choses, qu'ils ont escrit par quelque miracle & singularité, aussi bien que la montagne de Vesuue, & la montagne d'Etna, desquelles pour vray en recitent merueilles. Quant à Etna en Sicile, elle à ietté le feu quelquesfois auec vn bruit merueilleux, cóme au temps de M. Æmile & T. Flamin, comme escrit Orose. Ce que conferment plusieurs autres Historiographes, cóme Strabon, qui afferme l'auoir

Isle de Feu, & pourquoy ainsi nómée.

g iij

veuë, & diligemment consideree. Qui me fait croire, qu'il en soit quelque chose, mesme pour le regard des personnages, qui en ont parlé: aussi elles ne sont si elongnées de nous, qu'il ne soit bien possible de faire epreuue auecques l'œil, tesmoing le plus fidele, de ce qu'en trouuons aux histoires. Ie sçay bien que quelcun d'entre noz modernes escriuains, à voulu dire, que l'vne des Canaries iette perpetuellement du feu, mais qu'il se garde bien de prendre celle dont nous parlons, pour l'autre. Aristote au liure des merueilles parle d'vne isle decouuerte par les Carthaginois, non habitée, laquelle iettoit comme flambeaux de feu, venant de matieres sulfureuses, oultre plusieurs autres choses admirables. Toutesfois ie ne sçauroys iuger qu'il ayt entendu de la nostre, encores moins du mont Etna, car il estoit congnu deuant le regne des Carthaginois. Quant à la montagne de Pussole, elle est située en terre ferme: & si aucun vouloit dire autrement, ie m'en rapporte: de ma part ie n'ay trouué, que iamais ayt esté congnue, que depuis mil cinq cens trente, en ceste part de Ponent, auec autres tant loingtaines, que prochaines, & terre continente. Il y à bien vne autre montagne en Hirlande, nommée Hecla, laquelle par certains temps iette pierres sulfureuses, tellement que la terre demeure inutile cinq ou six lieuës à l'entour pour les cédres de soulfre dont elle est couuerte. Ceste isle dont nous parlons, cótient enuiron sept lieuës de circuit: nómée à bóne raison Isle de feu, car la mótagne ayāt de circuit six cēs septāte neuf pas, & de hauteur mil cinquāte cinq brassées ou enuiron, iette cótinuellemēt par le sommet vne flābe, que l'on voit de trente ou quaráte lieuës sur la mer, beaucoup

Montagne de Pussole.

coup plus clerement la nuyt que le iour, pource qu'en bonne philosophie la plus grande lumiere aneantist la moindre. Ce que donne quelque terreur aux nauigans, qui ne l'ont congneuë au parauant. Ceste flambe est accompagnée de ie ne sçay quelle mauuaise odeur, resentant aucunement le soulfre, qu'est argument qu'au ventre de ceste môtagne y à quelque mine de soulfre. Parquoy lon ne doit trouuer telles manieres de feu estráges, attendu que ce sont choses naturelles, ainsi que tesmoignent les philosophes: c'est que ces lieux sont pleins de soulfre & autres mineraux fort chaux, desquels se resoult vne vapeur chaude & seiche semblable à feu. Ce qui ne se peut faire sans air. Pourquoy nous apparessent hors la terre par le premier souspirail trouué, & quád elles sont agitées de l'air. Aussi de là sortét les eaux naturellemét chaudes,

g iiij

feiches, quelquesfois adstringentes, comme fonteines & beins en Allemagne & Italie. Dauantage en Esclauonie pres Apollonia se trouue vne fonteine sortant d'vn roc, ou l'on voit sourdre vne flamme de feu, dont toutes les eaux prochaines sont comme bouillantes. Ce lieu donc est habité de Portugais, ainsi que plusieurs autres par delà. Et tout ainsi que l'ardeur de ceste montagne n'empesche la fertilité de la terre, qui produit plusieurs especes de bons fruits, ou est vne grande temperature de l'air, viues sources & belles fonteines : aussi la mer qui l'enuironne, n'esteint ceste vehemente chaleur, comme recite Pline de la Chimere tousiours ardente, qui s'esteint par terre ou foin iettez dessus, & est allumée par eau.

Li. 2. cha.106.

De l'Ethiopie.
CHAP. 16.

IE sçay tresbien que plusieurs Cosmographes ont suffisamment descrit le païs d'Ethiopie, mesme entre les modernes, ceux qui ont recentement fait plusieurs belles nauigations par ceste coste d'Afrique, en plusieurs & loingtaines contrées : toutesfois cela n'empeschera, que selon la portée de mon petit esprit, ie n'escriue aucunes singularitez obseruées en nauigeant par ceste mesme coste en la grāde Amerique. Or l'Ethiopie est de telle estendue, qu'elle porte & en Asie, & en Afrique, & pource lon la deuise en deux. Celle qui est en Afrique, auiourd'huy est appellée Inde, terminée au Leuant de la mer Rouge, & au Septentrion de l'Egy-

Estendue de l'Ethiopie.

de l'Egypte & Afrique, vers le Midy du fleuue Nigritis, que nous auons dit estre appellé Senegua: au Ponent elle à l'Afrique interieure, qui va iusques aux riuages de l'Ocean. Et ainsi à esté appellée du nom d'Ethiops fils de Vulcain, laquelle à eu au parauāt plusieurs autres noms: vers l'Occident montagneuse, peu habitée au Leuant, & areneuse au milieu, mesme tirant à la mer Atlantique.

Senegua fl. anciēnement Nigritis.

Les autres la descriuent ainsi: Il y à deux Ethiopies, l'vne est soubs l'Egypte, region ample & riche, & en icelle est Meroë, isle tresgrande entre celles du Nil: & d'icelle tirant vers l'Orient regne le Preste-Ian. L'autre n'est encores tant congneuë ne decouuerte, tant elle est grande, sinon aupres des riuages. Les autres la diuisent autremēt, c'est asçauoir l'vne part estre en Asie, & l'autre en Afrique, que lon appelle auiourd'huy les Indes de Leuāt, enuironnée de la mer Rouge & Barbarie, vers Septētrion au païs de Libye & Egypte. Ceste contrée est fort mōtagneuse, dont les principales montagnes sont celles de Bed, Ione, Bardite, Mescha, Lipha. Quelques vns ont escrit les premiers Ethiopiens & Egyptiens auoir esté entre tous les plus rudes & ignorans, menans vne vie fort agreste, tout ainsi que bestes brutes: sans logis arresté, ains se reposans ou la nuyt les prenoit, pis que ne font auiourd'huy les Masouites. Depuis l'Equinoctial vers l'Antarctique, y à vne grand contrée d'Ethiopes, qui nourrit de grands Elephans, Tigres, Rhinoceros. Elle à vne autre region portant cinnamome, entre les bras du Nil. Le Royaume d'Ettabech deça & dela le Nil, est habité des Chrestiens. Les autres sont appellez Ichthyophages, ne viuants seulement que de poisson, rendus autresfois soubs l'obeisáce

Description de l'Ethiopie. Meroë, isle.

Royaume d'Ettabech. Ichthyophages.

h

LES SINGVLARITEZ

du grand Alexandre. Les Anthropophages sont auprès des monts de la Lune : & le reste tirant de là iusques au Capricorne, & retournant vers le cap De bone esperance est habité de plusieurs & diuers peuples, ayans diuerses formes & monstrueuses. On les estime toutesfois auoir esté les premiers néz au monde, aussi les premiers qui ont inuenté la religion & cerimonies : & pource n'estre estrangers en leurs païs, ne venans d'ailleurs, n'auoir aussi oncques enduré le ioug de seruitude, ains auoir tousiours vescu en liberté. C'est chose merueilleuse de l'honneur & amitié qu'ils portent à leur Roy. Que s'il auient que le Roy soit mutilé en aucune partie de son corps, ses subiets, specialement domestiques, se mutilent en ceste mesme partie, estimans estre chose impertinente de demeurer sains & entiers, & le Roy estre offensé. La plus grand part de ce peuple est tout nud pour l'ardeur excesiue du soleil : aucuns couurent leurs parties honteuses de quelques peaux : les autres la moytié du corps, & les autres le corps entier. Meroë est capitale ville d'Ethiopie, laquelle estoit anciennement appellée Saba, & depuis par Cambyses, Meroë. Il y à diuersité de religion. Aucuns sont idolatres, comme nous dirons cy apres : les autres adorent le soleil leuant, mais ils depitent l'Occident. Ce païs abonde en miracles, il nourrit vers l'Inde de tresgrands animaux, comme grands chiens, elephans, rhinocerons d'admirable grandeur, dragons, basiliscs, & autres : d'auantage des arbres si hauts, qu'il n'y à flesche, ne arc, qui en puisse attaindre la sommité, & plusieurs autres choses admirables, comme aussi Pline recite au liure dixseptiesme chapitre second de son histoire naturelle.

Amytié des Anthropophages enuers leur Roy.

Meroe ville capitale d'Ethiopie, anciennement Saba.

turelle. Ils vſent couſtumierement de mil & orge, deſquels auſſi ils font quelque brunage: & ont peu d'autres fruits & arbres, horsmis quelques grãds palmes.

Ils ont quantité de pierres precieuſes en aucun lieu plus qu'en l'autre. Il ne ſera encores, ce me ſemble, hors de propos de dire ce peuple eſtre noir ſelon que la chaleur y eſt plus ou moins vehemente, & que icelle couleur prouient de l'aduſtion ſuperficielle cauſée de la chaleur du ſoleil, qui eſt cauſe auſſi qu'ils ſont fort timides. La chaleur de l'air ainſi violente tire dehors la chaleur naturelle du cueur & autres parties internes: pourquoy ils demeurent froids au dedans, deſtituez de la chaleur naturelle, & bruſlez par dehors ſeulement: ainſi que nous voyons en autres choſes aduſtes & bruſlées. *Pourquoy les Ethiopiẽs et autres ſont de couleur noire.*

L'action de chaleur en quelque obiect que ce ſoit, n'eſt autre choſe que reſolution & diſſipation des elemens, quand elle perſeuere, & eſt violente: de maniere, que les elemens plus ſubtils conſumez, ne reſte que la partie terreſtre retenant couleur & conſiſtence de terre, comme nous voyons la cendre & bois bruſlé. Donques à la peau de ce peuple ainſi bruſlé ne reſte que la partie terreſtre de l'humeur, les autres eſtans diſſipées, qui leur cauſe ceſte couleur. Ils ſont, comme i'ay dit, timides, pour la frigidité interne: car hardieſſe ne prouient que d'vne vehemente chaleur du cueur: qui fait que les Gaulois, & autres peuples approchans de Septentrion, au contraire froids par dehors pour l'intemperature de l'air, ſont chauds merueilleuſement au dedans, & pourtant eſtre hardis, courageux, & pleins d'audace.

h ij

LES SINGVLARITEZ

Pourquoy ces Noirs ont le poil crespe, dents blanches, grosses leures, les iambes obliques, les femmes incontinentes, & plusieurs autres vices, qui seroit trop long à disputer, parquoy ie laisseray cela aux Philosophes, craignant ausi d'outrepasser noz limites. Venans donc à nostre propos. Ces Ethiopes & Indiens vsent de magie, pource qu'ils ont plusieurs herbes & autres choses propres à tel exercice. Et est certain qu'il y a quelque sympathie es choses & antipathie occulte, qui ne se peut congnoistre que par longue experiéce. Et pource que nous costoyames vne cotrée assez auant dans ce païs nommé Guinée, i'en ay bien voulu escrire particulierement.

Indiens & Ethiopes vsent de magie.

De la Guinée.
CHAP. 17.

APres sestre refreschis au cap Verd, fut question de passer outre, ayans vent de Nordest merueilleusement fauorable pour nous conduire droit soubs la ligne Equinoctiale, laquelle deuions passer: mais estans paruenuz à la hauteur de la Guinée, situee en Ethiopie, le vent se trouua tout contraire, pource qu'en ceste region les vents sont fort inconstans, accompagnez le plus souuent de pluyes, orages, & tonnerres, tellement que la nauigation de ce costé est dangereuse. Or le quatorziesme de Septembre arriuasmes en ce païs de Guinée, sus le riuage de l'Ocean, mais asses auant en terre, habitée d'vn peuple fort estráge, pour leur idolatrie & superstition tenebreuse & ignorante. Auant que

Guinée, partie de la basse Ethiopie.

que ceste contrée fust decouuerte, & le peuple y habitant congnu, on estimoit qu'ils auoyent mesme religion & façon de viure, que les habitans de la haute Ethiopie, ou de Senegua : mais il s'est trouué tout l'opposite. Car tous ceux qui habitent depuis iceluy Senegua, iusques au cap De bonne esperance sont tous idolatres, sans cognoissance de Dieu, ne de sa loy. Et tant est aueuglé ce pauure

Habitās de la Guinée iusques au cap De bōne esperāce tous idolatres.

peuple, que la premiere chose qui se rencontre au matin, soit oyseau, serpent, ou autre animal domestique ou sauuage, ils le prennent pour tout le iour, le portans auec soy à leurs negoces, comme vn Dieu protecteur de leur entreprise: comme s'ils vont en pescherie auec leurs petites barquettes d'ecorce de quelque boys, le mettront à l'vn des bouts bien enuelopé de quelques fueilles, ayans opi-

h iij

nion que pour tout le iour leur amenera bône encontre, soit en eau ou terre, & les preseruera de tout infortune.

Ils croyent pour le moins en Dieu, allegans estre là sus immortel, mais incongneu, pource qu'ils ne se donne à congnoistre à eux sensiblement. Laquelle erreur n'est en rien differente à celle des Gentils du temps passé, qui adoroyent diuers Dieux, soubs images & simulachres. Chose digne d'estre recitée de ces pauures Barbares lesquels ayment mieux adorer choses corruptibles, qu'estre reputez estre sans Dieu. Diodore Sicilien recite que les Ethiopes, ont eu les premiers congnoissance des dieux immortels, ausquels commencerent à vouër & sacrifier hosties. Ce que le poëte Homere voulant signifier en son Iliade, introduit Iupiter auec quelques autres Dieux, auoir passé en Ethiopie, tant pour les sacrifices qui se faisoient à leur honneur, que pour l'amenité & douceur du païs. Vous auez semblable chose de Castor & Pollux : lesquels sus la mer allans auec l'exercite des Grecs contre Troye, s'euanouyrent en l'air, & oncques plus ne furent veuz. Qui donna opinion aux autres de penser, qu'ils auoient esté rauis, & mis entre les deitez marines. Aussi plusieurs les appellent cleres estoilles de la mer. Ledit peuple n'à temples ne Eglises, ne autres lieux dediez à sacrifices ou oraisons. Outre cela ils sont encores plus meschants sans comparaison que ceux de la Barbarie, & de l'Arabie : tellement que les estrangers n'oseroyent aborder, ne mettre pied à terre en leurs païs, sinon par ostages : autrement les saccageroyent comme esclaues. Ceste canaille la plus part va toute nue, cõbien que quelques vns, depuis que leur païs

Castor et Pollux nõmez cleres estoilles de la mer.

Meurs, & façon de viure de ceux de la Cui née.

à esté

a esté vn peu frequété, se sont accoustumez à porter quelque camisole de ionc ou cotton, qui leur sont portées d'ailleurs. Ils ne font si grande traffique de bestial qu'en la Barbarie. Il y a peu de fruits, pour les siccitez & excessiues chaleurs : car ceste region est en la zone torride. Ils viuent fort long aage, & ne se monstrent caduques, tellement qu'vn hôme de cent ans, ne sera estimé de quarâte.

Toutesfois ils viuent de chairs de bestes sauuages, sans estre cuittes ne bien preparées. Ils ont aussi quelque poisson, ouitres en grâde abôdance, larges de plus d'vn grand demy pied, mais plus dangereuses à manger, q̃ tout autre poisson. Elles rendent vn ius semblable au laict : toutesfois les habitans du païs en mangent sans danger : & vsent tant d'eau douce que salée. Ils font guerre coustumierement côtre autres natiôs : leurs armes sont arcs & flesches, côme aux autres Ethiopes & Africains. Les femmes de ce païs s'exercent à la guerre, ne plus ne moins que les hommes. Et si portent la plus part vne large boucle de fin or, ou autre metal aux oreilles, leures, & pareillement aux bras. Les eaux de ce païs sont fort dangereuses, *La Guinée mal aërée.* & est aussi l'air insalubre : pource à mon aduis, que ce vent de Midy chaud & humide y est fort familier, subiet à toute putrefaction : ce que nous experimentons encore bien pardeça. Et pource ceux qui de ce païs ou autre mieux temperé, vont à la Guinée, n'y peuuent faire long seiour, sans encourir maladie. Ce que aussi nous est aduenu, car plusieurs de nostre compagnée en moururent, les autres demeurerent long espace de temps fort malades, & à grande difficulté se peurent sauuer : qui fut cause que n'y seiournames pas longuement.

h iiij

Ie ne veux omettre qu'en la Guinée, le fruit le plus frequent, & dont se chargent les nauires des païs estranges, est la Maniguette, tresbonne & fort requise sur toutes les autres espiceries: aussi les Portugais en font grande traffique. Ce fruit vient parmy les champs de la forme d'vn oignon, ce que volontiers nous eussions representé par figure pour le contentement d'vn chacun, si la commodité l'eust permis. Car nous nous sommes arrestez au plus necessaires. L'autre qui vient de Calicut & des Molucques, n'est tant estimé de beaucoup. Ce peuple de Guinée traffique auec quelques autres Barbares voisins, d'or, & de sel d'vne façon fort estrange. Il y à certains lieux ordonnez entr'eux, ou chacun de sa part porte sa marchádise, ceux de la Guinée le sel, & les autres l'or fondu en masse. Et sans autrement communiquer ensemble, pour la defiance qu'ils ont les vns des autres, comme les Turcs & Arabes, & quelques sauuages de l'Amerique auec leurs voisins, laissent au lieu denommé le sel & or, porté là de chacune part. Cela fait se transporteront au lieu ces Ethiopes de la Guinée, ou s'ils trouuét de l'or suffisamment pour leur sel, ils le prennent & emportent, sinon ils le laissent. Ce que voyans les autres, c'est asçauoir leur or ne satiffaire, y en adiousterót, iusques à tant que ce soit assez, puis chacú emporte ce qui luy appartiét. Entédez dauátage q̃ ces Noirs de deça, sont mieux appris & pl⁹ ciuils que les autres, pour la communication qu'ils ont auec plusieurs marchans qui vont traffiquer par delà: aussi allechent les autres à traffiquer de leur or, par quelques menues hardes, cóme petites camizoles & habillemens de vil pris, petits cousteaux & autres menues hardes & ferrailles.

Maniguette, fruit fort requis entre les espiceries.

ferrailles. Aufsi traffiquent les Portugais auec les Mores de la Guinée, outre les autres choses d'iuoires, que nous appellós dents d'Elephás : & m'a recité vn entre les autres, que pour vne fois ont chargé douze mil de ces déts, entre lesquelles s'en est trouué vne de merueilleuse grandeur, du pois de cent liures. Car ainsi que nous auons dit, le païs d'Ethiopie nourrit Elephans, lesquels ils prennent à la chasse, comme nous ferions icy sangliers, auec quelque autre petite astuce & methode : ainsi en mangent ils la chair, laquelle plusieurs ont affermé estre tresbonne : ce que i'ayme mieux croire, qu'en faire autrement l'essay, ou en disputer plus longuement. Ie ne m'arresteray en cest endroit à descrire les vertus & proprietez de cest animal, le plus docile & approchant de la raison humaine, que nul autre, veu que cest animal à esté tant celebré par les Anciens, & encores par ceux de nostre temps, & attendu que Pline, Aristote, & plusieurs autres en ont suffisamment traité, & de sa chair, laquelle on dit estre medicamenteuse, & propre contre la lepre prise par la bouche ou appliquée par dehors en poudre : les dents que nous appellons iuoyre conforter le cueur & l'estomach, aider aufsi de toute sa substance le part au ventre de la mere. Ie ne veux donc reciter ce qu'ils en ont escript, comme ce n'est nostre principal subiect, aussi me sembleroit trop elongner du propos encommencé. Toutesfois ie ne laisseray à dire ce que i'en ay veu. Que si de cas fortuit ils en prennent quelques petis, ils les nourrissent, leurs apprenans mil petites gentillesses : car cest animal est fort docile & de bon entendement.

Traffique d'iuoire.

Elephãt, animal approchant de la raison humaine.

i

LES SINGVLARITEZ
De la ligne Equinoctiale, & isles de Saint Homer.
CHAP. 18.

Aissans donc ceste partie de Guinée à senestre, apres y auoir bien peu seiourné, pour l'infection de l'air, ainsi qu'auōs dit cy deuant, il fut question de poursuyure nostre chemin, costoyans tousiours iusques à la hauteur du cap de Palmes, & de celuy que lon appelle à Trois points, ou passe vn tresbeau fleuue portant grands vaisseaux, par le moyen duquel se mene grād traffique par tout le païs: & lequel porte abondance d'or & d'argent, en masse nō monnoyé. Pourquoy les Portugais se sont acostez & appriuoisez auec les habitans, & ont là basti vn fort chasteau, qu'ils ont nōmé Castel de mine: & nō sans cause, car leur or est sans cōparaison plus fin q̃ celuy de Calicut, ne des Indes Ameriques. Il est par deça l'Equinoctial enuirō trois degrez & demy. Il se trouue là vne riuiere, qui prouient des montagnes du païs nōmé Cania: & vne autre pl⁹ petite nōmée Rhegiū: lesquelles portent tresbō poisson, au reste crocodiles dangereux, ainsi que le Nil & Senega, que lon dit en prendre son origine. Lon voit le sable de ces fleuues resembler à or pulverisé. Les gens du païs chassent aux crocodiles, & en mangent comme de venaison. Ie ne veux oblier, qu'il me fut recité, auoir esté veu pres Castel de mine, vn monstre marin ayant forme d'homme, que le flot auoit laissé sur l'arene. Et fut ouye semblablement la femelle en retournant auecques le flot, crier hautement & se douloir pour l'absence du masle: qui est chose digne de quelque admiration. Par cela peut on cōgnoistre la mer produire

Fleuue portant mine d'or & d'argent.
Castel de mine.

Cania et Rhegiū, fleuues.

Monstre marin de forme humaine.

DE LA FRANCE ANTARCTIQVE. 34

produire & nourrir diuersité d'animaux, ainsi cóme la terre. Or estans paruenus par noz iournées iusques soubs l'Equinoctial, n'auós deliberé de passer outre, sans en escrire quelque chose. Ceste ligne Equinoctiale, autrement cercle Equinoctial, ou Equateur, est vne trace imaginatiue du soleil par le milieu de l'vniuers, lequel lors il diuise en deux parties egales, deux fois l'ánée, c'est asçauoir le quatorziesme de Septembre, & l'vnziesme de Mars, & lors le soleil passe directement par le zenith de la terre, & nous laisse ce cercle imaginé, parallele aux tropiques & autres, que lon peut imaginer entre les deux poles, le soleil allant de Leuát en Occident. Il est certain que le soleil va obliquemét toute l'ánée par l'Ecliptique au Zodiaque, sinon aux iours dessus nommez, & est directement au nadir de ceux qui habitent là. Dauantage ils ont droit orizon, sans que l'vn des poles leur soit plus eleué que l'autre. Le iour & la nuit leur sont egaux, dont il à esté appellé Equinoctial: & selon que le soleil s'elongne de l'vn ou l'autre pole, il se trouue inequalité de iours & nuits, & eleuation de pole. Donc le soleil declinant peu à peu de ce point Equinoctial, va par son zodiaque oblique, presque au tropique du Capricorne: & ne passant outre fait le solstice d'Hyuer: puis retournát passe par ce mesme Equinoctial, iusques à ce qu'il soit paruenu au signe de Cácer, ou est le solstice d'Esté. Parquoy il fait six signes partant de l'Equinoctial à chacun de ces tropiques. Les Anciens ont estimé ceste contrée ou zone entre les tropiques, estre inhabitable pour les excessiues chaleurs, ainsi que celles qui sont prochaines aux deux poles, pour estre trop froides. Toutesfois depuis quelque temps ença, ceste zone à

Description de la ligne Equinoctiale.

Dou à esté nómé Equinoctial.

Solstice d'Hyuer

Solstice d'Esté.

i ij

esté decouuerte par nauigations, & habitée, pour estre fertile & abondante en plusieurs bonnes choses, nonobstant les chaleurs: comme les isles de Saint Homer & autres, dont nous parlerós cy apres. Aucuns voulans soubs ceste ligne comparer la froideur de la nuyt, à la chaleur du iour, ont pris argument, qu'il y pouuoit, pour ce regard, auoir bonne temperature, outre plusieurs autres raisons que ie laisseray pour le present. La chaleur, quád nous y passames, ne me sembla gueres plus vehemente, qu'elle est icy à la Saint Iean. Au reste il y a force tonnerres, pluyes, & tempestes. Et pource es isles de S. Homer, cóme aussi en vne autre isle, nommée l'isle des Rats, y a autant de verdure qu'il est possible, & n'y a chose qui monstre adustion quelconque. Ces isles soubs la ligne Equinoctiale sont marquées en noz cartes marines, S. Homer, ou S. Thomas, habitées auiourd'huy par les Portugais, combien qu'elles ne soient si fertiles, que quelques autres: vray est qu'il s'y recuille quelque sucre: mais ils s'y tiennent pour trafiquer auec les Barbares, & Ethiopies: c'est à sçauoir, d'or fondu, perles, musc, rhubarbe, casse, bestes, oyseaux, & autres choses selon le païs. Aussi sont en ces isles les saisons du temps fort inegalles & differentes des autres païs: les personnes subiettes beaucoup plus à maladies que ceux du Septentrion. Quelle difference & inequalité vient du soleil, lequel nous cómunique ses qualitez par l'air estant entre luy & nous. Il passe (comme chacun entend) deux fois l'année perpendiculairement par là, & lors descrit nostre Equinoctial, c'est asçauoir au moys de Mars & de Septembre. Enuiron ceste ligne il se trouue telle abódance de poissons, de plusieurs & diuer-

Teperature de l'air sous la ligne Equinoctiale.

Isle des Rats.

Isles de S. Homer, ou S. Thomas.

ses

ses especes, que c'est chose merueilleuse de les voir sus l'eau, & les ay veu faire si grand bruit autour de noz nauires, qu'a bien grande difficulté nous nous pouuions ouyr parler l'vn l'autre. Que si cela aduient pour la chaleur du soleil, ou pour autre raison, ie m'en rapporte aux philosophes. Reste à dire, qu'enuiron nostre Equinoctial, i'ay experimenté l'eau y estre plus douce, & plaisante à boire qu'en autres endroits ou elle est fort salée, combien que plusieurs maintiennent le cótraire, estimants deuoir estre plus salée, d'autant que plus pres elle approche de la ligne, ou est la chaleur plus vehemente : attendu que de là vient l'adustion & saleure de la mer : parquoy estre plus douce, celle qui approche des poles. Ie croirois veritablement que depuis l'vn & l'autre pole iusques à la ligne ainsi que l'air n'est egalement temperé, n'estre aussi l'eau temperée : mais soubs la ligne la temperature de l'eau suyure la bonne temperature de l'air. Parquoy y a quelque raison que l'eau en cest endroit ne soit tant salée comme autre part. Ceste ligne passée commençames à trouuer de plus en plus la mer calme & paisible, tirants vers le cap de Bonne esperance.

Abondance de diuers poisson soubs la ligne.

Eau marine douce soubs l'Equinoctial.

Que non seulement tout ce qui est soubs la ligne est habitable, mais aussi tout le monde est habité, contre l'opinion des Anciens. CHAP. 19.

On voit euidemment combien est grande la curiosité des hommes, soit pour appetit de congnoistre toutes choses, ou pour acquerir possessions, & euiter oysiueté, qu'ils se sont hazardez (comme dit le Sage, & apres luy le poëte Horace en

Grande cupidité de sçauoir ingenerée aux hómes.

i iiij

ſes Epiſtres)à tous dangers & trauaux, pour finalement pauureté eſlongnée, mener vne vie plus tranquille, ſans ennuy ou faſcherie. Toutesfois il leur pouuoit eſtre aſſez de ſçauoir & entédre que le ſouuerain ouurier à baſti de ſa propre main ceſt vniuers de forme toute ronde, de ma niere que l'eau à eſté ſeparée de la terre, à fin que plus có-modement chacun habitaſt en ſon propre element, ou pour le moins en celuy duquel plus il participeroit: tou-tesfois non cótens de ce ils ont voulu ſçauoir, ſil eſtoit de toutes pars habité. Neantmoins pour telle recherche & diligence, ie les eſtime de ma part autant & plus loüables, que les modernes eſcriuains & nauigateurs, pour nous a-uoir fait ſi belle ouuerture de telles choſes, leſquelles au-trement à grád peine en toute noſtre vie euſſiós peu ſi bié cóprendre, tát s'en faut q̃ les euſſiós peu executer. Thales, Pythagoras, Ariſtote, & pluſieurs autres tant Grecs que Latins, ont dit, qu'il n'eſtoit poſſible toutes les parties du monde eſtre habitées: l'vne pour la trop grande & inſup-portable chaleur, les autres pour la grande & vehemen-te froidure. Les autres Auteurs diuiſans le móde en deux parties, appellées Hemiſperes, l'vne deſquelles diſent ne pouuoir aucunemét eſtre habitée: mais l'autre en laquelle nous ſommes, neceſſairemét eſtre habitable. Et ainſi des cinq parties du móde ils en oſtét trois, de ſorte q̃ ſeló leur opinion n'en reſteroit que deux, qui fuſſent habitables. Et pour le dóner mieux à entédre à vn chacun (cóbié que ie n'eſtime point q̃ les ſçauáts l'ignorent) i'expliqueray cecy plus à plein & plus apertement. Voulans donc prouuer que la plus gráde partie de la terre eſt inhabitable, ils ſup-poſét auoir cinq zones en tout le móde, par leſquelles ils veulent

Opiniós de plu-ſieurs phi loſophes, ſi tout le móde eſt habita-ble.

Cinq zo nes par leſquelles eſt meſu-ré le món-de.

DE LA FRANCE ANTARCTIQVE. 36

veulét mesurer & cōpasser toute la terre : & desq̈lles deux sont froides, deux téperées, & l'autre chaude. Et si vo⁹ voulez sçauoir cōme ils colloquent ces cinq zones, exposez vostre main senestre au soleil leuāt, les doigts estēdus & separez l'vn de l'autre (& p ceste methode l'enseignoit aussi Probus Grāmaticus) puis quād aurez regardé le soleil par les interualles de voz doigts, fleschissez les & courbez vn chacū en forme d'vn cercle. Par le pouce vous entendrez la zone froide, qui est au Nort, laq̈lle pour l'excessiue froidure (cōme ils affermēt) est inhabitable. Toutesfois l'experience no⁹ à mōstré depuis quelque téps toutes ces parties iusques biē pres de nostre pole, mesmes outre le parallele Arctique, ioignant les Hyperborées, cōme Scauie, Dace, Suece, Gottie, Noruergie, Dánemarc, Thyle, Liuonie, Pilappe, Pruse, Rusie, ou Ruthenie, ou il n'y à q̄ glace & froidure ppetuelle, estre neātmions habitées d'vn peuple fort rude, felō, & sauuage. Ce q̄ ie croy encores plus par le tesmoignage de Mōsieur de Cābray natif de Bourges, Ambassadeur pour le Roy en ces païs de Septētriō, Pologne, Hōgrie, & Trāsyluanie, qui m'en à fidelemēt cōiqué la verité, hōme au sur pl⁹ pour son eruditiō, & cognoissāce des lāgues, digne de tel maistre, & de telle entreprise. Parquoy sont excusables les Anciés, & nō du tout croyables, ayans parlé p coniecture, & nō par experiéce. Retournōs aux autres zones. L'autre doigt denote la zone téperée, laquelle est habitable, & se peut estendre iusques au tropique du Cancre: cōbien qu'en approchāt elle soit plus chaude que téperée, cōme celle qui est iustement au milieu, c'est asçauoir entre ce tropique & le pole. Le troisiesme doigt nous represēte la zone située entre les deux tropiques, appellée

Zone froide.

Zone téperée.

Zone torride.

i iiij

torride, pour l'excefsiue ardeur du foleil, qui par maniere de parler la roftit & brufle toute, pourtant à efté eftimée inhabitable. Le quatriefme doigt eft l'autre zone téperée des Antipodes, moyenne entre le tropique du Capricorne & l'autre pole, laquelle eft habitable. Le cinquiefme qui eft le petit doigt, fignifie l'autre zone froide, qu'ils ont pareillemét eftimée inhabitable, pour mefme raifon que celle du pole oppofite : de laquelle on peut autant dire, comme auons dit du Septentrion, car il y à femblable raifon des deux. Apres donc auoir congneu cefte regle & exemple, facilement lon entédra quelles parties de la terre font habitables, & quelles non, felon l'opinion des Anciens. Pline diminuant ce qu'eft habité, efcrit que de ces cinq parties, qui font nommées zones, en faut ofter trois, pource qu'elles ne font habitables: lefquelles ont efté defignées par le pouce, petit doigt, & celuy du milieu. Il ofte pareillement ce que peut occuper la mer Oceane. Et en vn autre lieu il efcrit, que la terre qui eft deffoubs le zodiaque eft feulement habitée. Les caufes qu'ils alleguent pour lefquelles ces trois zones font inhabitables eft le froid vehement, qui pour la longue diftance & abfence du foleil eft en la region des deux poles : & la grande & excefsiue chaleur qui eft foubs la zone torride, pour la vicinité & cótinuelle prefence du foleil. Autant en affermét prefque tous les Theologiens modernes. Le contraire toutesfois fe peut monftrer par les efcrits des Auteurs cy deffus alleguez, par l'authorité des Philofophes, fpecialement de noftre temps, par le tefmoignage de l'efcriture fainte : puis par l'experience, qui furpaffe tout, laquelle en à efté faite par moy, Strabon, Mela, & Pline, cóbien qu'ils

Autre zone téperée.

Autre zone froide.

approu-

approuuent les zones, escriuent toutesfois qu'il se trou- *La zone*
ue des hommes en Ethiopie, en la peninsule nómée par *torride,*
les Anciens Aurea, & en l'isle Taprobane, Malaca, & Za- *& mon-*
motra soubs la zone torride. Aussi que Scandinauie, les *tagnes*
monts Hyperborées, & païs à lentour pres le Septentrion *Hyper-*
(dont nous auons cy deuant parlé) sont peuplés & habi- *borées e-*
tés: iaçoit selon Herodote, que ces montagnes soyent di- *stre ha-*
rectement soubs le pole. Ptolemée ne les à colloquées *bitées.*
si pres, mais bien à plus de septante degrez de l'Equinoctial. Le premier qui à monstré la terre contenue soubs
les deux zones temperées estre habitable, à esté Parmeni-
des, ainsi que recite Plutarque. Plusieurs ont escrit la zone torride non seulemét pouuoir estre habitée, mais aussi
estre fort peuplée. Ce que prouue Auerroës par le tesmoignage d'Aristote au quatriesme de son liure intitulé
Du ciel & du monde. Auicenne pareillement en sa seconde doctrine, & Albert le Grand au chapitre sixiesme
de la nature des regions, s'efforcét de prouuer par raisons
naturelles, q ceste zone est habitable, voire plus cómode
pour la vie humaine, que celles des tropiques. Et par ainsi *Zone tor-*
nous la cóclurós estre meilleure, plus cómode, & plus salu *ride meil*
bre à la vie humaine q nulle des autres: car ainsi q la froi- *leure,*
deur est ennemie, aussi est la chaleur amie au corps hu- *plus có-*
main, attendu que nostre vie n'est que chaleur & humi- *mode, et*
dité, la mort au contraire, froideur & siccité. Voyla donc *salubre*
comme toute la terre est peuplée, & n'est iamais sans ha- *que les*
bitateurs, pour chaleur ne pour froidure, mais bien pour *autres.*
estre infertile, comme i'ay veu en l'Arabie deserte & autres contrées. Aussi à esté l'homme ainsi crée de Dieu,
qu'il pourra viure en quelque partie de la terre, soit chau-

k

LES SINGVLARITEZ

de, froide, ou temperée. Car luy mesme à dit à noz premiers parens: Croissez, & multipliez. L'experience d'auantage (comme plusieurs fois nous auons dit) nous certifie, combien le monde est ample, & accommodable à toutes creatures, & ce tant par continuelle nauigation sus la mer, comme par loingtains voyages sur la terre.

De la multitude & diuersité des poissons estans soubs la ligne Equinoctiale. CHAP. 20.

Avant que sortir de nostre ligne, i'ay bien voulu faire métion particuliere du poisson, qui se trouue enuiron sept ou huict degrez deçà & delà, de couleurs si diuerses, & en telle multitude, qu'il n'est possible de les nóbrer, ou amasser ensemble, comme vn grand monceau de blé en vn grenier. Et faut entendre, qu'entre ces poissons plusieurs ont suyui noz nauires plus de trois cens lieux: principalement les dorades, dont nous parlerons assez amplement cy apres. Les marsouins apres auoir veu de loing noz nauires, nagent impetueusement à l'encontre de nous, qui donne certain presage aux mariniers de la part que doit venir le vent: car ces animaux, disent ils, nagent à l'opposite, & en grande trouppe, cóme de quatre à cinq cens. Ce poisson est appellé marsouin de *Maris sus* en Latin, qui vaut autant à dire, que porceau de mer, pource qu'il retire aucunement aux porcs terrestres: car il à semblable gronnissement, & à le groin comme le bec d'vne canne, & sus la teste certain conduit, par lequel il respire ainsi que la balene.

Marsouin, et pourquoi ainsi appellé.

Les

Les mattelots en prennent grãd nombre auec certains engins de fer aguts par le bout, & cramponnez, & n'en mangent gueres la chair, ayans autre poiſſon meilleur: mais le foye en eſt fort bon & delicat, reſſemblãt au foye du porc terreſtre. Quand il eſt pris, ou approchant de la mort, il iette grãds souſpirs, ainſi que voyons faire noz porcs, quand on les ſeigne. La femelle n'en porte que deux à chacune fois. C'eſtoit donc choſe fort admirable du grand nombre de ces poiſſons, & du bruit tumultueux, qu'ils faiſoient en la mer, ſans comparaiſon plus grãd, que nul torrent tõbant d'vne haute montagne. Ce que aucuns eſtimeront parauẽture fort eſtrãge & incroyable, mais ie l'aſſeure ainſi pour l'auoir veu. Il s'en trouue, cõme, ie diſois, de toutes couleurs, de rouge, cõme ceux, qu'ils appellent Bonnites: les autres azurez & dorez, plus reluiſans que fin azur, comme ſont dorades: autres verdoyans, noirs, gris, & autres. Toutesfois ie ne veux dire, que hors de la mer ils retiennent touſiours ces couleurs ainſi naïues. Pline recite qu'en Eſpagne à vne fonteine, dont le poiſſon porte couleur d'or, & dehors il à ſemblable couleur que l'autre. Ce que peut prouenir de la couleur de l'eau eſtant entre noſtre œil & le poiſſon: tout ainſi qu'vne vitre de couleur verte nous repreſente les choſes de ſemblable couleur. Venons à la Dorade. Pluſieurs tant anciens que modernes, ont eſcrit de la nature des poiſſons, mais aſſez legerement, pour ne les auoir veuz, ains en auoir ouy parler ſeulement, & ſpecialement de la Dorade. Ariſtote eſcrit qu'elle à quatre nageïores, deux deſſus & deux deſſoubs, & qu'elle fait ſes petits en Eſté & qu'elle demeure cachée lõgue eſpace de temps: mais il

Bõnites.

Fonteine qui repreſente le poiſſõ de couleur d'or.

Ariſtote & Pline de la Dorade.

LES SINGVLARITEZ

Li. 9.
chap. 16.

ne le termine point. Pline à mon aduis, à imité ce propos d'Aristote, parlant de ce poisson, disant, qu'elle se cache en la mer pour quelque temps, mais passant outre à defini ce temps estre sur les excesiues chaleurs, pource qu'elle ne pouuoit endurer chaleur si grande. Et voluntiers l'eusse representé par figure, si i'eusses eu le temps & l'opportunité remettant à autre fois. Il s'en trouue de grandes, comme grands Saulmons, les autres plus petites. Depuis la teste iusques à la queuë elle porte vne creste, & toute ceste partie colorée cóme de fin azur, tellemét qu'il est impossible d'excogiter couleur plus belle, ne plus clere. La partie inferieure est d'vne couleur semblable à fin or de ducat:& voyla pourquoy elle à esté nómée Dorade, & par Aristote appellée en sa langue χρυσόφρυς, que les interpretes ont tourné Aurata. Elle vit de proye, comme tresbien le descrit Aristote : & est merueillesemét friáde de ce poisson volant, qu'elle poursuit dedans l'eau, cóme le chien poursuit le lieure à la campagne : se iettát haut en l'air pour le prendre:& si l'vne le faut, l'autre le recouure.

Description de la Dorade.

Ce poisson suyuit noz nauires, sans iamais les abádóner, l'espace de plus de six sepmaines nuit & iour, voire iusques à tant qu'elle trouua la mer à degoust. Ie sçay que ce poisson à esté fort celebré & recommandable le temps passé entre les nobles, pour auoir la chair fort delicate & plaisante à manger:cóme nous lisons que Sergius trouua moyen d'en faire porter vne iusques à Rome, qui fut seruie en vn banquet de l'Empereur, ou elle fut merueilleusement estimée. Et de ce temps commença la Dorade à estre tant estimée entre les Romains, qu'il ne se faisoit báquet sumptueux ou il n'en fust seruy par vne singularité.

Dorade, poisson en grande recommandation du temps des Anciés.

Et pour

Et pource qu'il n'estoit aisé d'en recouurer en esté, Sergius Senateur s'aduisa d'en faire peupler des viuiers, à fin que ce poisson ne leur defaillist en saison quelconque: lequel pour ceste curiosité auroit esté nommé Aurata, ainsi que A. Licin. Murena, pour auoir trop songneusement nourri ce poisson que nous appellons Murena. Entre les Dorades ont esté plus estimées celles qui apportées de Tarente estoient engressées au lac Lucrin, cóme mesme nous tesmoigne Martial, au troisiesme liure de ses Epigrammes. Ce poisson est beaucoup plus sauoureux en Hyuer qu'en Esté: car toutes choses ont leur saison. Corneille Celse ordonne ce poisson aux malades, specialement febricitás, pour estre fort salubre, d'vne chair courte, friable, & non limonneuse. Il s'en trouue beaucoup plus en la mer Oceane qu'en celle de Leuant. Aussi tout endroit de mer ne porte tous poissons. Helops poisson tressingulier ne se trouue qu'en Pamphilie, Ilus & Scaurus en la mer Atlantique seulement, & ainsi de plusieurs autres. Alexandre le Grand estant en Egypte acheta deux Dorades deux marcs d'or, pour éprouuer si elles estoient si friandes, cóme les descriuoient quelques vns de son téps. Lors luy en fut apporté deux en vie de la mer Oceane (car ailleurs peu se trouuent) à Memphis, là ou il estoit: ainsi qu'vn medecin Iuif me monstra par histoire, estát à Damasce en Syrie. Voyla, Lecteur ce que i'ay peu apprendre de la Dorade, remettant à ta volonté de veoir ce qu'en ont escrit plusieurs gens doctes, & entre autres Mósieur Guillaume Pellicier Euesque de Montpellier, lequel à traicté de la Nature des poissons autant fidelement & directement qu'homme de nostre temps.

k iij

LES SINGVLARITEZ
D'vne isle nommée l'Ascension.
CHAP. 21.

Ans élongner de nostre propos, huict degrez delà nostre ligne le vingtsixiesme du moys d'Octobre trouuasmes vne isle non habitée, laquelle de prime face voulions nómer isle des oyseaux, pour la grande multitude d'oyseaux, qui sont en ceste dicte isle : mais recherchans en noz cartes marines, la trouuasmes auoir esté quelque temps au parauant decouuerte par les Portugais, & nommée Isle de l'Ascension, pource que ce iour la y estoyent abordez. Voyans donc ces oyseaux de loing voltiger sus la mer, nous donna coniecture, que là pres auoit quelque isle. Et approchans tousiours veimes si grand nombre d'oyseaux de diuerses sortes & plumages, sortis, comme il est vray semblable, de leur isle, pour chercher à repaistre, & venir à noz nauires, iusques à les prendre à la main, qu'a grand peine nous en pouuions defaire. Si on leur tendoit le poing, ils venoyent dessus priuément, & se laissoyent prendre en toutes sortes que lon vouloit : & ne s'en trouua espece quelcóque en ceste multitude semblable à ceux de par deça, chose, peut estre, incroyable à quelques vns. Estans laschez de la main ne s'en fuyoient pourtant, ains se laissoyent toucher & prendre comme deuant. Dauantage en ceste isle s'en trouue vne espece de gráds, que i'ay ouy nommer Aponars. Ils ont petites ailes, pourquoy ne peuuent voler. Ils sont grands & gros cóme noz herons, le ventre blanc, & le dos noir, comme charbon, le bec

Isle de l'Ascésiō pourquoy ǎisi nómee.

Oyseaux de diuerses especes en grand nóbre.

Aponars, oyseaux.

bec semblable à celuy d'vn cormaran, ou autre corbeau. Quand on les tue ils crient ainsi que porceaux. I'ay voulu d'escrire cest oyseau entre les autres, pource qu'il s'en trouue quantité en vne isle tirant droit au cap de Bonne viste, du costé de la terre neufue, laquelle à esté appellée isle des Aponars. Aussi y en à telle abondance, que quelquesfois trois grâds nauires de France allans en Canada, chargerent chacun deux fois leurs basteaux de ces oyseaux, sur le riuage de ceste isle, & n'estoit question que d'entrer en terre, & les toucher deuant soy aux basteaux, ainsi que moutons à la boucherie, pour les faire entrer. Voyla qui m'à donné occasion d'en parler si auant. Au reste, de nostre isle de l'Ascension, elle est assez belle, ayant de circuit six lieuës seulement, auecques montagnes tapissées de beaux arbres & arbrisseaux verdoyás, herbes & fleurs, sans oblier l'abondance des oyseaux, ainsi que desia nous auons dit. I'estime que si elle estoit habitée & cultiuée, auec plusieurs autres, qui sont en l'Ocean, tant deça que delà l'Equinoctial, elles ne seroyent de moindre emolument, que Tenedos, Lemnos, Metelin, Negrepont, Rhodes, & Candie, ne toutes les autres, qui sont en la mer Hellespont, & les Cyclades: car en ce grád Ocean ce trouuent isles ayans de circuit plus de octante lieuës, les autres moins: entre lesquelles la plus grand partie sont desertes & non habitées. Or apres auoir pasé ceste isle, commençasmes à decouurir quatre estoilles de clarté & grádeur admirable, disposées en forme d'vne croix, assez loing toutesfois du pole Antarctique. Les mariniers qui nauigent par delà les appellent Chariot. Aucuns d'iceux estiment qu'entre ces estoilles est celle du Su, laquelle est

Cap de Bonne viste.

Isle des Aponars, & pourquoi ainsi dite.

Isle de l'Ascension non encores habitée, comme plusieurs autres.

k iiij

fixe & immobile, comme celle du Nort, que nous appellons Ourse mineur, estoit cachée auant que fussions soubs l'Equateur, & plusieurs autres qui ne se voient par deça au Septentrion.

Du promontoire de Bonne esperance, & de plusieurs singularités obseruées en iceluy, ensemble nostre arriuée aux Indes Ameriques, ou France Antarctique. CHAP. 22.

Inde meridionale.

Cap de Bône esperance pourquoi nommé Lion de la mer. Rhinocerons, ou bœufs de Ethiopie.

Pres auoir passé la ligne Equinoctiale, & les isles Saint Homer, suyuans ceste coste d'Ethiopie, que lon appelle Inde meridionale, il fut question de poursuyure nostre route, iusques au tropique d'Hyuer : enuiron lequel se trouue ce grand & fameux promontoire de Bonne esperance, que les pilots ont nommé Lion de la mer, pour estre craint & redouté, tant il est grand & difficile. Ce cap des deux costez est enuironné de deux grandes montagnes, dont l'vne regarde l'Orient, & l'autre l'Occident. En ceste contrée se trouue abondance de Rhinocerons, ainsi appellez, pource qu'ils ont vne corne sus le nez. Aucuns les appellent bœufs d'Ethiopie. Cest animal est fort móstrueux, & est en perpetuelle guerre & inimitié auecques l'Elephant. Et pour ceste cause les Romains ont pris plaisir à faire combatre ces deux animaux pour quelque spectacle de grandeur, principalement à la creation d'vn Empereur ou autre grand magistrat, ainsi que lon fait encores auiourd'huy d'Ours, de Toreaux, & de Lions. Il n'est du

DE LA FRANCE ANTARCTIQVE 41

n'eſt du tout ſi haut que l'Elephant, ne tel que nous le depeignons par deçà. Et qui me donne occaſion d'en parler, eſt que trauerſant d'Egypte en Arabie, ie vis vn fort ancien obeliſc, ou eſtoient grauées quelques figures d'animaux au lieu de lettres ainſi que lon en vſoit le temps paſſé, entre leſquels eſtoit le Rhinoceros, n'ayant ne frange ne corne, ne auſſi mailles telles, que noz peintres les repreſentent: pourquoy i'en ay voulu mettre icy la figure.

Et pour ſe preparer à la guerre Pline recite, qu'il aguiſe ſa corne à vne certaine pierre, & tire touſiours au ventre de l'Elephant, pource que c'eſt la partie du corps la plus molle. Il ſ'y trouue auſſi grande quantité d'aſnes ſauuages, & vne autre eſpece portant vne corne entre les deux yeux, longue de deux pieds. I'en vis vne eſtant en la ville

Li. 8. cha. 20.

Aſnes ſauuages.

LES SINGVLARITEZ

d'Alexandrie, qui est en Egypte, qu'vn seigneur Turc apportoit de Mecha, laquelle il disoit auoir mesme vertu contre le venin, comme celle d'vne Licorne. Aristote appelle ceste espece d'asne à corne, Asne des Indes. Enuiron ce grand promontoire est le departement de la voye du Ponent & Leuant: car ceux qui veulent aller à l'Inde orientale, comme à Calicut, Taprobane, Melinde, Canonor, & autres, ils prennent à senestre, costoyans l'isle S. Laurent, mettans le cap de la nauire à l'Est, ou bien au Suest, ayant vent de Ouëst, ou Nortouëst à poupe. Ce païs des Indes de là au Leuát, est de telle estédue, que plusieurs l'estiment estre la tierce partie du monde. Mela & Diodore recitent, que la mer enuironnant ces Indes de Midy à l'Orient, est de telle grandeur, qu'à grand peine la peut on passer, encores que le vent soit propice, en l'espace de quaráte iours: mais i'oseroye bien affermer de deux fois quarante. Ce païs est donc de ce costé enuironné de la mer, qui pource est appellée Indique, se confinant deuers Septentrion au mont Caucase. Et est appellée Inde, du fleuue nómé Indus, tout ainsi que Tartarie du fleuue Tartar, passát par le païs du grád Roy Cham. Elle est habitée de diuersité de peuples, tant en meurs que religion. Vne grande partie est soubs l'obeissance de Preste-Ian, laquelle tient le Christianisme : les autres sont Mahumetistes, comme desia nous auons dit, parlans de l'Ethiopie: les autres idolatres. L'autre voye au partement de nostre grand cap, tire à dextre, pour aller à l'Amerique, laquelle nous suyuimes, accompagnez du vent, qui nous fut fort bon & propice. Nonobstant nous demeurames encores assez long temps sur l'eau, tant pour la distance

des

Li. 3. cha. 2. des parties des anim. & li. 2. chap. 1. de l'hist. des animaux.

Estendue de l'Inde Orientale.

Mer Indique.

Indus, fl. Tartar, fl.

des lieux, que pour le vent, que nous eumes depuis contraire : qui nous causa quelque retardement, iusques au dixhuictiesme degré de nostre ligne, lequel derechef nous fauorisa. Or ie ne veux passer outre, sans dire ce que nous aduint, chose digne de memoire. Approchans de nostre Amerique bien cinquante lieuës, commençames à sentir l'air de la terre, tout autre que celuy de la marine, auecques vne odeur tant suaue des arbres, herbes, fleurs, & fruits du païs, que iamais basme, fusse celuy d'Egypte, ne sembla plus plaisant, ne de meilleure odeur. Et lors ie vous laisse à penser, combien de ioye receurent les pauures nauigans, encores que de long temps n'eussent mangé de pain, & sans espoir dauantage d'en recouurer pour le retour. Le iour suyuant, qui fut le dernier d'Octobre, enuiró les neuf heures du matin decouurismes les hautes montagnes de Croistmourou, combien que ce ne fust l'endroit, ou nous pretendions aller. Parquoy costoyans la terre de trois à quatre liuës loing, sans faire contenance de vouloir descendre, estans bien informiez, que les sauuages de ce lieu sont fort alliez auec les Portugais, & que pour neant nous les aborderions, poursuyuismes chemin iusques au deuxiesme de Nouébre, que nous entrasmes en vn lieu nommé Maqueh, pour nous enquerir des choses, specialement de l'armée du Roy de Portugal. Auquel lieu noz esquifs dressez, pour mettre pied en terre, se presenterent seulemét quatre vieillards de ces sauuages du pais, pource que lors les ieunes estoient en guerre, lesquels de prime face nous fuyoient, estimans que ce fussent Portugais, leurs ennemys : mais on leur donna tel signe d'asseurance, qu'à la

Signe aux nauigans de l'approchement des Ameriques.

Montagnes de Croistmourou.

Maqueh

l ij

fin s'approcherent de nous. Toutesfois ayans là seiourné vingtquatre heures seulement, feimes voile pour tirer au cap de Frie, distant de Maqueh vingtcinq lieuës. Ce païs est merueilleusement beau, autrefois decouuert & habité par les Portugais, lesquels y auoyent doné ce nom, qui estoit parauant Gechay, & basti quelque fort, esperans là faire residence, pour l'amenité du lieu. Mais peu de temps apres, pour ie ne sçay quelles causes, les Sauuages du païs les firent mourir, & les mangerent comme ils font coustumierement leurs ennemis. Et qu'ainsi soit, lors que nous y arriuames, ils tenoient deux pauures Portugais, qu'ils auoient pris dans vne petite carauelle, ausquels ils se deliberoyent faire semblable party, qu'aux autres, mesmes à sept de leurs compagnons de recente memoire: dont leur vint bien à propos nostre arriuée, lesquels par grande pitié furent par nous rachetez, & deliurez d'entre les mains de ces Barbares. Pompone Mele appelle ce promontoire dont nous parlons, le front d'Afrique, par ce que de là elle va en estressissant comme vn angle, & retourne peu à peu en Septentrion & Orient, là ou est la fin de terre ferme, & de l'Afrique, de laquelle Ptolomée n'a onq' eu congnoissance. Ce cap est aussi le chef de la nouuelle Afrique, laquelle termine vers le Capricorne aux montagnes de Habacia & Gaiacia. Le plat païs voisin est peu habité, à cause qu'il est fort brutal & barbare, voire monstrueux: non que les hommes soient si difformes que plusieurs ont escript, comme si en dormant l'auoient songé, osans affermer qu'il y a des peuples, aux quels les oreilles pédent iusques aux talons: les autres auec vn œil au front, qu'ils appellent Arismases: les

autres

Cap de Frie.

Gechay.

Coustumes des Sauuages de manger leurs ennemys.

autres sans teste: les aurtes n'ayans qu'vn pié, mais de telle longueur qu'ils s'en peuuent ombrager contre l'ardeur du soleil: & les appellent monomeres, monosceles, & sciapodes. Quelques autres autant impertinens en escriuent encore de plus estrages, mesmes des modernes escriuains, sans iugement, sans raison, & sans experience. Ie ne veux du tout nier les monstres qui se font outre le dessein de nature, approuuez par les philosophes, confirmez par experiéce, mais bien impugner choses qui en sont si elongnées, & en outre alleguées de mesme. Retournons en cest endroit à nostre promontoire. Il s'y trouué plusieurs bestes fort dangereuses & veneneuses, entre autres le Basilisc, plus nuisant aux habitans & aux estragers, mesmes sus les riuages de la mer à ceux qui veulent pescher. Le Basilisc (côme chacun peut entédre) est vn animal veneneux, qui tue l'hôme de son seul regard, le corps long enuiron de neuf pouces, la teste eleuée en pointe de feu, sur laquelle y a vne tache blanche en maniere de couronne, la gueule rougeastre, & le reste de la face tirant sus le noir, ainsi que i'ay côgneu par la peau, que ie vei entre les mains d'vn Arabe au grand Caire. Il chasse tous les autres serpens de son sifflet (comme dit Lucain) pour seul demeurer maistre de la campagne. La Foine luy est ennemye mortelle selon Pline. Bref, ie puis dire auec Salluste qu'il *Li. 8.* meurt plus de peuple par les bestes sauuages en Affrique, *chap. 21.* que par autres inconueniens. Nous n'auons voulu taire cela en passant.

LES SINGVLARITES
De l'isle de Madagascar, autrement de S. Laurent.
CHAP. 23.

LE grand desir que i'ay de ne rien omettre qui soit vtile ou necessaire aux lecteurs, ioint qu'il me semble estre l'office d'vn escriuain, traiter toutes choses, qui appartiennét à son argumét, sans en laisser vne, m'incite à descrire en cest endroit ceste isle tant notable, ayant septante huit degrez de lógitude, minute nulle, & de latitude vnze degrez & trente minutes, fort peuplée & habitée de Barbares, noirs depuis quelque temps (lesquels tiennét presque mesme forme de religion, que les Mahometistes: aucuns estás idolatres, mais d'vne autre façon) combien qu'elle ait esté descouuerte par les Portugais, & nommée de S. Laurent, & au parauant Madagascar en leur langue: riche au surplus & fertile de tous biens, pour estre merueilleusement bien située. Et qu'ainsi soit, la terre produit là arbres fruitiers de soy mesme, sans planter ne cultiuer, qui apportent neantmoins leurs fruits aussi doux & plaisans à manger, que si les arbres auoient esté entez. Car nous voyons par deça les fruits agrestes, c'est à sçauoir que la terre produit sans la diligence du laboureur, estre rudes, & d'vn goust fort aspre & estrange, les autres au contraire. Doncques en ceste isle se trouuent beaucoup de meilleurs fruits, qu'en terre ferme, encores qu'elle soit en mesme zone ou temperature: entre lesquels en y à vn qu'ils nomment en leur langue Chicorin, & l'arbre qui le porte est semblable à vn palmier d'Egypte ou Arabie, tát en hauteur que feueilla-

Fertilité de l'isle de Saint Laurét.

Chicorin fruit, que nous disós noix d'Inde.

fueillages. Duquel fruit se voit par deça, que lon amene par nauires, appellé en vulgaire Noix d'Inde: que les marchants tiennent assez cheres, pource que oultre les frais du voyage, elles sont fort belles & propres à faire vases: car le vin estant quelque temps en ses vaisseaux acquiert quelque chose de meilleur, pour l'odeur & fragrance de ce fruit, approchant à l'odeur de nostre muscade. Ie diray dauantage que ceux qui boiuent coustumierement dedans (ainsi que m'a recité vn Iuif, premier medecin du Bassa du grand Caire, lors que i'y estoye) sont preseruez du mal de teste & des flancs, & si prouoque l'vrine: & à ce me persuade encores plus l'experience, maistresse de toutes choses, que i'en ay veuë. Ce que n'à oblié Pline & autres, disans que toutes especes de palmes sont cordiales, propres aussi à plusieurs indispositions. Ce fruit est entierement bon, sçauoir la chair superficielle, & encores meilleur le noyau, si on le mange frais cuilly. Les Ethiopes & Indiens affligez de maladie, pillent ce fruit & en boiuent le ius, qui est blanc comme lait, & s'en trouuent tresbié. Ils font encores de ce ius quand ils en ont quátité, quelque alimét composé auec farine de certaines racines ou de poisson, dont ils mágent, apres auoir bié boullu le tout ensemble. Ceste liqueur n'est de longue garde, mais autant qu'elle se peut garder, elle est sans comparaison meilleure pour la personne, que confiture qui se trouue. Pour mieux le garder ils font bouillir de ce ius en quantité, lequel estant refroidy reseruent en des vaisseaux à ce dediez. Les autres y meslent du miel, pour le rendre plus plaisant à boire. L'arbre qui porte ce fruit est si tendre, que si on le touche tant soit peu, de quelque ferrement, le

Diuerses vtilitez de ce fruit.

I iiij

LES SINGVLARITEZ

Isle du Prince.

ius distille doux à boire & propre à estancher la soif. Toutes ces isles situées à la coste d'Ethiopie, comme l'isle du Prince, ayant trentecinq degrez de longitude, minute o, & deux de latitude, minute o : Mopata, Zonzibar, Mosia, S. Apolene, S. Thomas, soubs la ligne sont riches & fertiles, presque toutes pleines de ces Palmiers, & autres arbres portans fruits merueilleusement bons. Il s'y trouue plusieurs autres especes de palmiers portás fruits, combien que non pas tous, comme ceux d'Egypte. Et

Sept sortes de palmiers aux Indes Ameriqs.

en toutes les Indes de l'Amerique & du Peru, tant en terre ferme, qu'aux isles, se trouue de sept sortes de palmiers tous differents de fruits les vns aux autres. Entre lesquels i'en ay trouué aucuns qui portent dates bonnes à manger, comme celles d'Egypte, de l'Arabie Felice, & Syrie. Au surplus en ceste mesme isle se trouuent me-

Melons de grosseur merueilleuse.

lons gros à merueille, & tant qu'vn homme pourroit embrasser, de couleur rougeastre, aussi en y à quelques vns blancs, les autres iaunes, mais beaucoup plus sains que les nostres, specialement à Paris, nourriz en l'eau & fiens, au grád preiudice de la santé humaine. Il y à aussi plusieurs especes de bonnes herbes cordiales, entre lesquelles vne

Spagnin herbe.

qu'ils nomment spagnin, semblable à nostre cicorée sauuage, laquelle ils applicquent sur les playes & blessures, & à celle des viperes, ou autre beste veneneuse, car elle en tire hors le venin, & autres plusieurs notables simples, q nous n'auons par deça. Dauantage se trouue abondance

Abondance de vray sandal.

de vray sadal par les bois & bocages: duquel ie desireroye qu'ils s'en fist bonne traffique par deça: au moins ce nous seroit moyen d'en auoir du vray, qui seroit grand soulagement, veu l'excellence & proprieté que luy attribuent les auteurs.

DE LA FRANCE ANTARCTIQVE. 45

les autheurs. Quant aux animaux, comme bestes sauuages, poissons, & oyseaux, nostre isle en nourrit des meilleurs, & en autant bonne quátité qu'il est possible. D'oyseaux en premier lieu en representerons vn par figure, fort estrange, fait cóme vn oyseau de proye, le bec aquilin, les aureilles enormes, pendantes sur la gorge, le sommet de la teste eleué en pointe de diamant, les pieds & iambes comme le reste du corps, fort velu, le tout de plumage tirant sus couleur argentine, hors-mis la teste & aureilles tirans sus le noir. C'est oyseau est nom-

Pa, oyseau estrange.

mé en la langue du païs, Pa, en Persien, pié ou iambe : & se nourrit de serpens, dont il y a grande abondance, & de plusieurs especes, & d'oyseaux semblablement, autres que les nostres de deçà. De bestes, il y à d'elephans en grand nombre, deux sortes de beste vnicornes, desquelles l'vne est l'asne Indique, n'ayant le pié fourché, comme ceux qui se trouuét au païs de Perse, l'autre est que lō appelle Orix, au pié fourché. Il ne s'y troue point d'asnes sauuages, sinon en terre ferme. Qu'il y aye des licornes, ie n'en ay eu aucune cognoissance. Vray est, qu'estant aux Indes Ameriques quelques Sauuages nous vindrent voir de bien soixante ou quatre-vingts lieuës, lesquels comme nous les interrogions de plusieurs choses, nous reciterent qu'en leur païs auoit grand nombre de certaines bestes grandes comme vne espece de vaches sauuages qu'ils ont portans vne corne seule au front, longue d'vne brasse ou enuiron: mais de dire que ce soiēt licornes ou onagres ie n'en puis rien asseurer, n'en ayant eu autre cognoissance. I'ay voulu dire ce mot encore que l'Amerique soit beaucoup distante de l'isle dont nous parlons. Nous auons ia dit que ceste contrée insulaire nourrit abondance de serpens & laisarts d'vne merueilleuse grandeur, & se prennent aiséement sans danger. Aussi les Noirs du païs mangent ces laisarts & crappaux, comme pareillement font les Sauuages de l'Amerique.

Il y en à de moindres de la grosseur de la iambe, qui sont fort delicats & frians à manger, outre plusieurs bons poissons & oyseaux, desquels ils mangent quand bon leur semble. Entre autres singularites pour la multitude des poissons, se trouuent force balenes, desquelles les habitans du païs tirent ambre, que plusieurs prennent pour estre ambre gris, chose par deça fort rare, & precieuse: aussi qu'elle est fort cordiale & propre à reconforter les parties plus nobles du corps humain. Et d'iceluy
se fait

Asne Indique. Orix.

Ambre gris fort cordial.

se fait grande traffique auecques les marchans estrágers.

De nostre arriuée à la France Antarctique, autrement Amerique, au lieu nommé Cap de Frie.
CHAP. 24.

Pres que par la diuine cleméce auec tant de trauaux communs & ordinaires à si longue nauigation, fusmes paruenus en terre ferme, non si tost que nostre vouloir & esperáce le desiroit, qui fut le dixiesme iour de Nouembre, au lieu de se reposer ne fut question, sinon de decouurir & chercher lieux propres à faire sieges nouueaux, autant estónez cóme les Troyens arriuans en Italie. Ayans donc bien peu seiourné au premier lieu, ou auions pris terre, comme au precedent chapitre nous l'auons dit, feimes voile de rechef iusques au Cap de Frie, ou nous receurent tresbien les Sauuages du païs, monstrans selon leur mode euidens signes de ioye: toutesfois nous n'y seiournames que trois iours. Nous saluërét dóc les vns apres les autres cóme ils ont de coustume, de ce mot Caraiubé, qui est autát, cóme, bóne vie, ou soyes le bien venu. Et pour mieux nous cómuniquer à nostre arriuée toutes les merueilles de leur païs, l'vn de leurs grands Morbicha ouassoub, c'est à dire, Roy, nous festoya d'vne farine faite de racines & de leur Cahouin, qui est vn bruuage composé de mil nommé Auaty, & est gros comme pois. Il y en á de noir & de blanc, & font pour la plusgrande partie de ce qu'ils en recueillent ce bruuage, faisans bouillir ce mil auec au-

Cap de Frie.

Cohouin bruuage des Ameriques.

Auaty espece de mil.

m ij

LES SINGVLARITEZ

tres racines, lequel apres auoir bouilly est de semblable couleur que le vin clairet. Les Sauuages le trouuent si bõ

qu'ils s'en enyurent comme lon fait de vin par deça: vray est qu'il est espais comme moust de vin. Mais escoutes vne superstition à faire ce bruuage la plus estrange qu'il est possible. Apres qu'il a bouilly en grands vases faits ingenieusement de terre grasse, capables d'vn muy, viendront quelques filles vierges macher ce mil ainsi boullu, puis le remettront en vn autre vaisseau à ce propre: ou si vne femme y est appellée, il faut qu'elle s'abstienne par certains iours de son mary, autremét ce bruuage ne pourroit iamais acquerir perfection. Cela ainsi fait, le feront bouillir derechef iusques à ce qu'il soit purgé, comme nous

Superstition des Sauuages à faire ce bruuage.

nous voyons le vin bouillant dans le tonneau, puis en vſent quelques iours apres. Or nous ayant ainſi traictez nous mena puis apres veoir vne pierre large & longue de cinq pieds ou enuiron, en laquelle paroiſſoient quelques coups de verge, ou menu baſton, & deux formes de pié: qu'ils afferment eſtre de leur grand Caraibé, lequel ils ont quaſi en pareille reuerence, que les Turcs Mahommet: pourtant (diſent il) qu'il leur à donné la congnoiſſance & vſage du feu, enſemble de planter les racines: leſquels parauant ne viuoient que de fueilles & herbes ainſi que beſtes. Eſtants ainſi menez par ce Roy, nous ne laiſſions de diligemment recongnoiſtre & viſiter le lieu, auquel ſe trouua entre pluſieurs commodites qui ſont requiſes, qu'il n'y auoit point d'eau douce que bien loing de là, qui nous empeſcha d'y faire plus long ſeiour, & baſtir, dont nous fuſmes fort faſchez, conſideré la bonté & amenité du païs. En ce lieu ſe trouue vne riuiere d'eau ſalée, paſſant entre deux montagnes elógnées l'vne de l'autre d'vn iect de pierre: & entre au païs enuiron trente & ſix lieuës. Ceſte riuiere porte grande quantité de bon poiſſon de diuerſes eſpeces, principalement gros mulets: tellemẽt qu'eſtás là nous veimes vn Sauuage qui print de ce poiſſon plus de mille en vn inſtát & d'vn traict de filet. Dauantage ſ'y trouuent pluſieurs oyſeaux de diuerſes ſortes & plumages, aucuns auſſi rouges, que fine eſcarlatte: les autres blancs, cendrez, & mouchetez, comme vn emerillon. Et de ces plumes les Sauuages du païs font pennaches de pluſieurs ſortes, deſquelles ſe couurent, ou pour ornement, ou pour beauté, quand ils vont en guerre, ou quils font quelque maſſacre de leurs ennemis: les

Riuiere d'eau ſalée.

Oyſeaux de diuers plumages.

m iij

Robe faite de plumages, apportée de l'Amerique.

autres en font robes & bonnets à leur mode. Et qu'ainsi soit, il pourra estre veu par vne robe ainsi faite, de laquelle i'ay fait present à Monsieur de Troisrieux gentilhomme de la maison de monseigneur le Reuerendissime Cardinal de Sens, & garde des seaux de France, homme, dis-ie, amateur de toutes singularitez, & de toutes personnes vertueuses. Entre ce nombre d'oyseaux tous differés à ceux de nostre hemisphere, s'en trouue vn, qu'ils nōment en leur langue Arat, qui est vn vray heron quant

Arat, oyseau rouge.

à la corpulence, hors-mis que son plumage est rouge cōme sang de dragon. Dauantage se voyent arbres sans nōbre, & arbrisseaux verdoyans toute l'année, dont la plus part rend gommes diuerses tant en couleur que

Petits vignots, et cōme ils en vsent.

autremét. Aussi se trouuét, au riuage de la mer des petits vignots (qui est vne espece de coquille de grosseur d'vn pois) que les Sauuages portent à leur col enfilez comme perles, specialement quand ils sont malades: car cela, disent ils prouoque le ventre, & leur sert de purgation. Les autres en font poudre, qu'ils prennét par la bouche. Disent outreplus, que cela est propre à arrester vn flux de sang: ce que me semble contraire à son autre vertu purgatiue: toutesfois il peut auoir les deux pour la diuersité de ses substances. Et pource les femmes en portét au col & au bras plus coustumierement que les hommes. Il se trouue semblablement en ce païs & par tout le riuage de la mer sur le sable abondance d'vne espece de fruit, que

Feues marines.

les Espagnols nomment Feues marines, rondes comme vn teston, mais plus espesses & plus grosses, de couleur rougeastre: que lon diroit à les voir qu'elles sont artificielles. Les gens du païs n'en tiennent conte. Toutesfois les

Espagnols

DE LA FRANCE ANTARCTIQVE. 48

Eſpagnols par ſinguliere eſtime les emportét en leur pais, & les femmes & filles de maiſon en portent couſtumierement à leur col enchaſſées en or, ou argét, ce qu'ils diſent auoir vertu contre la colique, doleur de teſte, & autres. Bref, ce lieu eſt fort plaiſant & fertile. Et ſi lon entre plus auant, ſe trouue vn plat pais couuert d'arbres autres que ceux de noſtre Europe : enrichy dauantage de beaux fleuues, auec eaux merueilleuſement cleres, & riches de poiſſon. Entre leſquels i'en deſcriray vn en ceſt endroit, monſtrueux, pour vn poiſſon d'eau douce, autant qu'il eſt poſsible de voir. Ce poiſſon eſt

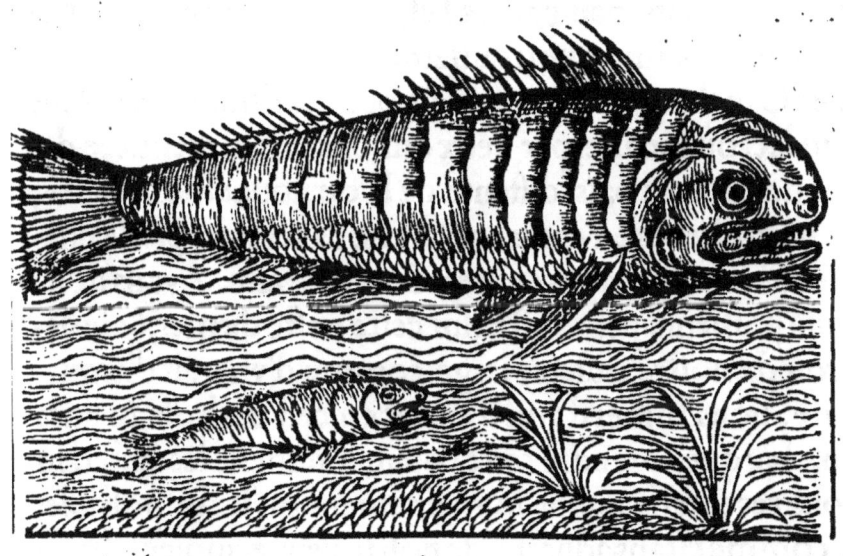

de grandeur & groſſeur vn peu moindre que noſtre haréc, armé de teſte en queuë, comme vn petit animant terreſtre nómé Tatou, la teſte ſans comparaiſon plus groſſe que le corps, ayant trois os dedans l'eſchine, bon à máger, pour le moins en mangent les Sauuages, & le nomment en leur langue, Tamouhata.

Tamouhata, eſpece de poiſſon admirable.

m iiij

LES SINGVLARITEZ
De la riuiere de Ganabara, autrement de Ianaire, &
comme le païs ou arriuames, fut nommé France
Antarctique. CHAP. 25.

N'Ayans meilleure commodité de seiourner au cap de Frie, pour les raisons susdites, il fut question de quitter la place, faisans voile autrepart, au grand regret des gens du païs, lesquels esperoyent de nous plus long seiour & alliance, suyuant la promesse que sur ce à nostre arriuée leur en auions faite : pourtant nauigames l'espace de quatre iours, iusques au dixiesme, que trouuames ceste grãde riuiere nommée Ganabara de ceux du païs, pour la similitude qu'elle à au lac, ou Ianaire, par ceux qui ont fait la premiere decouuerte de ce païs, distante de là ou nous estions partis, de trente lieues ou enuiron. Et nous retarda par le chemin le vent, que nous eumes asses contraire. Ayans donc passé plusieurs petites isles, sur ceste coste de mer, & le destroit de nostre riuiere, large comme d'vn trait d'arquebuse, nous fumes d'auis d'entrer en cest endroit, & auec noz barques prendre terre : ou incontinent les habitans nous receurent autant humainement qu'il fut possible : & comme estans aduertiz de nostre venue, auoient dressé vn beau palais à la coustume du païs, tapissé tout autour de belles fueilles d'arbres, & herbes odoriferes, par vne maniere de congratulation, mõstrants de leur part grand signe de ioye, & nous inuitans à faire le semblable. Les plus vieux principalement, qui sont comme roys & gouuerneurs successiuemẽt l'vn apres l'autre, nous venoyent voir, &

Ganabara, ainsi dicte pour la similitude du lac.

voir, & auec vne admiratió nous faluoyét à leur mode & en leur langage: puis nous códuifoient au lieu qu'ils nous auoient preparé: auquel lieu ils nous apporterent viures de tous coftez, comme farine faite d'vne racine qu'ils appellent Manihot, & autres racines groffes & menues, trefbonnes toutesfois & plaifantes à manger, & autres chofes felon le païs: de maniere qu'eftans arriuez, apres auoir loué & remercié (comme le vray Chreftien doit faire) celuy qui nous auoit pacifié la mer, les vents, bref, qui nous auoit donné tout moyen d'accóplir fi beau voyage, ne fut queftion finon fe recréer & repofer fur l'herbe verte, ainfi que les Troïens apres tant de naufrages & tempeftes, quand ils eurent rencontré cefte bonne dame Dido: mais Virgile dit qu'ils auoyent du bon vin vieil, & nous feulement de belle eau. Apres auoir là feiourné l'efpace de deux moys, & recherché tant en ifles que terre ferme, fut nommé le païs loing à l'entour par nous decouuert, Fráce Antarctique, ou ne fe trouua lieu plus cómode pour baftir & fe fortifier qu'vne bien petite ifle, cótenant feulement vne lieuë de circuit, fituée prefque à l'origine de cefte riuiere, dont nous auons parlé, laquelle pour mefme raifon auec le fort qui fut bafti, à efté auffi nommée Colligni. Cefte ifle eft fort plaifante, pour eftre reueftue de grande quantité de palmiers, cedres, arbres de brefil, arbriffeaux aromatiques verdoyans toute l'année: vray eft qu'il n'y à eau douce, qui ne foit affez loing. Doncques le Seigneur de Villegagnon, pour faffeurer contre les efforts de ces Sauuages faciles à offenfer, & aufsi contre les Portugais, fi quelquesfois fe vouloient adonner là, feft fortifié en ce lieu, comme le plus com-

Manihot, racine de laquelle les Sauuages vfent & font farine.

France Antarctique.

Ifle fort commode, en laquelle feft premieremét fortifié le Seigneur de Villegagnon.

LES SINGVLARITES

mode, ainsi qu'il luy à esté possible. Quant aux viures, les Sauuages luy en portent de tel que porte le païs, comme poissons, venaison, & autres bestes sauuages, car ils n'en nourrissent de priuées, comme nous faisons par deça, farines de ces racines, dont nous auons n'agueres parlé, sans pain ne vin : & ce pour quelques choses de petite valeur, cóme petits cousteaux, serpettes, & haims à prendre poisson. Ie diray entre les louënges de nostre riuiere, que là pres le destroit se trouue vn maresc ou lac prouenant la plus grand part d'une pierre ou rocher, haute merueilleusement & eleuée en l'air en forme de piramide, & large en proportion, qui est vne chose quasi incroyable. Ceste roche est exposée de tous costez aux flots & tormentes de la mer. Le lieu est à la hauteur du Capricorne vers le Su, outre l'Equinoctial vingt & trois degrez & demy, soubs le tropique de Capricorne.

Roche de laquelle prouient vn lac.

Du poisson de ce grand fleuue susnommé.
CHAP. 26.

IE ne veux passer outre sans particulierement traiter du poisson, qui se trouue en ce beau fleuue de Ganabara ou de Ianaire, en grande abondance & fort delicat. Il y à diuersité de vignots tant gros que petis : & entre les autres elle porte ouitre, dont l'escaille est reluisante comme fines perles, que les Sauuages mangent communement, auec autre petit poisson que peschent les enfans. Et sont ces ouitres tout ainsi que celles qui portent les perles : aussi s'en trouue en quelques

Ouitres portans perles.

quelques vnes, non pas si fines que celles de Calicut, & autres parties du Leuant. Au reste les plus grands pesthent aussi le grand poisson, dont ceste riuiere porte en abondance. La maniere de le prendre est telle, que estás tous nuds en l'eau, soit douce ou salée leur tirent coups de flesches, à quoy sont fort dextres, puis les tirent hors de l'eau auec quelque corde faite de cotton ou escorce de bois, ou bien le poisson estant mort vient de soymesme sur l'eau. Or sans plus long propos, i'en reciteray principalement quelques vns móstrueux, representez par portrait, ainsi que voyez, comme vn qu'ils nomment en leur langage Panapana, semblable à vn chien de mer, quant à la peau, rude & inegale, comme vne lime. Ce poisson

Maniere des Sauuages à prédre du poisson.

Panapana espece de poissõ.

à six taillades ou pertuis de chacun costé du gosier, ordonnez à la façon d'vne L'amproye, la teste telle que pouuez voir par la figure icy mise: les yeux presque au bout de la teste, tellement que de l'vn à l'autre y à distance d'vn pied & demy. Ce poisson au surplus est assez rare, toutesfois que la chair n'en est fort excellente à

n ij

manger, approchant du goust à celle du chien de mer. Il y a d'auantage en ce fleuue grande abõdance de Raïs, mais d'vne autre façon que les nostres: elles sont deux fois plus larges & plus longues, la teste platte & longue, & au bout y a deux cornes longues chacune d'vn pié, au milieu desquelles sont les yeux. Elles ont six taillades soubs le ventre, pres l'vne de l'autre: la queuë longue de deux pieds, & gresle comme celle d'vn rat. Les Sauuages du païs n'en mangeroient pour rien, non plus que de la tortue, estimans que tout ainsi que ce poisson est tardif à cheminer en l'eau, rédroit aussi ceux qui en mágeroient tardifs, qui leur seroit cause d'estre pris aisement de leurs ennemis, & de ne les pouuoir suyure legeremét à la course. Ils l'appellent en leur langue Ineuonea. Le poisson de ceste riuiere vniuersellement est bon à máger, aussi celuy de la mer costoyant ce païs, mais non si delicat que soubs la ligne & autres endroits de la mer. Ie ne veux oblier, sus le propos de poisson à reciter vne chose merueilleuse & digne de memoire. En ce terrouer autour du fleuue susnommé, se trouuent arbres & arbrisseaux approchants de la mer, tous couuerts & chargez d'ouitres haut & bas. Vous deuez entendre que quand la mer s'enfle elle iette vn flot assez loing en terre, deux fois en vingt & quatre heures, & que l'eau couure le plus souuét ces arbres & arbustes, principalement les moins eleuez. Lors ces ouitres estans de soy aucunement visqueuses, se prennent & lient contre les branches, mais en abondance incroyable: tellement que les Sauuages quand ils en veulent manger, couppent les branches ainsi chargées, comme vne branche de poirier chargée de poires, & les emportent: & en mangent

Espece de Raïes.

Ineuonea.

Arbres chargez d'ouitres, & par quelle raison.

mangent plus couſtumierement que des plus groſſes, qui ſont en la mer: pourtant diſent ils, qu'elles ſont de meilleur gouſt, plus ſaines, & qui moins engendrent fieures, que les autres.

De l'Amerique en general.
CHAP. 27.

Ayant particulierement traité des lieux, ou auons fait plus long ſeiour apres auoir pris terre, & de celuy principalement ou auiourd'huy habite le Seigneur de Villegagnon, & autres François, enſemble de ce fleuue notable, que nous auons appellé Ianaire, les circonſtances & dependences de ces lieux, pource qu'ils ſont ſituez en terre decouuerte, & retrouuée de noſtre temps, reſte d'en eſcrire ce qu'en auons congneu, pour le ſeiour que nous y auons fait. Il eſt bien certain que ce païs n'à iamais eſté congneu des anciens Coſmographes, qui ont diuiſé la terre habitée en trois parties, Europe, Aſie, & Afrique, deſqlles parties ils ont peu auoir cógnoiſáce. Mais ie ne doute que s'ils euſſent congneu celle dont nous parlons, conſideré ſa grande eſtendue, qu'ils ne leuſſent nombrée la quatrieſme, car elle eſt beaucoup plus grande que nulle des autres. Ceſte terre à bó droit eſt appellée Amerique, du nom de celuy qui la premierement deſcouuerte, nommé Americ Veſpuce, hóme ſingulier en art de nauigation & hautes entrepriſes. Vray eſt que depuis luy pluſieurs en ont deſcouuert la plus grand partie tirant vers Temiſtitan, iuſ-

L'Amerique incógneuë aux Anciens.

Americ Veſpuce premier qui à deſcouuert l'Amerique.

n iij

ques au païs des Geans, & deſtroit de Magellan. Qu'elle doiue eſtre appellée Inde, ie n'y vois pas grand raiſon: car ceſte côtrée du Leuant que lon nôme Inde, à pris ce nom du fleuue notable Indus, qui eſt bien loing de noſtre Amerique. Il ſuffira doncq' de l'appeler Amerique ou France Antarctique. Elle eſt ſituée veritablement entre les tropiques iuſques dela le Capricorne, ſe confinant du coſté d'occident vers Temiſtitan & les Moluques: vers Midy au deſtroit de Magellan, & des deux coſtez de la mer Oceane, & Pacifique. Vray eſt que pres Dariene & Furne, ce païs eſt fort eſtroit, car la mer des deux coſtez entre fort auất dans terre. Or maintenất nous faut eſcrire de la part que nous auons plus congnue, & frequentée, qui eſt ſituée enuiron le tropique brumal, & encores delà. Elle à eſté & eſt habitée pour le iourd'huy, outre les Chreſtiens, qui depuis Americ Veſpuce l'habitent, de gens merueilleuſement eſtranges, & ſauuages, ſans foy, ſans loy, ſans religion, ſans ciuilité aucune, mais viuans comme beſtes irraiſonnables, ainſi que nature les à produits, mangeans racines, demeurans touſiours nuds tant hommes que femmes, iuſques à tant, peut eſtre, qu'ils ſeront hantez des Chreſtiens, dont ils pourront peu à peu deſpouiller ceſte brutalité, pour veſtir vne façon plus ciuile & humaine. En quoy nous deuons louër affectueuſement le Createur, qui nous à eſclarcy les choſes, ne nous laiſſant ainſi brutaux, comme ces pauures Ameriques. Quant au territoire de toute l'Amerique il eſt tres-fertile en arbres portans fruits excellens, mais ſans labeur ne ſemence. Et ne doutez que ſi la terre eſtoit cultiuée, qu'elle ne rapportaſt fort bien veu ſa ſituation, mõtagnes fort

Situatiõ de l'Amerique.

Quels ſõt les habitans de l'Amerique.

l'Amerique, païs treſ-fertile.

fort belles, plaineures, spacieuses, fleuues portans bon poisson, isles grasses, terre ferme semblablemét. Auiourd'huy les Espagnols & Portugais en habitent vne grande partie, les Antilles sus l'Ocean, les Moluques, sus la mer Pacifique, de terre ferme iusques à Dariene, Parias, & Palmarie: les autres plus vers le Midy, comme en la terre du Bresil. Voyla de ce païs en general.

Quelle partie de l'Amerique habitée, tãt des Espagnols, que Portugais.

De la religion des Ameriques.
CHAP. 28.

Ous auons dit, que ces pauures gens viuoient sans religion, & sans loy: ce qui est veritable. Vray est qu'il n'y à creature capable de raison tant aueuglée, voyát le ciel la terre, le Soleil & la Lune, ainsi ordonnez, la mer & les choses qui se font de iour en iour, qui ne iuge cela estre fait de la main de quelque plus grand ouurier, que ne sont les hommes. Et pource n'y à nation tant barbare, que par l'instinct naturel n'aye quelque religió, & quelque cogitatió d'vn Dieu.

Ils confessent donc tous estre quelque puissáce, & quelque souueraineté: mais quelle elle est, peu le sçauent, c'est à sçauoir, ceux ausquels nostre Seigneur de sa seule grace s'est voulu communiquer. Et pource ceste ignorance à causé la varieté des religions. Les vns ont recognu le soleil comme souuerain, les autres la Lune, & quelques autres les estoilles: les autres autrement, ainsi que nous recitent les histoires. Or pour venir à nostre propos, noz Sauuages font mention d'vn grand Seigneur, & le nom-

Religion de ceux de l'Amerique.

n iiij

Toupan. ment en leur langue Toupan, lequel, difent ils, eftant la haut fait plouuoir & tonner: mais ils n'ont aucune maniere de prier ne honorer, ne vne fois, ne autre, ne lieu à ce propre. Si on leur tient propos de Dieu, comme quelquefois i'ay fait, ils efcouteront attentiuement, auec vne admiration: & demanderont fi ce n'eft point ce prophete, qui leur à enfeigné à planter leurs groffes racines, qu'ils *Hetich* nomment Hetich. Et tiennent de leurs peres qui auant *racines.* la congnoiffance de ces racines, ils ne viuoient que d'herbes comme beftes, & de racines fauuages, Il fe trouua, *Charaï-* comme ils difent, en leur païs vn grand Charaïbe, c'eft à *be.* dire, Prophete, lequel f'adreffant à vne ieune fille, luy donna certaines groffes racines, nommées Hetich, eftant femblables aux naueaux Lymofins, luy enfeignant qu'elle les mift en morceaux, & puis les plantaft en terre: ce qu'elle fift: & depuis ont ainfi de pere en fils toufiours continué. Ce que leur à bien fuccedé, tellement qu'à prefent ils en ont fi grande abondance, qu'ils ne mangent gueres autre chofe: & leur eft cela commun ainfi que le pain à nous. D'icelle racine f'en trouue deux efpeces, de mefme groffeur. La premiere en cuifant deuient iaulne comme vn coing: l'autre bláchatre. Et ces deux efpeces ont la feiulle femblable à la mauue: & ne portent iamais graine. Parquoy les Sauuages replantét la mefme racine couppée par rouelles, comme lon fait les raues par deça, que lon met en fallades, & ainfi replantées multiplient abondammét.

Et pource qu'elle eft incongnuë à noz medecins & arboriftes de par deça, il m'à femblé bon vous la reprefenter felon fon naturel.

Lors

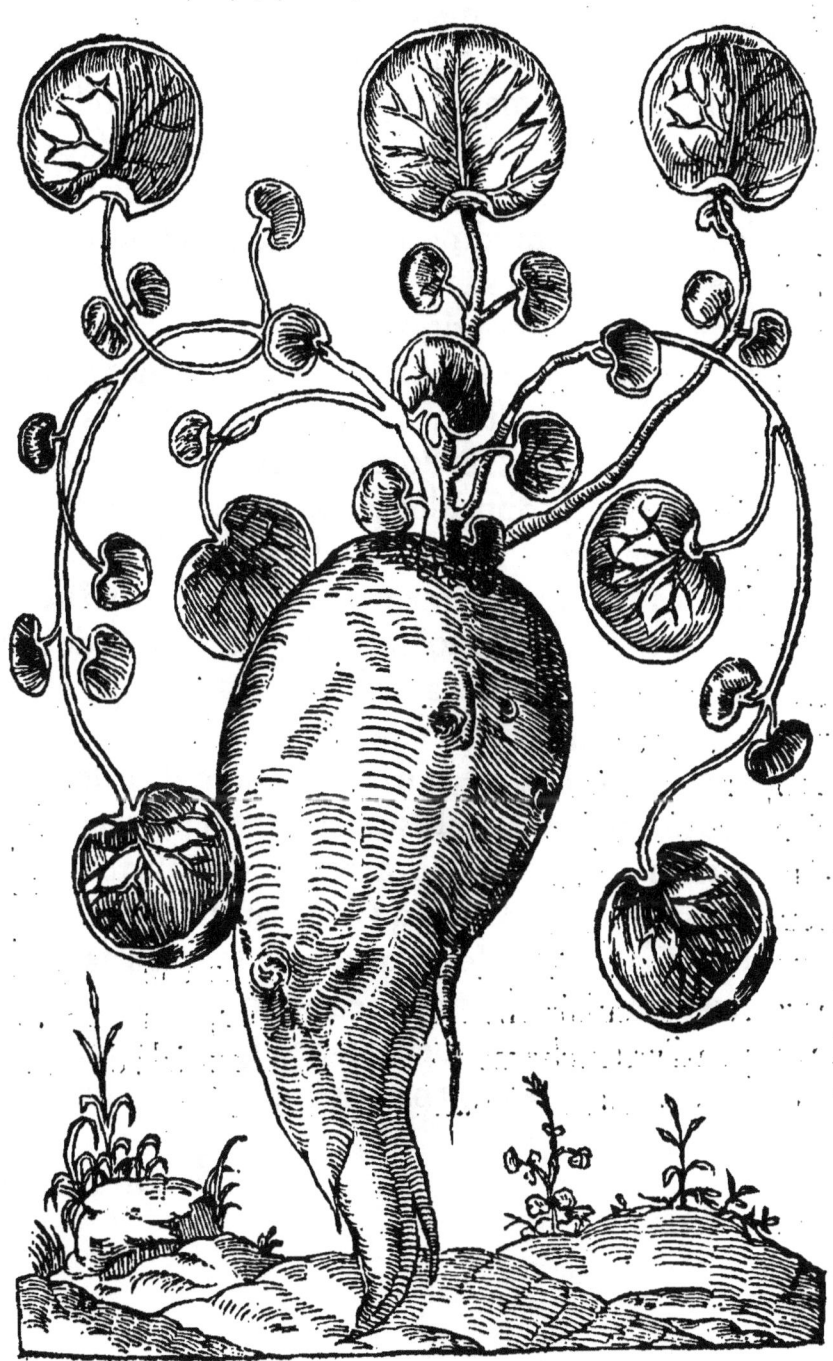

o

L'Ame-rique pre-miere-mẽt des-couuerte en l'ãnée 1497. Lors que premierement ce païs fut descouuert, ainsi que desia nous auons dit, qui fut lan mil quatre cens nonante sept, par le commandement du Roy de Castille, ces Sauuages estónez de voir les Chrestiens de ceste façon, qu'ils n'auoyent iamais veuë, ensemble leur maniere de faire, ils les estimoyent cóme prophetes, & les honoroyẽt ainsi que dieux : iusques à tant que ceste canaille les voyãt deuenir malades, mourir, & estre subiets à semblables passions cóme eux, ont cómencé à les mespriser, & plus mal traiter que de coustume : cóme ceux qui depuis sont allez par delà, Espagnols & Portugais, de maniere, que si on les irrite, ils ne font difficulté de tuer vn Chrestien, & le manger, cóme ils font leurs ennemis. Mais cela se fait en certains lieux, & specialement aux Canibales, qui ne viuent d'autre chose : cóme noꝰ faisós icy de bœuf & de moutó. Aussi ont ils laisé à les appeller Charaïbes, qui est à dire prophetes, ou demidieux, les appellans cóme par mespris & opprobre, Mahire, qui estoit le nom d'vn de leurs anciens prophetes, lequel ils detesterẽt & eurent en mespris. Quant à Toupan ils l'estiment grand, ne s'arrestant en vn lieu, ains allant çà & là, & qu'il declare ses grands secrets à leurs prophetes. Voyla quant à la religion de noz Barbares ce que oculairement i'en ay congnu, & entẽdu par le moyen d'vn truchement François, qui auoit là demeuré dix ans, & entendoit parfaitement leur langue.

Canibales, peuples viuants de chair humaine. Mahire.

Des Ameriques,

DE LA FRANCE ANTARCTIQVE. 54
Des Ameriques, & de leur maniere de viure, tant hommes que femmes. CHAP. 29.

NOus auons dit par cy deuant, parlans de l'Afrique, qu'auons costoyée en nostre nauigation, que les Barbares & Ethiopes, & quelques autres es Indes alloyent ordinairement tous nuds, hors-mis les parties hôteuses, lesquelles ils couuroyét de quelques chemises de cotton, ou peaux, ce qui est sans comparaison plus tolerable, qu'en noz Ameriques, qui viuent touts nuds, ainsi qu'ils sortent du ventre de la mere, tant hommes que femmes, sans aucune honte ou vergongne. Si vous demandez s'ils font cela par indigence, ou pour les chaleurs, ie respondray qu'ils pourroyent faire quelques chemises de cotton, aussi bien qu'ils sçauét faire licts pour coucher: ou bien pourroient faire quelques robes de peaux de bestes sauuages & s'en vestir, ainsi q̃ ceux de Canada: car ils ont abondance de bestes sauuages, & en prennent aisement: quant aux domestiques ils n'en nourrissent point. Mais ils ont ceste opinion d'estre plus alegres, & dispos à tous exercices, que s'ils estoyent vestuz. Et qui plus est, s'ils sont vestuz de quelque chemise legere, laquelle ils auront gagnée à grand trauail, quand ils se rencôtrent auec leurs ennemis, ils la despouilleront incontinent, auant que mettre la main aux armes, qui sont l'arc & la flesche, estimans que cela leur osteroit la dexterité, & alegreté au côbat, mesmes qu'ils ne pourroyent aisement fuir, ou se mouuoir deuant leurs ennemis, voire qu'ils seroient pris par tels vestemêts: parquoy

Façon de viure des habitans de l'Amerique.

o ij

se mettront nuds, tant sont rudes & mal aduisez. Toutesfois ils sont fort desireux de robes, chemises, chapeaux & autres accoustrements, & les estiment chers & precieux iusques là, qu'ils les laisserót plus tost gaster en leurs petites logettes, que les vestir, pour crainte qu'ils ont de les endommager. Vray est qu'ils les vestiront aucunesfois pour faire quelques cahouinages, c'est à dire, quand ils demeurent aucuns iours à boire & faire grand chere, apres la mort de leurs peres, ou de leurs parens : ou bien en quelque solennité de massacre de leurs ennemis.

Encores sils ont quelque hobergeon ou chemise de petite valeur vestuës, ils les despouillerót & mettront sus leurs espaules se voulás asseoir en terre, pour crainte qu'ils ont de les gaster. Il se trouue quelques vieux entre eux, qui cachent leurs parties honteuses de quelques fueilles, mais le plus souuent par quelque indisposition qui y est. Aucuns ont voulu dire qu'en nostre Europe, au commencement qu'elle fut habitée, que les hommes & femmes estoiét nuds, hors-mis les parties secrettes: ainsi que nous lisons de nostre premier pere: neantmoins en ce temps la les hommes viuoient plus long aage que ceux de maintenant, sans estre offensez de tant de maladies: de maniere quils ont voulu soustenir que touts hommes deuroyét aller nuds, ainsi qu'Adam & Eue noz premiers parens estoient en paradis terrestre. Quant à ceste nudité il ne se trouue aucunement qu'elle soit du vouloir & cómandement de Dieu. Ie sçay bien que quelques heretiques appellez Adamians, maintenans faussement ceste nudité, & les sectateurs viuoyent touts nuds, ainsi que noz Ameriques, dont nous parlons, & asistoient aux synagogues pour

Adamians, heretiques maintenans la nudité.

pour prier à leurs temples touts nuds. Et par ce lon peut congnoistre leur opinion euidemment faulse: car auant le peché d'Adam & Eue, l'escripture sainte nous tesmoigne, qu'ils estoient nuds, & apres se couuroyent de peaux, cóme pourries estimer de present en Canada. Laquelle erreur ont imité plusieurs, cóme les Turlupins, & les philosophes appellez Cyniques: lesquels alleguoyent pour leurs raisons, & enseignoyét publiquemét l'hóme ne deuoir cacher ce q̃ nature luy à dóné. Ainsi sont móstrez ces heretiques plus impertinens apres auoir eu la cógnoisãce des choses, q̃ noz Ameriq̃s. Les Romains quelque estrãge façon, qu'ils obseruassent en leur maniere de viure, ne demeuroiét toutesfois ainsi nuds. Quant aux statues & images, ils les colloquoyent toutes nues en leurs téples, cóme recite Tite Liue. Toutesfois ils ne portoyent coife ne bonnet sus la teste: comme nous trouuons de Caius Cesar, lequel estant chauue par deuant, auoit coustume de ramener ses cheueux de derriere pour couurir le front: pourtant prist licence de porter quelque bonnet leger ou coife, pour cacher ceste part de la teste, qui estoit pelée.

Voyla sus le propos de noz Sauuages. I'ay veu encores ceux du Peru vser de quelques petites chemisoles de cotton façonnées à leur mode. Sans elongner de propos, Pline recite qu'à l'extremité de l'Inde orientale (car iamais il n'eut congnoissance de l'Amerique) du costé de Ganges y auoir certains peuples vestuz de grandes fueilles larges, & estre de petite stature. Ie diray encore de ces pauures Sauuages, qu'ils ont vn regard fort espouuantable, le parler austere, reiterant leur parole plusieurs fois. Leur langage est bref & obscur, toutesfois plus aisé à

Opinion des Turlupins, et philosophes Cyniques touchant la nudité.

Iules Cesar portoit bonnet contre la coustume des Romaĩs, & pourquoy.

comprendre que celuy des Turcs ne des autres nations de Leuant, cōme ie puis dire par experience. Ils prennent grand plaisir à parler indistinctement, à vàter les victoires & triumphes qu'ils ont fait sus leurs ennemis. Les vieux tiennent leurs promesses & sont plus fideles q̃ les ieunes, tous neantmoins fort subiets à l'arrecin, non qu'ils desrobent l'vn l'autre, mais s'ils trouuent vn Chrestien ou autre estranger, ils le pilleront. Quant à l'or & argent, ils ne luy en feront tort, car ils n'en ont aucune congnoissance.

Ils vsent de grandes menaces, specialement quand on les a irritez, non de frapper seulement, mais de tuer.

Quelque inciuilité qu'ils ayent, ils sont fort prompts à faire seruice & plaisir, voire à petit salaire: charitables iusques à conduire vn estranger cinquáte ou soixante lieuës dans le païs, pour les difficultes & dangers, auec toutes autres œuures charitables & hónestes, plus ie diray qu'entre les Chrestiens. Or noz Ameriques ainsi nuds ont la couleur exterieure rougeastre, tirant sus couleur de lion: & la raison ie la laisseray aux philosophes naturels, & pourquoy elle n'est tant aduste comme celle des Noirs d'Ethiopie: au surplus bien formez & proportionnez de leurs membres: les yeux toutesfois mal faits, c'est à sçauoir noirs, lousches, & leur regard presque comme celuy d'vne beste sauuage. Ils sont de haute stature, dispos & alegres, peu subiets à maladie, sinon qu'ils reçoiuét quelque coups de flesches en guerre.

Stature des Ameriques, et couleur naturelle.

De la

DE LA FRANCE ANTARCTIQVE. 56
De la maniere de leur manger & boire.
CHAP. 30.

Il est facile à entendre, que ces bonnes gens ne sont pas plus ciuils en leur máger, qu'en autres choses. Et tout ainsi qu'ils n'ont certaines loix, pour eslire ce qui est bon, & fuir le côtraire, aussi mangent ils de toutes viandes, à tous iours & à toutes heures, sans autre discretion. Vray est que d'eux-mesmes ils sont asses superstitieux de ne manger de quelque beste, soit terrestre ou aquatique, qui soit pesâte à cheminer, ains de toutes autres qu'ils cógnoissent plus legeres à courir ou voler, comme sont cerfs & biches: pource qu'ils ont ceste opinion, que ceste chair les rendroit trop pesans, qui leur apporteroit inconueniét, quâd ils se troueroient assaillis de leurs ennemis. Ils ne veulent aussi máger de choses salées, & les defendent à leurs enfans. Et quand ils voyent les Chrestiens máger chairs salées, ils les reprennent comme de chose impertinente, disans, que telles viandes leur abbregeront la vie. Ils vsent au reste de toutes especes de viandes, chair & poisson, le tout rosti à leur mode. Leurs viádes sont bestes sauuages, rats de diuerses especes & grandeurs, certaines especes de crapaux plus grâds q̃ les nostres, crocodiles & autres, qu'ils mettét toutes entieres sus le feu, auecques peau & entrailles: & en vsét ainsi sans autre difficulté: voire ces crocodiles, lesards gros comme vn cochon d'vn moys, & longs en proportion, qui est vne viande fort friande, tesmoings ceux qui en ont mangé. Ces lesards sont tant priuez, qu'ils s'appro-

Les Sauuages viuent sâs loix.

Que les Ameriques ont en horreur la chair salée.

Viandes ordinaires des Sauuages.

Lesart des Ameriq̃s.

o iiij

chent de vous, prenāt voſtre repas, que ſi vous leur iettez quelque choſe, ils la prendront ſans crainte ou difficulté. Ces Sauuages les tuét à coups de fleches. Leur chair reſēble à celle d'vn poulet. Toute la viande qu'ils font bouillir, ſont quelques petites ouiſtres, & autres eſcailles de mer. Pour manger ils n'obſeruent certaine heure limitée, mais à toutes heures, qu'ils ſe ſentét auoir appetit, ſoit la nuict apres leur premier ſommeil, ſe leueront tresbien pour manger, puis ſe remettront à dormir. Pendant le *Silence des Sauuages à la table.* repas ils tiennent vne merueilleuſe ſilence, qui eſt louable plus qu'en nous autres, qui iaſons ordinairement à table. Ils cuiſent fort bien leur viande, & ſi la mangét fort poſément, ſe mocquans de nous, qui deuorons à la table au lieu de manger : & iamais ne mangent, que la viande ne ſoit ſuffiſammét refroidie. Ils ont vne choſe fort eſtrāge: lors qu'ils mangent, ils ne buront iamais, quelque heure que ce ſoit : au contraire quād ils ſe mettront à boire, ne mangeront point, & paſſeront ainſi en buuant voire vn iour tout entier. Quand ils font leurs grands banquets & ſolennitez, cóme en quelque maſſacre, ou autre ſolennité, lors ne ferót que boire tout le iour, ſans māger. Ils font bruuages de gros mil blanc & noir, qu'ils nóment *Auaty bruuage.* en leur langue Auaty : toutefois peu apres auoir ainſi beu, & s'eſtre ſeparez les vns des autres, mangerót indifferemment tout ce qui ſe trouuera. Les pauures viuent plus de poiſſon de mer, ouiſtres, & autres choſes ſemblables, que de chair. Ceux qui ſont loing de la mer peſchét aux riuie- *Maniere de viure des anciens.* res : auſſi ont diuerſité de fruits, ainſi que nature les produit, neantmoins viuent long temps ſains & diſpos. Icy faut noter que les anciens ont plus communemét veſcu de poiſde poiſſon, que de chair: ainſi que Herodote afferme des Babiloniens, qui ne viuoient que de poiſſon. Les loix de Triptoleme, ſelon Xenophon, defendoient aux Atheniés l'vſage de la chair. Ce n'eſt donc choſe ſi eſtrange de pouuoir viure de poiſſon ſans vſage de chair. Et meſmes en noſtre Europe du commencement, & auant que la terre fuſt ainſi cultiuée & habitée, les hommes viuoient encores plus auſterement ſans chair ne poiſſon, n'ayans l'induſtrie d'en vſer: & toutefois eſtoient robuſtes, & viuoient longuement, ſans eſtre tant effeminés, que ceux de noſtre temps: leſquels d'autant plus qu'ils ſont traités delicatement, & plus ſont ſubiets à maladies, & debilités. Or

Les hommes tant plus ſont nourris delicatement, et moins ſõt robuſtes.

noz Sauuages vſent de chairs & poiſſons, comme nous auons dit: & en la maniere qui vous eſt icy monſtrée par figure. Quelques vns d'iceux ſe couchent en leurs licts pour manger, au moins sont assis, specialement le plus vieil d'vne famille sera dedans son lict, & les autres aupres, luy faisans le seruice: comme si nature les auoit enseignez à porter honneur à vieillesse. Encores ont bien ceste honnesteté, que le premier qui à pris quelque grosse proye, soit en terre ou en eau, il en distribuera à tous, principalement aux Chrestiens, s'il y en à, & les inuiteront liberalement à mager de telle viande, que Dieu leur donne, estimans receuoir iniure si vous les refusez en cela. Et qui plus est, de prime face que lon entre dans leurs logettes, ils vous demanderont en leur langue, Marabissere, comment as tu nom: car vous vous pouuez asseurer, que s'ils le sçauent vne fois, iamais ne l'obliront, tant ils ont bonne memoire, & y fust Cyrus Roy des Perses, Cyneas legat du Roy Pyrrhus, Mithridates, ne Cesar, lesquels Pline recite auoir esté de tresbonne memoire: & apres leur auoir respondu quelque propos, vous demanderõt, Marapipo, que veux tu dire, & plusieurs autres caresses.

Contre l'opinion de ceux qui estiment les Sauuages estre pelus. CHAP. 31.

Ourtant que plusieurs ont ceste folle opinion que ces gens que nous appellõs Sauuages, ainsi qu'ils viuent par les bois & champs à la maniere presque des bestes brutes, estre pareillement ainsi pelus par tout le corps, comme vn ours, vn cerf, vn lion, mesmes les peignent ainsi en leurs riches tableaux: bref, pour descrire vn homme Sauuage, ils luy attribueront

attribueront abondance de poil, depuis le pied iufques en tefte, cóme vn accident infeparable, ainfi qu'à vn corbeau la noirceur: ce qui eft totalement faux: mefmes i'en ay veu quelques vns obftinez iufques là, qu'ils affermoyent obftinément iufques à iurer d'vne chofe, qui leur eft incertaine, pour ne l'auoir veuë: combien que telle foit la commune opinion. Quant à moy, ie le fçay & l'afferme affeurément, pour l'auoir ainfi veu. Mais tout au contraire les Sauuages, tant de l'Inde orientale, que de noftre Amerique, iffent du ventre de leur mere aufsi beaux & polis, que les enfans de noftre Europe. Et fi le poil leur croift par fuccefsion de temps en aucune partie de leur corps, comme il auient à nous autres, en quelque partie que ce foit, ils l'arrachent auecques les ongles, referué celuy de la tefte feulement, tant ils ont cela en grád horreur, autát les hómes que les fémes. Et du poil des fourcils, qui croift aux hommes par mefure, leurs femmes le tondent & rafent auec vne certaine herbe trenchante comme vn rafoir. Cefte herbe reffemble au ionc qui vient pres des eaux. Et quant au poil amatoire & barbe du vifage, ils fe l'arrachent comme au refte du corps. De puis quelque temps ença, ils ont trouué le moyen de faire ie ne fçay quelles pinfettes, dont ils arrachent le poil brufquement. Car depuis qu'ils ont efté frequentéz des Chreftiens, ils ont appris quelque vfage de malleer le fer. Et pource ne croirez d'orefnauant l'opnion commune & façon de faire des peintres, aufquels eft permife vne licence gráde de peindre plufieurs chofes à leur feule difcretion, ainfi qu'aux Poëtes de faire des comptes. Que fil aduient vne fois entre les autres qu'vn enfant forte ainfi velu du ven-

Efpece d'herbe qui à force de coupper.

p ij

tre de la mere, & que le poil se nourrisse & augmente par tout son corps, côme lon en á veu aucuns en France, cela est vn accident de nature, tout ne plus ne moins que si aucun naissoit auec deux testes, ou autre chose semblable. Ce ne sont choses si admirables, consideré que les medecins & philosophes en peuuent donner la raison. I'en ay veu vn en Normandie couuert d'escailles, côme vne carpe. Ce sont imperfections de nature. Ie confesse bien, mesme selon la glose sur le treziesme d'Esaie, qu'il se trouue certains monstres ayants forme d'hommes, qu'ils ont appellez Satyres, viuants par les bois, & velus côme bestes sauuages. Et de cela sont pleins les escrits des poëtes, de ces Satyres, Faunes, Nymphes, Dryades, Hamadryades, Orcades, & autres manieres de monstres, lesquels ne se trouuent auiourd'huy, ainsi côme le temps passé, auquel l'esprit malin s'efforçoit par tous moyens à deceuoir l'hôme, se transformant en mille figures. Mais auiourd'huy, que nostre Seigneur par compassion s'est cômuniqué à nous, ces esprits malings ont esté chassez hors, nous donnant puissance contre eux, ainsi que tesmoigne la sainte escripture. Aussi en Afrique se peuuent encores trouuer certains monstres difformes, pour les raisons que nous auons alleguées au cômencement de ce liure, & autres que ie lairray pour le present. Au surplus quant à noz Ameriques ils portent cheueux en teste, façônez presque ainsi que ceux des moynes, ne leur passans point les oreilles: vray est qu'ils les couppent par le deuant de la teste: & disent pour leurs raisons, ainsi que ie m'en suis informé, mesmes à vn roïtelet du païs, que s'ils portoyent cheueux longs par deuant, & barbe longue, cela leur seroit occasion de

Monstre de forme humaine couuert d'escailles.

sion de tomber entre les mains de leurs ennemis, qui les pourroyent prédre aux cheueux & à la barbe: aussi qu'ils ont appris de leurs ancestres, qu'estre ainsi ecourtez de poil leur causeroit merueilleuse hardiesse. I'estimeroys que si noz Sauuages eussent frequenté vers l'Asie, qu'ils eussent appris cela des Abantes, qui trouuerent ceste inuention de se raser la teste, pour estre, disent ils, plus hardis & belliqueux entre leurs ennemis. Aussi Plutarque raconte en la vie de Theseus, que la coustume des Atheniés estoit, que les Ephores, c'est à dire, constituez cóme Tribuns en leur Republique, estoient tenuz d'offrir la tonsure de leurs cheueux & perruques aux dieux en Delphe: de maniere que Theseus ayant fait raser le deuant de la teste à la mode de noz Ameriques, fut incité à cela par les Abantes, peuple d'Asie. Et de fait nous trouuons qu'Alexandre Roy de Macedoine, cómanda à ses gens de prendre les Macedoniens par les cheueux & barbe, qu'ils portoyent longue: pource lors il n'y auoit encores de barbiers pour les tondre ou raser. Et les premiers que lon vit en Italie estoient venus de Sicile. Voyla donc quant au poil des Ameriques.

Abātes peuple d'Asie.

Coustume des Atheniens.

D'vn arbre nommé Genipat en langue des Ameriques, duquel ils font teinture. CHAP. 32.

Genipat, est vn arbre dont les Sauuages de l'Amerique font grande estime, pour le fruit qu'il porte, nommé du nom de l'arbre: nó pas qu'il soit bon à manger, mais vtile à quelque autre chose ou ils l'appliquent. Il ressemble de grádeur & de cou-

Genipat, arbre & fruit.

p iij

LES SINGVLARITEZ

leur à la pesche de ce païs: du ius duquel ils font certaine teinture, dont ils teignent aucunefois tout leur corps. La maniere de ceste teinture est telle. Les pauures bestiaux n'ayans autre moyen de tirer le suc de ce fruit, sont contraints le macher, comme s'ils le vouloient aualler: puis le remettent & epreignent entre leurs mains, pour luy faire rendre son ius, ainsi que d'vne esponge quelque liqueur, lequel suc ou ius est aussi cler qu'eau de roche. Puis quád ils ont vouloir de faire quelque massacre, ou qu'ils se veulent visiter les vns les autres, & faire quelque autre solennité, ils se mouïllent tout le corps de ceste liqueur: & tant plus qu'elle se deseiche sur eux, & plus acquiert couleur viue. Ceste couleur est quasi indicible, entre noire & azurée, n'estant iamais en son vray naturel, iusques à ce qu'elle aye demeuré l'espace de deux iours sus le corps, & qu'elle soit aucunement seichée. Et s'en vont ainsi ces pauures gens autant contens, comme nous faisons de nostre veloux & satin, quand nous allons à la feste, ou autrement. Les femmes se teignent de ceste couleur plus coustumierement que les hommes. Et noterez en cest endroit que si les hommes sont inuitez de dix ou douze lieuës pour aller faire quelque cahouinage auecques leurs amis, auát que partir de leur village, ils peleront quelque arbre, dont le dedans sera rouge, iaune, ou de quelque autre couleur, & le hacheront fort menu, puis tireront de la gomme de quelque autre arbre, laquelle ils nomment Vsub, & s'en frotteront tout le corps, combien qu'elle soit propre aux playes, ainsi que i'ay veu par experience: puis par dessus ceste gôme gluante espandront de ces couleurs susdites. Les autres au lieu de ce bois mettront force petites plumes de

Maniere de faire teinture de cest arbre Genipat.

Maniere des Sauuages à se colorer le corps.

Vsub, gomme.

mes de toutes couleurs, de maniere que vous en verrez de rouges, comme fine escarlatte: les autres d'autres couleurs: & autour de leurs testes portent de grands pennaches beaux à merueilles. Voyla de leur Genipat. Cest arbre porte fueilles semblables à celles du noyer: & le fruit vient presque au bout des branches, l'vn sur l'autre d'vne façon estrange. Il s'en trouue vn autre aussi nommé Genipat, mais son fruit est beaucoup plus gros, & bon à manger. Autre singularité d'vne herbe, qu'ils nóment en leur langue Petun, laquelle ils portent ordinairement auec eux, pource qu'ils l'estiment merueilleusemét profitable à plusieurs choses. Elle resséble à nostre buglosse.

Genipat, autre arbre.
Petun, herbe, et cómme ils en vsent.

Or ils cueillent songneusement ceste herbe, & la font seicher à l'ombre dans leurs petites cabannes. La maniere d'en vser est telle. Ils l'enueloppent, estant seiche, quelque quátité de ceste herbe en vne fueille de palmier, qui est fort grande, & la rollent cóme de la longueur d'vne chandelle, puis mettent le feu par vn bout, & en reçoiuent la fumée par le nez, & par la bouche. Elle est fort salubre, disent ils, pour faire distiller & cósumer les humeurs superflues du cerueau. Dauantage prise en ceste façon fait passer la faim, & la soif pour quelque temps. Parquoy ils en vsent ordinairement, mesmes quand ils tiennent quelque propos entre eux, ils tirent ceste fumée, & puis parlent: ce qu'ils font coustumierement & successiuement l'vn apres l'autre en guerre, ou elle se trouue trescommode. Les femmes n'en vsent aucunemcnt. Vray est, que si lon prend trop de ceste fumée ou parfun, elle enteste & enyure, comme le fumet d'vn fort vin. Les Chrestiens estás auiourd'huy par delà, sont deuenus mer-

p iiij

LES SINGVLARITEZ

ueilleufement frians de cefte herbe & parfun : combien qu'au cómencement l'vfage n'eft fans danger, auant que lon y foit accouftumé: car cefte fumée caufe fueurs & foibleffes, iufques à tomber en quelque fyncope: ce que i'ay experimenté en moymefme. Et n'eft tant eftrange qu'il femble, car il fe trouue affes d'autres fruits qui offenfent le cerueau, combien qu'ils foient delicats & bons à manger. Pline recite qu'en Lyncefte à vne fonteine, dont l'eau enyure les perfonnes: femblablement vne autre en Paphlagonie. Quelques vns penferót n'eftre vray, mais entierement faux, ce qu'auons dit de cefte herbe, comme fi nature ne pouuoit dóner telle puiffance à quelque chofe fienne, bien encore plus grande, mefmes aux animaux, felon les contrées & regions, pourquoy aüroit elle plus toft fruftré ce païs d'vn tel benefice, temperé fans comparaifon plus que plufieurs autres? Et fi quelqu'vn ne fe contentoit de noftre tefmoignage, life Herodote, lequel en fon fecond liure fait mention d'vn peuple d'Afrique viuant d'herbes feulement. Appian recite que les Parthes banniz & chaffes de leur païs par M. Anthoine ont vefcu de certaine herbe qui leur oftoit la memoire, toutesfois auoient opinion qu'elle leur donnoit bon nourriffement, cóbien que par quelque efpace de temps ils mouroient. Parquoy ne doit l'hiftoire de noftre Petun eftre trouuée eftrange.

Lyncefte, fonteine, & fa proprieté.

D'vn arbre

D'vn arbre nommé Paquouere.
CHAP. 33.

Vis que nous sommes sur le propos des arbres, i'en descriray encores quelqu'vn, non pour amplification du present discours, mais pour la grande vertu & incredible singularité des choses : & que de tels ne se trouue par deça, non pas en l'Europe, Asie, ou Afrique. Cest arbre donc que les Sauuages nomment Paquouere, est parauanture le plus admirable, qui se trouua oncq'. Premierement il n'est pas plus haut de terre iusques aux branches, qu'vne brasse ou enuiron, & de grosseur autant qu'vn homme peut empoigner de ses deux mains : cela s'entend quand il est venu à iuste croissance : & en est la tige si tendre, qu'on la coupperoit aisément d'vn cousteau. Quant aux fueilles, elles sont de deux pieds de largeur, & de longueur vne brasse, vn pié & quatre doigts : ce que ie puis asseurer de verité.

Description d'vn arbre nõmé Paquouere.

I'en ay veu quasi de ceste mesme espece en Egypte & en Damas retournant de Ierusalem : toutesfois la fueille n'approche à la moitié pres en grandeur de celles de l'Amerique. Il y à dauantage grande difference au fruit : car celuy de cest arbre, dont nous parlons, est de la longueur d'vn bon pié : c'est à sçauoir le plus long, & est gros, comme vn cócombre, y retirant asses bien quant à la façon.

Ce fruit qui nomment en leur langue Pacona, est tres-bon venu en maturité & de bóne concoction. Les Sauuages le cuillent auant qu'il soit iustement meur, lequel ils portent puis apres en leurs logettes, comme lon fait

Pacona, fruit.

LES SINGVLARITEZ

les fruits par deça. Il croist en l'arbre par môceaux, trente ou quarante ensemble, & tout aupres l'vn de l'autre, en petites branches qui sont pres du tronc: comme pouuez voir par la figure que i'ay fait representer cy dessus.

Et qui est encore plus admirable, cest arbre ne porte iamais fruit qu'vne fois. La plus grand part de ces Sauuages, iusques bien auant dans le païs, se nourrist de ce fruit vne bonne partie du temps: & d'vn autre fruit, qui vient par les champs, qu'ils nomment Hoyriri, lequel à voir pour sa façon & grandeur lon estimeroit estre produit en quelque arbre: toutesfois il croist en certaine herbe, qui porte fueille semblable à celle de palme tant en longueur que largeur. Ce fruit est long d'vne paulme, en façon d'vne noix de pin, sinon qu'il est plus long. Il croist au milieu des fueilles, au bout d'vne verge toute ronde: & dedans se trouue comme petites noisettes, dont le noyau est blanc & bon à manger, sinon que la quantité (comme est de toutes choses) offense le cerueau: laquelle force lon dit estre semblable en la coriandre, si elle n'est preparé: pareillement si l'autre estoit ainsi preparé, peut estre qu'il depouilleroit ce vice. Neantmoins les Ameriques en mangent, les petits enfans principalement. Les champs en sont tous pleins à deux lieuës du cap de Frie, aupres de grãds marescages, que nous passames apres auoir mis pié à terre à nostre retour. Ie diray en passant, outre les fruits que nous vismes pres ce marais, que nous trouuames vn crocodile mort, de la grandeur d'vn veau, qui estoit venu des prochains marais, & là auoit esté tué: car ils en mangent la chair, comme des lesards, dont nous auons parlé. Ils le nomment en leur

Hoyriri, espece de fruit.

Crocodile mort.

Iacare-
absou.

langue Iacareabsou : & sont plus grands que ceux du Nil. Les gens du païs disent, qu'il y à vn marais tenant cinq lieuës de circuit, du costé de Pernomeri, distãt de la ligne dix degrez, tirant aux Canibales, ou il y à certains crocodiles, comme grands bœufs, qui rendent vne fumée mortelle par la gueulle, tellement que si lon s'approche d'eux, ils ne faudront à vous faire mourir: ainsi qu'ils ont entendu de leurs ancestres. Au mesme lieu, ou croist ce

Espece de lieures.

fruit dont nous parlons, se trouue abondance de lieures semblables aux nostres, hors-mis qu'ils ne sont si grands, ne de semblable couleur. Là se trouue aussi vn autre pe-

Agoutin, animal.

tit animant, nommé Agoutin, grand comme vn lieure mescreu, le poil comme vn sanglier, droit & eleué, la teste comme celle d'vn gros rat, les oreilles, & la bouche d'vn lieure, ayant la queuë longue d'vn pouce, glabre totalement sur le dos, depuis la teste iusqs au bout de la queuë, le pied fourchu comme vn porc. Ils viuent de fruits, aussi en nourrissent les Sauuages pour leur plaisir, ioinct que la chair en est tresbonne à manger.

La maniere qu'ils tiennent à faire incisions sur leur corps. CHAP. 34.

IL ne suffit à noz Sauuages d'estre tous nuds, & se peindre le corps de diuerses couleurs, d'arracher leur poil, mais pour se rendre encore plus difformes, ils se persent la bouche estans encores ieunes, auec certaine herbe fort aigue: tellemẽt que le pertuis s'augmente auecques le corps: car ils mettent detent dedans vne maniere de vignots, qui est vn petit poisson longuet, ayant l'escorce dure en façon de patinotre, laquelle ils mettent dans le trou, quád le poisson est hors, & ce en forme d'vn doisil, ou broche en vn muy de vin: dont le bout plus gros est par dedans, & le moindre dehors, sus la leure basse. Quand ils sont grands sus point de se marier, ils portent de grosses pierres, tirans sus couleur d'emeraude, & en font telle estime, qu'il n'est facile d'en recouurer d'eux, si on ne leur fait quelque grád present, car elles sont rares en leur païs. Leurs voisins & amis prochains apportent ces pierres d'vne haute montagne, qui est au païs des Canibales, lesquelles ils polissent auec vne autre pierre à ce dediée, si naïuement, qu'il n'est possible au meilleur ouurier de faire mieux. Et se pourroyent trouuer en ceste mesme mótagne aucunes emeraudes, car i'ay veu telle de ces pierres, que lon eust iugée vraye emeraude. Ces Ameriques donc se defigurent ainsi, & disforment de ces grands pertuis & grosses pierres au visaige: à quoy ils prennent autant de plaisir, qu'vn Seigneur de ce païs à porter chaines riches & precieuses: de maniere que celuy d'entre eux qui en porte le plus, est de tant plus estimé & tenu pour Roy, ou grand Seigneur: & non seulement aux leures & à la bouche, mais aussi des deux costez des ioües. Les pierres que portent les hommes, sont quelquesfois larges comme vn double ducat & plus, & espesses d'vn grand doigt: ce que leur empesche la parolle, tellement qu'à grande difficulté les peut on entendre quand ils parlent, non plus que s'ils auoient la bouche pleine de farine. La pierre auec sa cauité leur tend la leure de dessoubs grosse comme le poing: & se-

Vignot, petit poisson.

Pierre tirant sus couleur d'emeraude.

q iij

LES SINGVLARITEZ

lon la groſſeur ſe peut eſtimer la capacité du pertuis entre la bouche & le menton. Quand la pierre eſt oſtée, s'ils veulent parler, on voit leur ſaliue ſortir par ce conduit, choſe hideuſe à voir: encores quand ceſte canaille ſe veut moquer, ils tirent la langue par la. Les femmes & filles ne ſont ainſi difformes: vray eſt qu'elles portent à leurs oreilles certaines choſes pendues, que les hómes font de gros vignots & coquilles de mer: & eſt cela fait comme vne chandelle d'vn liard de longueur & groſſeur. Les hommes en outre portent croiſſans longs & larges d'vn pié ſus la poitrine, & ſont attachez au col. Auſſi en portent communement les enfans de deux à trois ans. Ils portent auſſi quelques colliers blancs, qui ſont d'vne autre eſpece de plus petis vignots, qu'ils prennent en la mer, & les tiennent chers & en grande eſtime. Ces patinotres que lon vend maintenant en France, blanches quaſi comme iuoire, viennent delà, & les font eux meſmes. Les matelots les achetent pour quelque choſe de vil pris, & les apportent par deça. Quand elles commencerent à eſtre en vſage en noſtre France, lon vouloit faire croire que c'eſtoit coral blanc: mais depuis aucuns ont maintenu la matiere de laquelle elles ſont faites eſtre de porcelaine. On les peut baptiſer ainſi que lon veut. Quoy qu'il en ſoit, eſtant au païs, i'en ay veu d'os de poiſſon. Et les femmes portent braſſelets de ces eſcailles de poiſſon, & ſont faits tout ainſi qu'vn gardebras de gédarme. Ils eſtiment fort ces petites patinotres de verre, que lon porte de deça. Pour le comble de deformité ces hommes & femmes le plus ſouuent ſont tous noirs, pour eſtre teins de certaines couleurs & teintures, qu'ils font de fruits d'arbres,

Colliers de vignots. Sorte de patinotres blanches.

Braſſelets d'eſcailles de poiſſon. Deformité des Ameriques.

d'arbres, ainsi que desia nous auons dit, & pourrons encores dire. Ils se teignent & accoustrent les vns les autres. Les femmes accoustrent les hommes, leur faisans mille gentilleses, comme figures, ondes, & autres choses semblables, dechiquetées si menu qu'il n'est possible de plus. On ne lit point que les autres nations en ayent ainsi vsé. On trouue bien que les Scythes allans voir leurs amis, quand quelcun estoit decedé, se peignoyent le visage de noir. Les femmes de Turquie se peignent bien les ongles de quelques couleurs rouge ou perse, pésant par cela estre plus belles: non pas le reste du corps. Ie ne veux oblier que les femmes en ceste Amerique ne teignent le visage & corps de leurs petits enfans de noir seulement, mais de plusieurs autres couleurs, & d'vne specialement qui tire sur le Boli armeni, laquelle ils font d'vne terre grasse côme argille, quelle couleur dure l'espace de quatre iours. Et de ceste mesme couleur les femmes se teignét les iambes, de maniere qu'à les voir de loing, on les estimeroit estre reparées de belles chausses de fin estamet noir.

Des visions, songes, & illusions de ces Ameriques, & de la persecution qu'ils recoiuent des esprits malins. CHAP. 35.

C'Est chose admirable, que ces pauures gens, encores qu'ils ne soiét raisonnables, pour estre priuez de l'vsage de vraye raison, & de la congnoissance de Dieu, sont subiets à plusieurs illusions phátastiques, & persecutions de l'esprit malin. Nous

Pourquoy les Ameriques sont subiets aux persecutions du malin esprit.

auons dit, que par deça aduenoit cas semblable auāt l'ad-
uenement de nostre Seigneur: car l'esprit malin ne s'estu-
die qu'à seduire & debaucher la creature, qui est hors de
la congnoissance de Dieu. Ainsi ces pauures Ameriques
voyent souuent vn mauuais esprit tantost en vne forme,
tantost en vne autre, lequel ils nomment en leur langue
Agnan, & les persecute bien souuét iour & nuit, non seulement l'ame, mais aussi le corps, les bastāt & outrageant
excesiuemét, de maniere que aucunefois vous les orriez
faire vn cry epouuentable, disans en leur langue, s'il y à
quelque Chrestien là pres, Vois tu pas Agnan qui me bat,
defends moy, si tu veux que ie te serue, & coupe ton bois:
cōme quelque fois on les fait trauailler pour peu de chose au bois de bresil. Pourtant ne sortent la nuit de leurs
logettes, sans porter du feu auec eux, lequel ils disent estre
souueraine deffense & remede contre leur ennemy. Et
pensoys quand premierement lon m'en faisoit le recit,
que fust fable, mais i'ay veu par experience cest esprit a-
uoir esté chassé par vn Chrestien en inuocant & pronon-
çant le nom de IESVS CHRIST. Il aduient le semblable en Canada & en la Guinée, qu'ils sont ainsi tor-
mentez, dans les bois principalement, ou ils ont plusieurs
visions: & appellent en leur langage cest esprit, Grigri.
Dauantage noz Sauuages ainsi depourueuz de raison, &
de la congnoissance de verité, sont fort faciles à tomber
en plusieurs follies & erreurs. Ils notent & obseruent les
songes diligemment, estimans que tout ce qu'ils ont songé doit incontinent ainsi aduenir. S'ils ont songé qu'ils
doiuent auoir victoire de leurs ennemis, ou deuoir estre
vaincus, vous ne leur pourrez dissuader qu'il n'aduienne
ainsi,

Agnan, que veut dire en langue des Sauuages.

Grigri.

Opinion des Sauuages touchāt leurs songes.

ainsi, le croyans aussi asseurément, comme nous ferions l'Euangile. Vray est que les Philosophes tiennent aucuns songes aduenir naturellement, selon les humeurs qui dominent, ou autre disposition du corps : comme songer le feu, l'eau, choses noires, & semblables: mais croire aux autres songes, cóme ceux de ces Sauuages, est impertinent, & contraire à la vraye religion. Macrobe au Songe de Scipion dit aucús songes aduenir pour la vanité des songeurs, les autres viennent des choses que lon a trop apprehendées. Autres que noz Sauuages ont esté en ceste folle opinion d'adiouster foy aux songes: comme les Lacedemoniens, les Persiens, & quelques autres. Ces Sauuages ont encores vne autre opinion estrange & abusiue de quelques vns d'entre eux, qu'ils estiment vrays Prophetes, & les nomment en leur langue *Pagés*, ausquels ils declarent leurs songes, & les autres les interpretent:& ont ceste opinion, qu'ils disent la verité. Nous dirons bien en cest endroit auec Philon, le premier qui a interpreté les songes, & selon Trogus Pompeius, qui depuis a esté fort excellent en ceste mesme science. Pline est de cest aduis que Amphiction en a esté le premier interprete.

Nous pourrions icy amener plusieurs choses des songes & diuinatiós, & quels songes sont veritables, ou non, ensemble de leurs especes, des causes, selon qu'en auons peu voir és anciens Auteurs : mais pource que cela repugne à nostre religion, aussi qu'il est defendu y adiouster foy, nous arrestans seulement à l'escriture sainte, & à ce qui nous est commandé, ie me deporteray d'en parler dauantage: m'asseurant aussi que quelque chose, qu'on en veuille dire, que pour vn ou l'on pourra cuillir aucune

Sõges naturels.

Pagés prophetes.

Amphictyõ premier interprete des songes.

r

chose, on se pourra tromper en infinité d'autres. Retournons aux Sauuages de l'Amerique. Ils portent donc grande reuerence à ces Prophetes susnommez, lesquels ils appellent *Pagés* ou *Charaïbes*, qui vaut autant à dire, comme Demidieux : & sont vrayement idolatres, ne plus ne moins que les anciens Gentils.

Pagés, ou Charaïbes.

Des faux Prophetes & Magiciens de ce païs, qui communiquent auec les esprits malings : & d'vn Arbre nommé Ahouaï.
CHAP. 36.

CE peuple ainsi elongné de la verité outre les persecutions qu'il reçoit du malin esprit, & les erreurs de ses songes, est encores si hors de raison, qu'il adore le Diable par le moyen d'aucuns siens ministres, appellez *Pagés*, desquels nous auons desia parlé. Ces *Pagés* ou *Charaïbes*, sont gens de mauuaise vie, qui se sont adonnez à seruir au Diable pour deceuoir leurs voisins. Tels imposteurs pour colorer leur meschanceté, & se faire honorer entre les autres, ne demeurent ordinairemét en vn lieu, ains sont vagabõds, errans ça & là par les bois & autres lieux, ne retournans point auecques les autres, que bien rarement & à certaines heures, leur faisans entendre, qu'ils ont communiqué auecques les esprits, pour les affaires du public, & qu'il faut faire ainsi & ainsi, ou qu'il aduiendra cecy ou cela : & lors ils sont receus & caressez honorablement, estants nourris & entretenuz sans faire autre chose : encore festiment

Quels sõt les Prophetes des Sauuages nommez Pagés, ou Charaïbes, et de leurs impostures.

feſtiment bien-heureux ceux la qui peuuent demeurer en leur bonne grace, & leur faire quelque preſent.

S'il aduient pareillement qu'aucun d'entre eux aye indignation ou querelle contre ſon prochain, ils ont de couſtume de ſe retirer vers ſes *Pagés*, affin qu'ils facent mourir par poiſon celuy ou ceux auſquels ils veulent mal. Entre autres choſes ils ſ'aident d'vn arbre nommé en leur langue *Ahouaï*, portant fruit veneneus & mortel, lequel eſt de la groſſeur d'vne chaſtaigne moyenne, & eſt vray poiſon, ſpecialement le noïau. Les hommes pour legere cauſe eſtant courroucez contre leurs femmes leur en donnent, & les femmes aux hommes. Meſmes ces malheureuſes femmes, quand elles ſont enceintes, ſi le mary les a faſchées, elles prendront au lieu de ce fruit, certaine herbe pour ſe faire auorter. Ce fruit blanc auec ſon noïau eſt fait comme vn △ delta, lettre des Grecs. Et de ce fruit les Sauuages, quand le noïau eſt dehors, en font des ſonnettes qu'ils mettent aux iambes, leſquelles font auſſi grand bruit comme les ſonnettes de par deça.

Les Sauuages pour rien ne donneroient de ce fruit aux eſtrágers eſtant fraiz cuilly, meſmes defédent à leurs enfans y attoucher aucunemét, deuant que le noïau en ſoit oſté. Ceſt arbre eſt quaſi ſemblable en hauteur à noz poiriers. Il a la fueille de trois ou quatre doigts de longueur, & deux de largeur, verdoyáte toute l'année. Elle a l'eſcorce blanchaſtre. Quád on en couppe quelque bráche, elle rend vn certain ſuc blanc, quaſi comme laict. L'arbre couppé rend vne odeur merueilleuſemét puante. Parquoy les Sauuages n'en vſent en aucune ſorte, meſmes n'en veulent faire feu. Ie me deporte de vous deſcrire icy

Ahouaï, arbre.

r ij

LES SINGVLARITEZ

la proprieté de plusieurs autres arbres, portans fruits beaux à merueilles, neantmoins autant ou plus veneneux que cestui cy, dont nous parlons, & duquel vous auons icy presenté le pourtrait au naturel. Dauantage il faut noter que les Sauuages ont en tel honneur & reuerence ces *Pagés*, qu'ils les adorét ou plustost idolatrent: mesmes quand ils retournent de quelque part, vous verriez le populaire aller au deuát, se prosternát, & les prier: disant, Fais q̃ ie ne sois malade, q̃ ie ne meure point, ne moy, ne mes enfans: ou autre chose. Et luy respond, Tu ne mourras point, tu ne seras malade, & semblables choses. Que s'il aduient quelquesfois que ces *Pagés* ne dient la verité, & que les choses arriuent autrement que le presage, ils ne font difficulté de les faire mourir, comme indignes de ce tiltre & dignité de *Pagés*. Chacun village, selon qu'il est plus grand ou plus petit, nourrist vn ou deux des ces venerables. Et quád il est questió de sçauoir quelque gráde chose, ils vsent de certaines ceremonies & inuocations *Ceremo-* diaboliques, qui se font en telle maniere. On fera pre- *nies de* mierement vne logette toute neufue, en laquelle iamais *ces Pro-* homme n'aura habité, & là dedans dresserót vn lict blanc *phetes,* & net à leur mode: puis porteront en ladicte loge grande *aux inuo* quantité de viures, comme du cahouin, qui est leur bois- *catiõs de* son ordinaire, fait par vne fille vierge de dix ou douze *l'esprit* ans, ensemble de la farine faite de racines, dót ils vsent au *malin.* lieu de pain. Et toutes choses ainsi preparées, le peuple as- *Cahou-* semblé códuit ce gentil prophete en la loge, ou il demeu- *in.* rera seul, apres qu'vne ieune fille luy aura donné à lauer. Mais faut noter que auant ce mystere, il se doit absténir de sa femme l'espace de neuf iours. Estant là dedans

r iij

seul, & le peuple retiré arriere, il se couche plat sur ce lict, & commence à inuoquer l'esprit maling par l'espace d'vne heure, & d'auantage, faisant ie ne sçay quelles ceremonies accoustumées: tellement que sur la fin de ses inuocations l'esprit vient à luy sifflant, comme ils disent, & flustant. Les autres m'ont recité, que ce mauuais esprit vient aucunesfois en la presence de tout le peuple, combien qu'il ne le voit aucunement, mais oyt quelque bruit & hurlement. Adonc ils s'escrient touts d'vne voix, en leur langue, disans, Nous te prions de vouloir dire la verité à nostre prophete, qui t'attend là dedans. L'interrogation est de leurs ennemis, sçauoir lesquels emporterōt la victoire, auec les responces de mesme, qui disent, ou que quelcun sera pris, & mangé de ses ennemis, ou que l'autre sera offésé de quelque beste sauuage, & autres choses selon qu'il est interrogé. Quelcun d'eux me dist entre autres choses, que leur prophete leur auoit predit nostre venue. Ils appellet cest esprit *Houioulsira*. Cela & plusieurs autres choses m'ont affermé quelques Chrestiens, qui de long temps se tiennent là: & ce principalement, qu'ils ne font aucune entreprise sans auoir la responce de leur prophete. Quand le mystere est accōpli, le prophete sort, lequel estant incontinent enuironné du peuple, fait vne harangue, ou il recite tout ce qu'il a entendu. Et Dieu sçait les caresses & presens, que chacun luy fait. Les Ameriques ne sont les premiers, qui ont pratiqué la magie abusiue: mais auant eux elle a esté familiere à plusieurs nations, iusques au temps de nostre Seigneur, qui a effacé & aboli la puissāce de Sathan, laquelle il exerçoit sus le genre humain. Ce n'est donc sans cause, qu'elle est defendue

Quelles sont les interrogations faites à l'esprit malin. Houioulsira.

defendue par les escriptures. D'icelle magie nous en trou- *Deux e-*
uons deux especes principales, l'vne par laquelle lon có- *speces de*
munique auec les esprits malings, qui donne intelligence *Magie.*
des choses les plus secretes de nature. Vray est que l'vne est plus vitieuse que l'autre, mais toutes deux pleines de curiosité. Et qu'est il de besoing, quand nous auons les choses qui nous sont necessaires, & en entendons autant qu'il pleist à Dieu, nous faire capables, trop curieusement rechercher les secrets de nature, & autres choses, desquelles nostre Seigneur s'est reserué à luy seul la congnoissance? Telles curiosités demonstrent vn iugement *Contre*
imparfait, vne ignorance & faute de foy & bonne reli- *ceux qui*
gion. Encores plus est abusé le simple peuple, qui croit *croyent*
telles impostures. Et ne me puis assez emerueiller, com- *aux sor-*
me en païs de loy & police, on laisse pulluler telles ordu- *ceries.*
res, auec vn tas de vieilles sorcieres, qui mettent herbes aux bras, pendent escriteaux au col, force mysteres, ceremonies, qui guerissent de fieures, & autres choses, qui ne sont que vraïe idolatrie, digne de gráde punition. Encores s'en trouuera il auiourd'huy entre les plus grands, ou lon deuroit chercher quelque raison & iugement, qui sont aueuglez les premiers. Parquoy ne se faut esbahir, si le simple peuple croit legeremét ce qu'il voit estre fait par ceux qui s'estiment les plus sages. O brutalité aueuglée! Que nous sert l'escriture sainte, que nous seruent les loix, & autres bónes sciences, dont nostre Seigneur nous à donné congnoissance, si nous viuons en érreur & ignorance, comme ces pauures Sauuages, & plus brutalement que bestes brutes? Toutesfois nous voulons estre estimez sçauoir beaucoup, & faire profession de vertu. Et

pource il ne se faut emerueiller si les Anciens ignorans la verité sont tóbez en erreur, la cherchans par tous moyés, & encores moins de noz Sàuuages: mais la vanité du móde cessera quand il plaira à Dieu. Or sans plus de propos, nous auons commencé à dire, qu'il y a vne magie damnable, que ló appelle *Theurgia*, ou *Goetia*, pleine d'enchantements, parolles, ceremonies, inuocations, ayant quelques autres especes sous elle: de laquelle on dit auoir esté inuenteur vn nómé Zabulus. Quant à la vraye magie, qui n'est autre chose que chercher & contempler les choses celestes, celebrer & honorer Dieu, elle a esté louée de plusieurs grands personnages. Tels estoient ces trois nobles Roys qui visiterent nostre Seigneur. Et telle magie a esté estimée parfaite sapience. Aussi les Perses ne receuoyent iamais homme à la coronne de leur Empire, s'il n'estoit appris en ceste magie, c'est à dire, qu'il ne fust sage. Car Magus en leur langue n'est autre chose que sage en la nostre, & σοφὸς en Grec, *Sapiens* en Latin. D'icelle lon dit auoir esté inuenteurs Zamolxis & Zoroastre, nó celuy qui est tant vulgaire, mais qui estoit fils d'Oromase. Aussi Platon en son Alcibiade dit, n'estimer la magie de Zoroastre estre autre chose, que congnoistre & celebrer Dieu. Pour laquelle entendre luy mesme auec Pythagoras, Empedocles, & Democrite, s'estre hazardez par mer & par terre, allans en païs estranges, pour congnoistre ceste magie. Ie sçay bien que Pline, & plusieurs autres se sont efforcez d'en parler, comme des lieux & nations ou elle a esté celebrée & frequentée, ceux qui l'ont inuentée & pratiquée, mais asses obscurement discerné quelle magie, attendu qu'il y en a plusieus especes. Quant à moy,

Theurgia, magie damnable.
Zabulus.
Quelle est la vraye magie.

Magus, en lague des Perses que signifie.
Zamolxis.
Zoroastre.

voyla cc

voyla ce qu'il m'a semblé bon en dire pour le present, puis qu'il venoit à propos de noz Sauuages.

Que les Sauuages Ameriques croyent l'ame estre immortelle.
CHAP. 37.

CE pauure peuple, quelque erreur ou ignorance, qu'il ait, si est il beaucoup plus tolerable, & sans comparaison, que les damnables Atheistes de nostre téps: lesquels non contens d'auoir esté créez à l'image & semblance du Dieu eternel, parfaits sus toutes creatures, malgré toutes escritures & miracles, se veulent comme defaire, & rendre bestes brutes, sans loy ne sans raison. Et puis qu'ainsi est, on les deuroit traiter comme bestes: car il n'y a beste irraisonnable, qui ne rende obeïssance & seruice à l'homme: comme estant image de Dieu : ce que nous voyons iournellement. Vray est, que quelque iour on leur fera sentir, s'il reste rien apres la separation du corps & de l'ame: mais ce pendant qu'il plaise à Dieu les bien conseiller, ou de bonne heure en effacer la terre, tellement qu'ils n'apportent plus de nuysance aux autres. Donques ces paures gens estiment l'ame estre immortelle, qu'ils nomment en leur langue *Cherepicouare*. Ce que i'ay entendu les interrogát, que deuenoit leur esprit, quád ils mouroient, Les ames, disent ils, de ceux qui ont vertueusemét cóbattu leurs ennemis, s'en vót auec plusieurs autres ames aux lieux de plaisance, bois, iardins, & vergiers: mais de ceux

Contre les Atheistes.

Opinion des Sauuages sur l'immortalité de l'ame. Cherepicouare.

LES SINGVLARITEZ

qui au contraire n'auront bien defendu le païs, s'en iront auec *Agnan*. Ie me ingeré quelquefois d'en interroger vn grand Roy du païs, lequel nous estoit venu voir bié de trente lieuës, qui me respondit asses furieusement en sa langue, paroles semblabes: Ne sçais tu pas qu'apres la mort, noz ames vont en païs loingtain, & se trouuent toutes ensemble, en de beaux lieux, ainsi que disent noz Prophetes, qui les visitent souuent & parlent à elles? Et tiennent ceste opinion asseurée, sans en vaciller de rien. Vne autre fois estant allé voir vn autre Roy du païs, nommé *Pindahousou*, lequel ie trouué malade en son lict d'vne fieure continue, qui commence à m'interroger: & entre autres choses, que deuenoyent les ames de noz amis, à nous autres, *Maïres*, quand ils mouroyent: & luy faisant responce qu'elles alloyent auec *Toupan*, il creut aisément: en contemplation de quoy me dist, Viença, ie t'ay entendu faire si grand recit de *Toupan*, qui peut toutes choses, parle à luy pour moy, qu'il me guerisse, & si ie puis estre gueri, ie te feray plusieurs beaux presens: ie veux estre accoustré côme toy, porter grand barbe, & honorer *Toupan* comme toy. Et de fait estant gueri, le Seigneur de Villegagnon delibera de le faire baptiser: & pource le retint auec luy. Ils ont vne autre folle opinion: c'est qu'estans sur l'eau, soit mer ou fluue, pour aller côtre leurs ennemis, si suruient quelque tempeste, ou orage (comme il aduient bien souuent) ils croyent que cela vienne des ames de leurs parens & amis: mais pourquoy, ils ne sçauent: & pour appaiser la tormête, ils iettent quelque chose en l'eau, par maniere de present: estimás par ce moyen pacifier les tempestes. Dauantage, quand quelcun d'entre eux

Pindahousou, Roy au païs des Sauuages.

Superstitions des Sauuages.

tre eux decede, soit Roy, ou autre, auant que le mettre en terre, s'il y à aucun qui ayt chose appartenante au trespassé, il se gardera bien de le retenir, ains le portera publiquement, & le rendra deuant tout le mõde, pour estre mis en terre auecques luy: autrement il estimeroit que l'ame apres la separation du corps le viendroit molester pour ce bien retenu. Pleust à Dieu que plusieurs d'entre nous eussent semblable opinion (i'entens sans erreur) lon ne retiendroit pas le bien d'autruy, comme lon fait auiourd'huy sans crainte ne vergongne. Et ayant rendu à leur hõme mort ce que luy apartenoit, il est lié & garroté de quelque cordes, tãt de coton que d'escorce de certain bois, tellemẽt qu'il n'est possible, selon leur opinion, qu'il reuienne: ce qu'ils craignent fort, disans, que cela est aduenu autres fois à leurs maieurs & anciens, qui leur à esté cause d'y donner meilleur ordre : tant sont spirituels & bien enseignez ces pauures gens.

Comme ces Sauuages font guerre les vns contre les autres, & principalement contre ceux, qu'ils nomment Margageas & Thabaiares, & d'vn arbre qu'ils appellent Hayri, duquel ils font leurs bastons de guerre. CHAP. 38.

LE peuple de l'Amerique est fort subiet à quereler contre ses voisins, specialement contre ceux qu'ils appellent en leurs langue, *Margageas* & *Thabaiares*: & n'ayans autre moyen d'appaiser leur querele, se battent fort & ferme. Ils font assemblées de six mil hommes, quelquefois de dix, & autrefois de

s ij

douze: c'est à sçauoir village contre village, ou autrement ainsi qu'ils se rencontrent: autant en font ceux du Peru, & les Canibales. Et deuant que executer quelque grande entreprise, soit à la guerre ou ailleurs, ils font assemblée, principalement des vieux, sans femmes ne enfans, d'vne telle grace & modestie, qu'ils parleront l'vn apres l'autre, & celuy qui parle, sera diligemmét escouté: puis ayant fait sa harangue, quitte sa place à vn autre, & ainsi consecutiuement. Les auditeurs sont tous assis sur la terre, sinon quelques vns entre les autres, qui en contemplation de quelque preeminence, soit par lignée ou d'ailleurs, seront lors assis en leurs licts. Ce que considerant, me vint en memoire ceste louable coustume des gouuerneurs de Thebes, ancienne ville de la Grece: lesquels pour deliberer ensemble de la Republique estoient tousiours assis sus la terre. Laquelle façon de faire lon estime vn argument de prudence: car lon tient pour certain selon les philosophes, que le corps assis & à repos, les esprits sont plus prudens & plus libres, pour n'estre tant occupez vers le corps quád il repose, que autrement.

Dauantage vne chose estrange est que ces Ameriques ne font iamais entre eux aucune treue, ne paction, quelque inimitié qu'il y ait, cóme font toutes autres nations, mesmes entre les plus cruels & barbares, comme Turcs, Mores & Arabes: & pense que si Thesée premier auteur des treues enuers les Grecs y estoit, il seroit plus empesché qu'il ne fut onc. Ils ont quelques ruses de guerre pour surprendre l'vn l'autre, aussi bien que lon peut auoir en autres lieux. Donc ces Ameriques ayans inimitié perpetuelle, & de tout téps contre leurs voisins susnommez,
se cher-

se cherchent souuent les vns les autres, & se battent autant furieusement qu'il est posible. Ce que les contraint d'vne part & d'autre de se fortifier de gens & armes chacun village. Ils s'assembleront de nuit en grand nombre pour faire le guet: car ils sont coustumiers de se surprendre plus de nuit que de iour. Si aucunesfois ils sont aduertis, ou autrement se soupsonnent de la venue de leurs ennemis, ils vous planterōt en terre tout autour de leurs tugures, loing d'vn trait d'arc, vne infinité de cheuilles de bois fort agues, de maniere q̃ le bout qui sort hors de terre estant fort agu, ne se voit que bien peu: ce que ie ne puis mieux cōparer qu'aux chaussetrapes, dōt lon vse p deça: à fin que les ennemis se percēt les pieds, qui sōt nuds, ainsi que le reste du corps: & p ce moyen les puissent saccager, c'est assauoir tuer les vns, les autres emmener prisonniers. C'est vn tresgrād hōneur à eux, lesquels partās de leur païs pour aller assaillir les autres sur leurs frōtieres, & quād ils amenent plusieurs de leurs ennemis prisonniers en leur païs: aussi est il celebré, & honoré des autres, comme vn Roy & grād Seigneur, qui en a le plus tué. Quand ils veulent surprendre quelque village l'vn de l'autre, ils se cacheront, & musseront de nuit par les bois ainsi que renards, se tenans là quelque espace de temps, iusques à tant qu'ils ayent gaigné l'opportunité de se ruer dessus. Arriuans à quelque village ils ont certaine industrie de ietter le feu és logettes de leurs ennemis, pour les faire saillir hors auec tout leur bagage, femmes & enfans. Estans saillis ils chargent les vns les autres de coups de flesches confusement, de masses & espées de bois, qu'onque ne fut si beau passetemps de voir vne telle meslée.

Chaussetrapes des Sauuages.

LES SINGVLARITEZ

Ils se prennent & mordent auec les dents en tous endroits, qu'ils se peuuent rencontrer, & par les leures qu'ils ont pertuisées: monstrans quelquefois pour intimider leurs ennemis, les os de ceux qu'ils ont vaincus en guerre, & mágez: bref, ils employent tous moyens pour fascher leurs ennemis. Vous verriez les vns emmenez prison-

niers, liez, & garrotez comme larrons. Et au retour de ceux qui s'en vont en leur païs auec quelque signe de victoire, Dieu sçait les caresses & hurlemens qui se font.

Les femmes suiuent leurs maris à la guerre, non pour combatre, comme les Amazones, mais pour leur porter & administrer viures, & autres munitions requises à telle guerre: car quelquesfois ils font voyages de cinq & six mois sans retourner. Et quand ils veulent departir pour aller en guerre, ils mettent le feu en toutes leurs loges, & ce qu'ils ce qu'ils ont de bon, ils le cachent foubs terre iufques à leur retour. Qui eft plus grád entre eux, plus a de femmes à fon feruice. Leurs viures font tels que porte le païs, farines de racines fort delicates, quád elles font recentes: mais fi elles font quelque peu enuieillies, elles font autant plaifantes à manger, que le fon d'orge ou d'auene: & au refte chairs fauuagines, & poiffon, le tout feiche à la fumée. On leur porte aufsi leurs licts de cotton, les hommes ne portans rien, que leurs arcs & flefches à la main. Leurs armes font groffes efpées de bois fort maffiues & pefantes: au refte arcs, & flefches. Leur arcs font la moitié plus longs que les arcs Turquois, & les flefches à l'equipollent, faites les vnes de cannes marines, les autres du bois d'vn arbre, qu'ils nóment en leur langue *Haïri*, portant fueillage femblable au palmier, lequel eft de couleur de marbre noir, dót plufieurs le difent eftre Hebene: toutesfois il me femble autrement, car vray Hebene eft plus luyfant. Dauantage l'arbre d'Hebene n'eft femblable à ceftuy cy, car ceftuicy eft fort efpineux de tous coftez: ioint que le bó Hebene fe préd au païs de Calicut, & en Ethiopie. Ce bois eft fi pefant, qu'il va au fós de l'eau, comme fer: pourtant les Sauuages en font leurs efpées à combatre. Il porte vn fruit gros comme vn efteuf, & quelque peu pointu à l'vn des bouts. Au dedás trouuerez vn noyau blanc comme neige: duquel fruit i'ay apporté grande quantité par deça. Ces Sauuages en outre font de beaux colliers de ce bois. Aufsi eft il fi dur & fi fort, (cóme nous difions n'agueres) que les flefches qui en font faites, font tant fortes, qu'elles perceroyent le meilleur corfelet. La troifiefme piece de leurs armes eft vn bou-

Farine de racines, viure des Sauuages.

Armes des Sauuages.

Haïri, arbre.

Hebene, arbre.

Bouclier des Sauuages.

f iiij

LES SINGVLARITEZ

clier, dont ils vsent en guerre. Il est fort long, fait de peaux d'vne beste de mesme couleur que les vaches de ce païs, ainsi diuersifiées, mais de diuerse grandeur. Ces boucliers sont de telle force & resistéce, comme les boucliers Barcelonnois, de maniere, qu'ils attendront vn' arquebuze, & par consequent chose moindre. Et quất aux arquebuzes, plusieurs en portent qui leur ont esté données depuis que les Chrestiens ont commencé à les hanter, mais ils n'en sçauent vser, sinon qu'ils en tirent aucunesfois à grande difficulté, pour seulement espouuenter leurs ennemis.

La maniere de leurs combats, tant sur eau, que sur terre. CHAP. 39.

SI vous demádez pourquoy ces Sauuages font guerre les vns contre les autres, veu qu'ils ne sont gueres plus grands seigneurs l'vn que l'autre: aussi qu'entre eux n'y á richesses si grandes, & qu'ils ont de la terre asses & plus, qu'ils ne leur en faut pour leur necessité. Et pour cela vous suffira entendre, que la cause de leur guerre est assez mal fondée, seulement pour appetit de quelque vengeance, sans autre raison, tout ainsi que bestes brutes, sans se pouuoir accorder par honnesteté quelcóque, disans pour resolution, que ce sont leurs ennemis de tout temps. Ils s'assemblent donc, (comme auons dit cy deuant) en grád nombre, pour aller trouuer leurs ennemis, s'ils ont receu principalement quelque iniure recente: & ou ils se rencontrent, ils se battent à coups de flesches, iusques à se ioindre au corps, & s'entrepren-

Cause pourquoi guerroyent les Sauuages, les vns contre les autres.

LES SINGVLARITEZ

dre par bras & oreilles, & donner coups de poing. Là ne faut point parler de cheual, dõt pouuez péſer cóme l'emportent les plus forts. Ils ſont obſtinez & courageux, tellement que auant que ſe ioindre & battre (comme auez veu au precedent chapitre) eſtans à la campagne elongnez les vns des autres de la portée d'vne harquebuze, quelquesfois l'eſpace d'vn iour entier ou plus ſe regarderont & menaſſeront, monſtrans viſage plus cruel & epouuentable qu'il eſt poſſible, hurlans & crians ſi confuſément, que lon ne pourroit ouïr tonner, monſtrans auſſi

Sauuages obſtinez & courageux.

leurs affections par ſignes de bras & de mains, les eleuans en haut auec leurs eſpées & maſſes de bois, Nous ſommes vaillans (diſent ils) nous auons mangé voz parens, auſſi vous mangerons nous: & pluſieurs menaſſes friuoles: comme vous repreſente la preſente figure.

En ce

En ce les Sauuages ſemblent obſeruer l'ancienne maniere de guerroyer des Romains, leſquels auant que d'entrer en bataille faiſoient cris epouuentables & vſoient de grandes menaſſes. Ce que depuis a eſté pareillement practiqué p les Gaulois en leurs guerres, ainſi q̃ le deſcrit Tite Liue. L'vne & l'autre façon de faire m'a ſemblé eſtre fort differente à celle des Acheiens: dont parle Homere, parce qu'iceux eſtants pres de batailler & dõner l'aſſaut à leurs ennemis, ne faiſoient aucũ bruit, ains ſe cõtenoient totalemẽt de parler. La pluſ-grãde vengeãce dont les Sauuages vſent, & qui leur ſemble la plus cruelle & indigne, eſt de manger leurs ennemis. Quand ils en ont pris aucun en guerre, s'ils ne ſont les plus forts pour l'emmener, pour le moins s'ils peuuent, auant la recouſſe ils luy coupperont bras ou iambes: & auant que le laiſſer le mangeront, ou bien chacun en emportera ſon morceau, grand ou petit. S'ils en peuuent emmener quelques vns iuſques en leur païs, pareillement les mangeront ils. Les anciens Turcs, Mores, & Arabes vſoient quaſi de ceſte façon (dont encores auiourd'huy ſe dit vn prouerbe, Ie voudrois auoir mangé de ſon cueur) auſſi vſoyent ils preſque de ſemblables armes que noz Sauuages. Mais depuis les Chreſtiens leur ont forgé, & monſtré à forger les armes, dont auiourd'huy ils ſont battuz, en danger qu'il n'en aduienne autant de ces Sauuages, ſoient Ameriques ou autres. Dauantage ce pauure peuple ſe hazarde ſur l'eau, ſoit douce ou ſalée, pour aller trouuer ſon ennemy: comme ceux de la grand riuiere de Ianaire contre ceux de Morpion. Auquel lieu habitent les Portugais ennemis des François: ainſi que les Sauuages de ce

Couſtume des Sauuages de manger leurs ennemis.

Prouerbe.

Habitãs de Ianaire ennemis de ceux de Morpiõ.

mesme lieu sont ennemis de ceux de Ianaire. Les vaisseaux, dont ils vsent sus leau, sont petites Almadies, ou barquettes composées d'escorces d'arbres, sans clou ne cheuille, longues de cinq ou six brassées, & de trois pieds de largeur. Et deuez sçauoir, qu'ils ne les demandent plus massiues, estimans que autrement ne les pourroyent faire voguer à leur plaisir, pour fuyr, ou pour suiure leur ennemy. Ils tiennent vne folle superstition à depouiller ces arbres de leur escorce. Le iour qu'ils les depouillent (ce qui se fait depuis la racine iusques au couppeau) ils ne buront, ne mangeront, craignans (ainsi qu'ils disent) que autrement il ne leur aduint quelque infortune sur l'eau. Les vaisseaux ainsi faits, ils en mettront cent ou six vingts, plus ou moins, & en chacun quarante ou cinquante personnes, tant hommes que femmes. Les femmes seruent d'epuiser & ietter hors auec quelque petit vaisseau d'aucun fruit caué l'eau qui entre en leurs petites nasselles. Les hommes sont asseurez dedans auec leurs armes, nageans pres de la riue: & s'il se trouue quelque village, ils mettront pié à terre, & le saccageront par feu & sang, s'ils sont les plus forts. Quelque peu auant nostre arriuée, les Ameriques qui se disent noz amis, auoyent pris sus la mer vne petite nauire de Portugais, estants encores en quelque endroit pres du riuage, quelque resistence qu'ils peussent faire, tant auec leur artillerie que autrement: neantmoins elle fut prise, les hommes mangez, horsmis quelques vns que nous rachetames à nostre arriuée. Par cela pouuez entendre que les Sauuages, qui tiennent pour les Portugais sont ennemis des Sauuages ou se sont arrestez les François, & au contraire.

Almadies faites d'escorces d'arbre.

Superstition des Sauuages à oster les escorces des arbres.

Ameriques amis des François.

traire. Au reste ils combattent sur l'eau, comme sur la terre. S'il aduient aucunesfois que la mer soit furieuse, ils iettent dedans de la plume de perdris, ou autre chose, estimans par ce moyen appaiser les ondes de la mer. Ainsi font quasi les Mores & Turcs en tel peril, se lauans le corps d'eau de la mer, & à ce pareillement voulans contraindre ceux de leur cōpagnie, quels quils soyent, ainsi que i'ay veu estant sur la mer. Noz Sauuages donques retournans en leurs maisons victorieux, monstrent tous signe de ioye, sonnans fifres, tabourins, & chantans à leur mode: ce qu'il fait tresbon ouïr, auec les instrumens de mesme, faits de quelques fruits cauez par dedans, ou bien d'os de bestes, ou de leurs ennemis. Leurs instrumens de guerre sont richemēt estoffés de quelques beaux pennaches pour decoration. Ce que lon fait encores auiourd'huy, & non sans raison, ainsi en a l'on vsé le temps passé. Les fifres, tabourins, & autres instrumens semblent reueiller les esprits assopis, & les exciter ne plus ne moins que fait le soufflet vn feu à demy mort. Et n'y a ce me semble, meilleur moyen de susciter l'esprit des hommes, que par le son de ces instruments: car non seulement les hommes, mais aussi les cheuaux, sans toutesfois en faire cōparaison aucune, semblēt tressaillir cōme d'vne gayeté de cœur: ce qu'à esté obserué de tout tēps. Il est vray, que les Ameriques, & ces autres Barbares vsent coustumierement en leurs assaults & combats de cris & hurlements fort epouuentables, ainsi que nous dirons cy apres des Amazones.

Folle opinion des Sauuages, Turcs, & Mores.

Tabourins, fifres, & autres instrumens excitent les esprits.

LES SINGVLARITEZ
Comme ces Barbares font mourir leurs ennemis, qu'ils ont pris en guerre, & les mangent.
CHAP. 40.

Traite-mēt fait aux pri-sonniers Sauua-ges par leurs en-nemis.

Apres auoir declaré, comme les Sauuages de toute l'Amerique, menent leurs ennemis prisonniers en leurs logettes & tugures, les ayans pris en guerre, ne reste que deduire, comme ils les traittent à la fin du ieu: ils en vsent donc ainsi. Le prisonnier rēdu en leur païs, vn ou deux, autant de plus que de moins, sera fort bien traité, quatre ou cinq iours, apres on luy baillera vne femme, parauenture la fille de celuy auquel sera le prisonnier, pour entierement luy administrer ses necessitez à la couchette ou autrement, ce pendant est traité des meilleures viādes que lon pourra trouuer, s'estudians à l'engresser, comme vn chapon en muë, iusques au temps de le faire mourir. Et ce peut iceluy temps facilement cognoistre, par vn collier fait de fil de coton, auec lequel ils enfilent certains fruits tous ronds, ou os de poisson, ou de beste, faits en façon de patenostres, qu'ils mettent au col de leur prisonnier. Et ou ils auront enuie de le garder quatre ou cinq lunes, pareil nombre de ses patenostres ils luy attacherōt: & les luy ostent à mesure que les lunes expirent, cōtinuant iusques à la derniere: & quand il n'en reste plus, ils le font mourir. Aucuns, au lieu de ses patenostres, leur mettent autant de petis colliers au col, comme ils ont de lunes à viure. Dauantage, tu pourras icy noter, que les Sauuages ne content si non iusques au nombre de cinq: & n'obseruent aucune-

aucunement les heures du iour, ny les iours mesmes, ny les mois, ny les ans, mais content seulement par lunes. Telle maniere de conter fut anciennement commandée par Solon aux Atheniens, à sçauoir, d'obseruer les iours par le cours de la lune. Si de ce prisonnier & de la femme qui luy est donnée, prouiennent quelques enfans, le temps qu'ils sont ensemble, on les nourrira vne espace de temps, puis ils les mangeront, se recordans qu'ils sont enfans de leurs ennemis. Ce prisonnier ayant esté bien nourri & engressé, ils le feront mourir, estimans cela à grand honneur. Et pour la solennité de tel massacre, ils appelleront leurs amis plus loingtains, pour y assister, & en manger leur part. Le iour du massacre il sera couché au lict, bien enferré de fers (dont les Chrestiés leur ont donné l'vsage) chantant tout le iour & la nuict telles chansons, Les *Margageas* nos amis sont gens de bien, forts & puissans en guerre, ils ont pris & mangé grand nombre de noz ennemis, aussi me mangeront ils quelque iour, quand il leur plaira: mais de moy, i'ay tué & mangé des parens & amis de celuy qui me tient prisonnier: auec plusieurs seblables paroles. Par cela pouuez cognoistre qu'ils ne font côte de la mort, encores moins qu'il n'est possible de penser. I'ay autrefois (pour plaisir) deuisé auec tels prisonniers, hommes beaux & puissans, leur remonstrant, s'ils ne se soucioyent autrement, d'estre ainsi massacrez, comme du iour au lendemain : à quoy me respondans en risée & mocquerie, Noz amis, disoyent ils, nous vengeront, & plusieurs autres propos, monstrans vne hardiesse & asseurance grande. Et si on leur parloit de les vouloir racheter d'entre les mains de leurs ennemis, ils

Les Sauuages ne craignēt point la mort.

t iiij

LES SINGVLARITEZ

Traitement des femmes & filles prisonnieres. Ceremonies aux massacres des prisonnieres. Cahouïn, bruuage.

prenoyent tout en mocquerie. Quant aux femmes & filles, que lon prend en guerre, elles demeurent prisonnieres quelque téps, ainsi que les hômes, puis sont traitées de mesme, hors-mis que on ne leur dóne point de mary. Elles ne sont aussi tenues si captiues, mais elles ont liberté d'aller çà & là: on les fait trauailler aux iardins, & à pescher quelques ouïtres. Or retournons à ce massacre. Le maistre du prisonnier, comme nous auons dit, inuitera tous ces amis à ce iour, pour manger leur part de ce butin, auec force *Cahouïn*, qui est vn bruuage fait de gros mil, auec certaines racines. A ce iour solennel tous ceux qui y assistent, se pareront de belles plumes de diuerses couleurs, ou se teindront tout le corps. Celuy speciale-

mét qui doit faire l'occision, se mettra au meilleur equipage qu'il luy sera possible, ayant son espée de bois aussi richement

DE LA FRANCE ANTARCTIQVE. 77

richement eſtoffée de diuers plumages. Et tant plus le priſonnier verra faire les preparatiues pour mourir, & plus il monſtrera ſignes de ioye. Il ſera donc mené, bien lié & garroté de cordes de cotton en la place publique, accompagné de dix ou douze mil Sauuages du païs, ſes ennemis, & la ſera aſſommé cóme vn porceau, apres pluſieurs cerimonies. Le priſonnier mort, ſa femme, qui luy auoit eſté donnée, fera quelque petit dueil. Incontinent le corps eſtant mis en pieces, ils en prennent le ſang & en lauent leurs petis enfans maſles, pour les rendre plus hardis, comme ils diſent, leur remonſtrans, que quand ils ſeront venuz à leur aage, ils facent ainſi à leurs ennemis.

Dont faut penſer, qu'on leur en fait autant de lautre part, quand ils ſont pris en guerre. Ce corps ainſi mis par pieces, & cuit à leur mode, ſera diſtribué à tous, quelque nó-

v

bre qu'il y ait, à chacun fon morceau. Quant aux entrailles, les femmes communement les mangent, & la tefte, ils la referuent à pendre au bout d'vne perche, fur leurs logettes, en figne de triomphe & victoire: & fpecialement prennent plaifir à y mettre celles des Portugais. Les Canibales & ceux du cofté de la riuiere de Marignan, font encores plus cruels aux Efpagnols, les faifans mourir plus cruellement fans comparaifon, & puis les mangent. Il ne fe trouue par les hiftoires nation, tant foit elle barbare, qui ait vfé de fi excefsiue cruauté: finon que Iofephe efcrit, que quand les Romains allerent en Ierufalem, la famine, apres auoir tout mangé, contraignit les meres de tuer leurs enfans, & en manger. Et les Anthropophages qui font peuples de Scythie, viuent de chair humaine cóme ceux cy. Or celuy qui a fait ledit maffacre, incontinent apres fe retire en fa maifon, & demeurera tout le iour fans manger ne boire, en fon lict: & f'en abftiendra encores par certains iours, ne mettra pié à terre aufsi de trois iours. S'il veut aller en quelque part, fe fait porter, ayant cefte folle opinion que f'il ne faifoit ainfi, il luy arriueroit quelque defaftre, ou mefme la mort. Puis apres il fera auec vne petite fie, faitte de dens d'vne befte, nommée Agoutin, plufieurs incifions & pertuis au corps, à la poitrine, & autres parties, tellement qu'il apparoiftra tout dechiqueté. Et la raifon, ainfi que ie m'en fuis informé à quelques vns, eft qu'il fait cela par plaifir, reputant à grãd gloire ce meurtre par luy commis en la perfonne de fon ennemy. Auquel voulant remonftrer la cruauté de la chofe, indigné de ce, me r'enuoya tresbien, difãt q̃ c'eftoit grand honte à nous de pardonner à noz ennemis, quand

Canibales ennemis mortels des Efpagnols.

Anthropophages.

les

DE LA FRANCE ANTARCTIQUE. 78

les auons pris en guerre:& qu'il eſt trop meilleur les faire mourir, à fin q̃ l'occaſion leur ſoit oſtée de faire vne autrefois la guerre. Voyla de quelle diſcretion ſe gouuerne ce pauure peuple brutal. Ie diray dauantage à ce propos que les filles vſent de telles inciſions par le corps, l'eſpace de trois iours continus apres auoir eu la premiere purgation des femmes: iuſques à en eſtre quelquesfois bien malades. Ces meſmes iours auſſi s'abſtiennent de certaines viandes, ne ſortans aucunement dehors, & ſans mettre pié à terre, comme deſia nous auons dit des hommes, aſſiſes ſeulement ſur quelque pierre accommodée à ceſt affaire.

Que ces Sauuages ſont merueilleuſement vindicatifs. CHAP. 41.

IL n'eſt trop admirable, ſi ce peuple cheminant en tenebres, pour ignorer la verité, appete non ſeulement vengeance, mais auſſi ſe met en tout effort de l'executer: conſideré, que le Chreſtien, encore qu'elle luy ſoit deffendue par expres commandement, ne s'en peut garder, comme voulant imiter l'erreur d'vn nommé Mellicius, lequel tenoit qu'il ne failloit pardonner à ſon ennemy. Laquelle erreur à long temps pullulé au païs d'Egypte. Toutesfois elle fut abolie par vn Empereur Romain. Appeter donc végeāce eſt haïr ſon prochain, ce que repugne totalemēt à la loy. Or cela n'eſt eſtrange en ce peuple, lequel auons dit par cy deuant viure ſans foy, & ſans loy: tout ainſi que toute

La vengeāce defēdue au Chreſtiē.

v ij

leur guerre ne procede que d'vne folle opinion de vengeance, sans cause ne raison. Et n'estimez que telle folie ne les tienne de tout temps, & tiendra, sils ne se changent. Ce pauure peuple est si mal appris, que pour le vol d'vne mousche ils se mettront en effort. Si vne espine les picque, vne pierre les blesse, ils la mettront de colere en cēt mille pieces, cōme si la chose estoit sensible: ce qui ne leur prouient, que par faute de bon iugement. Dauantage ce que ie dois dire, pour la verité, mais ie ne puis sans vergōgne, pour se venger des poulx & pusses, ils les prennent à belles dents, chose plus brutale que raisonnable. Et quand ils se sentiront offensez tant legerement que ce soit, ne pensez iamais vous reconcilier. Telle opinion s'apprent & obserue de pere en fils. Vous les verriez monstrer à leurs enfans de l'aage de trois à quatre ans à manier l'arc & la flesche, & quant & quant les enhorter à hardiesse, prendre vengeance de leurs ennemis, ne pardonner à personne, plus tost mourir. Aussi quand ils sont prisonniers les vns aux autres, n'estimez qu'ils demandent à echapper par quelque composition que ce soit, car ils n'en esperent autre chose que la mort, estimans cela à gloire & honneur. Et pource ils se sçauent fort bien mocquer, & reprendre aigrement nous autres, qui deliurons noz ennemis estans en nostre puissance, pour argent ou autre chose, estimans cela estre indigne d'homme de guerre.

Histoire d'un Portugais prisonnier des Sauuages.

Quant à nous, disent ils, nous n'en vserons iamais ainsi. Aduint vne fois entre les autres qu'vn Portugais prisonnier de ces Sauuages, pensant par belles parolles sauuer sa vie, se met en tout deuoir de les prescher par parolles les plus humbles & douces qu'il luy estoit possible: neantmoins

moins ne peut tant faire pour luy, que fus le champ celuy auquel il estoit prisonnier, ne le feit mourir à coups de flesches, Va, disoit il, tu ne merite, que lon te face mourir honorablement, comme les autres, & en bonne compagnie. Autre chose digne de memoire. Quelquesfois fut emmené vn ieune enfant masle de ces Sauuages de l'Amerique, du païs & ligue de ceux qu'ils appellent Tabaiares, ennemis mortels des Sauuages ou sont les François, par quelques marchans de Normandie, qui depuis baptisé, nourri, & marié à Rouen, viuant en homme de bien, s'auisa de retourner en son païs en noz nauires, aagé de vingt deux ans ou enuiron. Aduint qu'estant par delà fut decouuert à ses anciens ennemis par quelques Chrestiens: lesquels incontinent cóme chiens enragez de furie coururent à noz nauires, desia en partie delaissées de gés, ou de fortune le trouuans sans merci ne pitié aucun, se iettent dessus, & le mettent en pieces là sans toucher aux autres, qui estoient là pres. Lequel cóme Dieu le permist, endurant ce piteux massacre leur remonstroit la foy de IESVCHRIST, vn seul Dieu en trinité de personnes & vnité d'essence: & ainsi mourut le pauure homme entre leurs mains bon Chrestien. Lequel toutesfois ils ne mangerent, comme ils auoient accoustumé faire de leurs ennemis. Quelle opinion de vengeance est plus contraire à nostre loy? Nonobstant se trouuét encores auiourd'huy plusieurs entre nous autres autant opiniatres à se venger, comme les Sauuages. Dauátage cela est entre eux: si aucun frappe vn autre, qu'il se propose en receuoir autát ou plus, & que cela ne demeurera impuni. C'est vn tresbeau spectacle que les voir quereler, ou se battre. Au re-

v iij

Fidelité des Sauuages, mais nō à l'edroit des Chrestiens.

ste assez fideles l'vn à l'autre: mais au regard des Chrestiés, les plus affectez & subtils larrons, encores qu'ils soyent nuds, qu'il est possible: & estiment cela grand vertu, de nous pouuoir derober quelque chose. Ce que ien parle, est pour l'auoir experimeté en moymesme. Cest qu'enuiron Noel, estant là, vint vn roy du païs veoir le Sieur de Villegagnon, ceux de sa compagnée m'emporterēt mes habillements, comme i'estois malade. Voyla vn mot de leur fidelité & façon de faire en passant, apres auoir parlé de leur obstination & appetit de vengeance.

Du mariage des Sauuages Ameriques.
CHAP. 42.

C'Est chose digne de grande commiseration, la creature, encore qu'elle soit capable de raison, viure neantmoins brutalement. Par cela pouuons congnoistre que nous ayons apporté quelque naturel du ventre de nostre mere, que nous demeurerions brutaux, si Dieu par sa bonté n'illuminoit noz esprits. Et pource ne faut péser, que noz Ameriques soient plus discrets en leurs mariages, qu'en autres choses. Ils se marient les vns auec les autres, sans aucunes cerimonies.

Cōme se marient ceux de l'Amerique.

Le cousin prendra la cousine, & l'oncle prendra la niece sans difference ou reprehension, mais non le frere la seur. Vn homme d'autant plus qu'il est estimé grand pour ses prouësses & vaillantises en guerre, & plus luy est permis auoir de femmes pour le seruir: & aux autres moins. Car à vray dire, les femmes trauaillent plus sans cōparaison,

c'est

c'est à sçauoir à cueillir racines, faire farines, bruuages, amasser les fruits, faire iardins, & autres choses, qui appartiennent au mesnage. L'homme seulement va aucunefois pescher, ou aux bois prendre venaison pour viure. Les autres s'occupent seulement à faire arcs & flesches, laissans le surplus à leurs femmes. Ils vous donneront vne fille pour vous seruir le temps que vous y serez, ou autrement ainsi que voudrez: & vous sera libre de la rendre, quand bon vous semblera, & en vsent ainsi coustumierement. Incontinent que serez là, ils vous interrogeront ainsi en leur langage, Viença, que me donneras tu, & ie te bailleray ma fille qui est belle, elle te seruira pour te faire de la farine, & autres necessitez? Pour obuier à cela, le Seigneur de Villegagnon à nostre arriuée defendit sus peine de la mort, de ne les acointer, comme chose illicite au Chrestien. Vray est, qu'apres qu'vne femme est mariée, il ne faut qu'elle se iouë ailleurs: car si elle est surprise en adultere, son mary ne fera faute de la tuer: car ils ont cela en grand horreur. Et quant à l'homme, il ne luy fera rien, estimant que s'il le touchoit, il acquerroit l'inimitié de tous les amis de l'autre, qui engédreroit vne perpetuelle guerre & diuorse. Pour le moins ne craindra de la repudier: ce qui leur est loisible, pour adultere: aussi pour estre sterile, & ne pouuoir engédrer enfans: & pour quelques autres occasions. Dauantage ils n'ont iamais compagnée de iour auec leurs femmes, mais la nuit seulement, ne en places publiques, ainsi que plusieurs estiment par deça: comme les Cris, peuple de Thrace, & autres Barbares en quelques isles de la mer Magellanique, chose merueilleusement detestable, & indigne de Chre-

Defloration des filles auāt qu'estre mariées.

Defense du Seigneur de Villegagnō aux François de ne s'acointer aux femmes Sauuages.

v iiij

stien: auquel peuuent seruir d'exemple en cest endroit ces pauures brutaux. Les femmes pedant qu'elles sont grosses ne porteront pesans fardeaux, & ne feront chose penible, ains se garderont tresbien d'estre offensées. La femme accouchée quelques autres femmes portent l'enfant tout nud lauer à la mer ou à quelque riuiere, puis le reportent à la mere, qui ne demeure que vingt & quatre heures en couche. Le pere coupera le nombril à l'enfant auec les dents: comme i'ay veu y estant. Au reste traittent la femme en trauail autant songneusemét, comme l'on fait par deça. La nourriture du petit enfant est le laict de la mere: toutesfois que peu de iours apres sa natiuité luy bailleront quelques gros alimens, comme farine maschée, ou quelques fruits. Le pere incontinent que l'enfant est né luy baillera vn arc & flesche à la main, comme vn commencement & protestation de guerre & vengeance de leurs ennemis. Mais il y a vne autre chose qui gaste tout: que auant que marier leurs filles les peres & meres les prosternent au premier venu, pour quelque petite chose, principalement aux Chrestiens, allans par delà, s'ils en veulent vser, comme nous auons ia dit. A ce propos de noz Sauuages nous trouuons par les histoires, aucuns peuples auoir approché de telle façon de faire en leurs mariages. Seneque en vne de ses epistres, & Strabon en sa Cosmographie escriuent que les Lydiens & Armeniens auoyent de coustume d'enuoyer leurs filles aux riuages de la mer, pour la se prosternans à tous venans, gaigner leurs mariages. Autant selō Iustin, en faisoyent les vierges de l'isle de Cypre, pour gaigner leur douaire & mariage: lesquelles estans quittes & bien

Coustume ancienne des Lydiens, Armeniens, et habitans de Cypre.

& bien iustifiées, offroyent par apres quelque chose à la deesse Venus. Il s'en pourroit trouuer auiourd'huy par deça, lesquelles faisans grande profession de vertu & de religion, en feroient bien autant ou plus, sans toutesfois offrir ne present ne chandelle. Et de ce ie m'en r'apporte à la verité. Au surplus de la consanguinité en mariage, Saint Hierosme escrit, que les Atheniens auoyent de coustume marier les freres auec les sœurs, & nõ les tantes aux nepueuz: ce qui est au contraire de noz Ameriques. *En son epistre à Rustique.*

Pareillement en Angleterre, vne femme iadis auoit liberté de se marier à cinq hommes, & non au contraire. En outre nous voyons les Turcs, Perses, & Arabes, prendre plusieurs femmes: non pas qu'il soit honneste ne tolerable en nostre Christianisme. Cõclusiõ, noz Sauuages en vsent en la maniere que nous auons dit, tellemẽt que bien à peine vne fille est mariée ayant sa virginité: mais estans mariées elles n'oseroient faire faute: car les maris les regardent de prés, comme tachez de ialousie. Vray est qu'elle peut laisser son mari, quãd elle est mal traitée: ce qui aduient souuent. Cõme nous lisons des Egyptiés, qui faisoient le semblable auãt qu'ils eussent aucunes loix.

En ceste pluralité de femmes dont ils vsent, comme nous auons dit, il y en à vne tousiours par sus les autres plus fauorisée, approchant plus pres de la personne, qui n'est tant subiette au trauail, comme les autres. Tous les enfans qui prouiennent en mariage de ces femmes, sont reputez legitimes, disants que le principal auteur de generation est le pere, & la mere non. Qui est cause que bien souuent ils font mourir les enfans masles de leurs ennemis estants prisonniers, pource que tels enfans à *Les Sauuages ont plusieurs femmes.*

LES SINGVLARITEZ
l'aduenir pourroyent estre leurs ennemis.

*Des cerimonies, sepulture, & funerailles,
qu'ils font à leurs decés.*
CHAP. 43.

Maniere des Sauuages d'ensepulturer les corps.

Apres auoir deduit les meurs, façon de viure, & plusieurs autres manieres de faire de noz Ameriques, reste à parler de leurs funerailles & sepultures. Quelque brutalité qu'ils ayét, encores ont il ceste opinion & coustume de mettre les corps en terre, apres que l'ame est separée, au lieu ou le defunct en son viuant auoit pris plus de plaisir: estimans, ainsi qu'ils disent, ne le pouuoir mettre en lieu plus noble, qu'en la terre, qui produist les hommes, qui porte tant de beaux fruits, & autres richesses vtiles & necessaires à l'vsage de l'homme. Il y a eu plusieurs anciennement trop plus impertinens que ces peuples sauuages, ne se soucians, que deuiédroit leur corps, fust il exposé ou aux chiens, ou aux oyseaux: comme Diogenes, lequel apres sa mort commanda son corps estre liuré aux oyseaux, & autres bestes, pour le manger, disant, qu'apres sa mort son corps ne s'en tiroit plus de mal, & qu'il aimoit trop mieux q̃ son corps seruist de nourriture que de pourriture. Semblablement Lycurgus Legislateur des Lacedemoniens commanda expressément, ainsi qu'escrit Seneque, qu'apres sa mort son corps fust ietté en la mer. Les autres, que leurs corps fussent bruslez & reduits en cendre. Ce pauure peuple quelque brutalité ou ignorance qu'il ait, se mon-

Opinion de Diogenes de la sepulture du corps.

stre

stre apres la mort de son parent ou amy sans comparaison plus raisonnable que ne faisoient anciennement les Parthes, lesquels auec leurs loix telles quelles au lieu de mettre vn corps en honorable sepulture, l'exposoient comme proië aux chiens & oyseaux. Les Taxilles à semblable iettoient les corps morts aux oyseaux du ciel, comme les Caspiens aux autres bestes. Les Ethiopiens iettoient les corps morts dedás les fleuues. Les Romains les bruloient & reduisoient en cendre, comme ont fait plusieurs autres nations. Par cecy peut lon congnoistre que noz Sauuages ne sont point tant denués de toute honnesteté qu'il n'y ait quelque chose de bon, consideré encore que sans foy & sans loy ils ont cest aduis, c'est à sçauoir autant que nature les enseigne. Ils mettent donc leurs morts en vne fosse, mais tous assis, cóme desia nous auons dit, en maniere que faisoient anciennement les Nasomones. Or la sepulture des corps est fort bien approuuée de l'escriture sainte vieille & nouuelle, ensemble les cerimonies, si elles sont deuëment obseruées: tant pour auoir esté vaisseaux & organes de l'ame diuine & immortelle, que pour donner esperáce de la future resurrection: & qu'ils seroyent en terre comme en garde seure, attendans ce iour terrible de la resurrection. On pourroit amener icy plusieurs autres choses à ce propos, & comme plusieurs en ont mal vsé, les vns d'vne façon, les autres d'vne autre: que la sepulture honorablement celebrée est chose diuine: mais ie m'en deporteray pour le present, venant à nostre principal subiet. Donques entre ces Sauuages, si aucun pere de famille vient à deceder, ses femmes, ses proches parens & amis menerót vn dueil mer-

La sepulture des corps approuuée par la sainte escriture, & pourquoy.

Dueil des Sauuages à la mort d'ũ pere de famille.

x ij

ueilleux, non par l'eſpace de trois ou quatre iours, mais de quatre ou cinq moys. Et le plus grand dueil, eſt aux quatre ou cinq premiers iours. Vous les entendrez faire tel bruit & harmonie comme de chiens & chats: vous verrez tant hómes que femmes couchez ſur leurs couchettes penſiles, les autres le cul contre terre ſ'embraſſans l'vn l'autre, comme pourrez voir par la preſente figure: diſans en leur langue, Noſtre pere & amy eſtoit tant homme de

bien, ſi vaillant à la guerre, qui auoit tant fait mourir de ſes ennemis. Il eſtoit fort & puiſſant, il labouroit tant bien noz iardins, il prenoit beſtes & poiſſon pour nous nourrir, helas il eſt treſpaſſé, nous ne le verrons plus, ſinon apres la mort auec noz amis aux païs, que noz *Pagés* nous diſent auoir veux, & pluſieurs autres ſemblables parolles.

Ce

DE LA FRANCE ANTARCTIQVE. 83

Ce qu'ils repeterõt plus de dix mille fois, continuans iour & nuit l'eſpace de quatre ou cinq heures, ne ceſſans de laméter. Les enfans du treſpaſſé au bout d'vn moys inuiteront leurs amis, pour faire quelque feſte & ſolennité à ſon honneur. Et là ſ'aſſembleront painturez de diuerſes couleurs, de plumages, & autre equipage à leur mode, faiſans mille paſſetemps & cerimonies. Ie feray en ceſt endroit mention de certains oyſeaux à ce propos, ayans ſemblable cry & voix qu'vn hibout de ce païs, tirãt ſur le piteux: leſquels ces Sauuages ont en ſi grande reuerence, qu'on ne les oſeroit toucher, diſans que par ce chant piteux ces oyſeaux plorent la mort de leurs amys: qui leur en fait auoir ſouuenance. Ils ſont donc eſtans ainſi aſſemblez &

Oyſeaux ayãs ſemblable cry qu'ũ hibout.

accouſtrez de plumaiges de diuerſes couleurs, dãſes, ieux, tabourinages, auec fluſtes faictes des os des bras & iam-

x. iij.

bes de leurs ennemis, & autres inſtrumens à la mode du païs. Les autres, comme les plus anciens, tout ce iour ne ceſſent de boire ſans manger, & ſont ſeruis par les femmes & parentes du defunct. Ce qu'ils font, ainſi que ie m'é ſuis informé, eſt à fin d'eleuer le cœur des ieunes enfans, & les emouuoir & animer à la guerre, les enhardir contre leurs ennemis. Les Romains auoyent quaſi ſemblable maniere de faire. Car apres le decés d'aucũ citoyẽ, qui auoit trauaillé beaucoup pour la Republique, ils faiſoient ieux, põpes, & chants funebres à la louënge & hõneur du defunct, enſemble, pour donner exẽple aux plus ieunes de s'employer pour la liberté & conſeruation du païs. Pline recite, qu'vn nomme Lycaon fut inuenteur de telles danſes, ieux & chants funebres, pompes & obſeques, que lon faiſoit lors es mortuailles. Pareillement les Argiues, peuple de Grece, pour la memoire du furieux lion defait par Hercules, faiſoiẽt des ieux funebres. Et Alexandre le Grand, apres auoir veu le ſepulchre du vaillãt Hector, en memoire de ſes proueſſes commanda, & luy feit pluſieurs careſſes & ſolennités. Ie pourrois icy amener pluſieurs hiſtoires, comme les Anciens ont diuerſement obſerué les ſepultures, ſelon la diuerſité des lieux: mais pour euiter prolixité, ſuffira pour le preſent entendre la couſtume de noz Sauuages: pource que tãt les Anciens, que ceux de noſtre temps ont fait pluſieurs excés en pompes funebres, plus pour vne vaine & mondaine gloire qu'autrement. Mais au contraire doibuent entendre, que celles qui ſont faites à l'hõneur du defunct & pour le regard de ſon ame, ſont louables: la declarás par ce moyẽ immortelle, & approuuás la reſurrectiõ future.

Couſtume des Romãs & autres peuples aux funerailles d'aucun ciſoyen.

Alexãdre le Grand.

Des

Des Mortugabes, & de la charité, de laquelle ils vsent enuers les estrangers.

CHAP. 44.

PVis qu'il est question de parler de noz Sauuages, nous dirons encores quelque chose de leur façon de viure. En leur païs il n'y à villes, ne forteresses de grandeur, sinon celles que les Portugais, & autres Chrestiens y ont basties, pour leur commodité. Les maisons ou ils habitent sont petites logettes, qu'ils appellent en leur langue *Mortugabes*, assemblées par hameaux ou villages, tels que nous les voyons en aucuns lieux par deça. Ces logettes sont de deux, ou trois cens pas de long, & de largeur vingt pas, ou enuiron, plus ou moins: basties de bois, & couuertes de fueilles de palme, le tout disposé si naïfuement, qu'il est impossible de plus. Chacune logette à plusieurs belles couuertures, mais basses, tellement qu'il se faut baisser pour y entrer, comme qui voudroit passer par vn guichet. En chacune y à plusieurs menages: & en chacun pour luy & sa famille trois brassées de long. Ie trouue encore cela plus tolerable, que des Arabes & Tartares, qui ne bastissent iamais maison permanente, mais errent çà & là comme vagabons: toutesfois ils se gouuernent par quelques loix: & noz Sauuages n'en ont point, sinon celles que Nature leur à données. Ces Sauuages donc en ses maisonnettes, sont plusieurs menages ensemblé, au milieu desquelles chacun en son quartier, sont pendus les licts à pilliers, forts & puissants attachez en quarrure, les-

Mortugabes logettes des Sauuages, & comme ils les bastissent.

Arabes & Tartares n'ont point de maison permanente.

x iiij

quels sont faits de bon coton, car ils en ont abondance, que porte vn petit arbre de la hauteur d'vn homme, à la semblance de gros boutons comme glands : differans toutefois a ceux de Cypre, Malte & Syrie. Lesdits licts ne sont point plus espes qu'vn linceul de ce païs: & se couchent là dedans tous nuds, ainsi qu'ils ont acoustumé d'estre. Ce lict en leur langue est appellé *Iny*, & le coton dont il est fait, *Manigot*. Des deux costez du lict du maistre de la famille les femmes luy font du feu le iour & la nuit : car les nuits sont aucunement froides. Chacun menage garde & se reserue vne sorte de fruit gros comme vn œuf d'austruche, qui est de couleur de noz cocourdes de par deça : estant en façon de bouteille persée des deux bouts, passant par le milieu vn bastó d'hebene, long d'vn pied & demy. L'vn des bouts est planté en terre, l'autre est garny de beaux plumages d'vn oyseau nommé *Arat*, qui est totalement rouge. Laquelle chose ils ont en tel hóneur & reputatió, cóme si elle le meritoit : & estimét cela estre leur *Toupan* : car quand leurs prophetes viennent vers eux, ils font parler ce qui est dedans, entendans par ce moyen le secret de leurs ennemis, & comme ils disent, sçauent nouuelles des ames de leurs amys decedez.

Ces gens au tour de leurs maisons ne nourrissent aucuns animaux domestiques, sinon quelques poules, encores bien raremét & en certains endroits seulemét, ou les Portugais premierement les ont portées : car au parauát n'en auoyent eu aucune congnoissance. Ils en tiennent toutefois si peu de compte, que pour vn petit cousteau vous aurez deux poules. Les femmes n'en mangeroyent pour rien : ayans toutefois à grand deplaisir, quand ils voyent
aucun

aucun Chrestié máger à vn repas quatre ou cinq œufs de poule, lesquelles poulles ils nómẽt *Arignane*: estimãs que pour chacun œuf ils mágent vne poule, qui suffiroit pour repaistre deux hommes. Ils nourrissent en outre des perroquets, lesquels ils changẽt en traffique aux Chrestiens, pour quelques ferrailles. Quant à or, & argent monnoyé, ils n'en vsent aucunement. Iceux vne fois entre les autres, ayans pris vne nauire de Portugais, ou il y auoit grand nombre de pieces d'argent monnoyé, qui auoit esté apporté de Morpion, ils donnerent tout à vn François, pour quatre haches, & quelques petis cousteaux. Ce qu'ils estimoiẽt beaucoup, & non sans raison, car cela leur est propre pour coupper leur bois, lequel auparauant estoient cótraints de coupper auec pierres, ou mettre le feu es arbres, pour les abattre: & à faire leurs arcs & fleches ils n'vsoient d'autre chose. Ils sont au surplus fort charitables, & autant que leur loy de Nature le permet. Quant aux choses qu'ils estiment les plus precieuses, cóme tout ce qu'ils reçoiuent des Chrestiens, ils en sont fort chiches: mais de tout ce qui croist en leur païs, non, comme alimens de bestes, fruits & poissons, ils en sont assez liberaux (car ils n'ont guere autre chose) non seulement par entre eux, mais aussi à toute nation, pour-ueu qu'ils ne leur soient ennemis. Car incontinent qu'ils verront quelcun de loing arriuer en leur païs, ils luy presenterõt viures, logis, & vne fille pour son seruice, comme nous auons dit en quelque endroit. Aussi viendront à l'entour du peregrin femmes & filles assises contre terre, pour crier & plorer en signe de ioye & bien venue. Lesquelles si vous voulez endurer iettans larmes, diront en leur langue, Tu sois le tresbien

Arignane.

Perroquets.

Nul vsage d'or ou d'argent entre les Sauuages.

Charité des Sauuages l'ũ enuers l'autre.

y

LES SINGVLARITEZ

venu, tu es de noz bons amys, tu as prins si grand peine de nous venir voir, & plusieurs autres caresses. Aussi lors sera dedás son lict le patron de famille, plorant tout ainsi

que les femmes. S'ils cheminent trête ou quarante lieuës tant sur eau que sur terre, ils viuent en communauté: si l'vn en á, il en cómuniquera aux autres, s'il en ont besoing: ainsi en font ils aux estrangers. Qui plus est ce pauure peuple est curieux de choses nouuelles, & les admire (aussi selon le prouerbe, Ignorance est mere d'admiration) mais encore d'auátage pour tirer quelque chose qui leur aggrée des estrangers, sçauent si bien flatter, qu'il est malaisé de les pouuoir econduire. Les hommes premierement, quand on les visite à leurs loges & cabannes, apres les auoir saluëz, s'approchent de telle asseurance & familiarité

Prouerbe.

liarité,qu'ils prendrõt incontinent voſtre bõnet ou chappeau, & l'ayant mis ſur leur teſte quelquefois pluſieurs l'vn apres l'autre,ſe regardent & admirent, auec quelque opinion d'eſtre plus beaux. Les autres prendront voſtre dague, eſpée, ou autre couſteau ſi vous en auez,& auec ce menaſſerõt de parolles & autres geſtes leurs ennemis: bref,il vous recherchent entierement, & ne leur faut rien refuſer,autrement vous n'en auriez ſeruice,grace,ne amitié quelconque, vray eſt qu'ils vous rendent voz hardes. Autant en font les filles & femmes,plus encore flatterreſſes que les hommes, & touſiours pour tirer à elles quelque choſe, bien vray qu'elles ſe contentent de peu. Elles ſ'en viendront à vous de meſme grace que les hommes, auec quelques fruits,ou autres petites choſes,dont ils ont accouſtumé faire preſens,diſans en leur lágue, *Agatouren*, qui eſt autant à dire comme tu es bon, par vne maniere de flatterie: *Eori aſſe pia*,mõſtre moy ce que tu as,ainſi deſireuſes de quelques choſes nouuelles, comme petis mirouërs, patenoſtres de voirre:auſsi vous ſuyuent à grand trouppes les petis enfans, & demandent en leur langage, *Hamabe pinda*,donne nous des heims,dont ils vſent à prédre le poiſſon. Et ſont bien appris à vous vſer de ce terme deuãt dit,*Agatouren*,tu es bon, ſi vous leur baillez ce qu'ils demandẽt: ſinõ, d'vn viſage rebarbatif vous diront,*Hippochi*, va, tu ne vaux rien , *Dangaïapa aiouga*, il te faut tuer, auec pluſieurs autres menaſſes & iniures:de maniere, que ils ne donnent qu'en donnant, & encore vous remarquẽt & recongnoiſſent à iamais, pour le refus que leur aurez fait.

Description d'vne maladie nommée Pians, à laquelle sont subiets ces peuples de l'Amerique, tant es isles que terre ferme.

CHAP. 4.

Cachãt bié qu'il n'y a chose depuis la terre iusques au premier ciel, quelque compassement & proportion qu'il y ayt, qui ne soit subiette à mutation & continuelle alteration. L'air donc qui nous enuironne, n'estant air simplemét, ains composé, n'est tousiours semblable en tout temps, ne en tout endroit, mais tantost d'vne façon, tátost d'vne autre : ioint que toutes maladies (comme nous dient les medecins) viennent ou de l'air, ou de la maniere de viure : ie me suis aduisé de escrire vne maladie fort familiere & populaire en ces terres de l'Amerique & de l'Occidét, decouuertes de nostre temps. Or ceste maladie appellée *Pians*, par les gẽs du païs, ne prouient du vice de l'air, car il est là fort bon & temperé : ce que monstrent par experience les fruits que produit la terre auec le benefice de l'air (sans lequel rien ne se fait, soit de nature ou artifice) aussi que la maladie prouenant du vice de l'air offense autãt le ieune que le vieux, le riche comme le pauure, moyennant toutesfois la disposition interne. Reste donc qu'elle prouienne de quelque maleuersation, comme de trop frequenter charnellemét l'hõme auec la femme, attendu que ce peuple est fort luxurieux, charnel, & plus que brutal, les femmes specialement, car elles cherchent & prattiquent tous moyens à emouuoir les hommes au deduit. Qui me fait penser & dire estre plus que vraysemblable telle maladie n'estre au

Pians, maladie des Sauuages, et son origine.

Sauuages, peuple fort luxurieux, et charnel.

tre

tre chose que ceste belle verolle auiourdhuy tant commune en nostre Europe, laquelle faussement on attribue aux François, comme si les autres n'y estoient aucunemét subiets: de maniere que maintenant les estrangers l'appellent mal François. Chacun sçait cóbien veritablemét elle luxurie en la France, mais nó moins autrepart: & l'ont prise premierement à vn voyage à Naples, ou l'auoyent portée quelques Espagnols de ces isles occidentales: car parauát qu'elles fussent decouuertes & subiettes à l'Espagnol, n'é fut onc mention, non seulemét par deça, mais aussi ne en la Grece, ne autre partie de l'Asie, & Afrique. Et me souuient auoir ouy reciter ce propos quelquefois à defunct mósieur Syluius, medecin des plus doctes de nostre téps. Pourtant seroit à mon iugement mieux seant & plus raisonnable l'appeler mal Espagnol, ayant de là son origine pour l'egard du païs de deçà, qu'autrement: car en François est appellée verole, pource que le plus souuent, selon le temps & les cóplexions elle se manifeste au dehors à la peau par pustules, que lon appelle veroles. Retournons au mal de noz Sauuages, & aux remedes dót ils vsent. Or ce mal prend les personnes tant Sauuages, comme Chrestiens par delà de contagion ou attouchement, ne plus ne moins que la verole par deça: aussi à il mesmes symptomes, & iusques là si dangereux, que s'il est enuieilli, il est malaisé de le guerir, mesme quelquefois les afflige iusques à la mort. Quant aux Chrestiens habitans en l'Ameque, s'ils se frottent aux femmes, ils n'euaderont iamais qu'ils ne tombent en cest inconuenient, beaucoup plus tost que ceux du païs. Pour la curation, ensemble pour quelque alteration, qui bien souuét accompagne ce mal,

Vraye origine de la verole.

Verole, pourquoy ainsi nommée en Fráçois.

Curatió de ceste maladie.

y iij

ils font certaine decoction de l'efcorce d'vn arbre nommé en leur langue *Hiuourahé*, de laquelle ils boiuent auec aufsi bó ou meilleur fuccés, que de noftre gaiac: aufsi font plus aifez à guerir que les autres, à mon aduis pour leur temperature & complexion, qui n'eft corrompue de crapules, comme les noftres par deça. Voila ce qui m'a femblé dire à propos en ceft endroit: & qui voudra faire quelque difficulté de croire à mes parolles, qu'il demande l'opinion des plus fçauás medecins fur l'origine & caufe de cefte maladie, & quelles parties internes font plus toft offenfées, ou elle fe nourrit: car i'en vois auiourdhuy plufieurs contradictions affez friuoles, (non entre les doctes) & f'en treuue bien peu, ce me femble, qui touchent au point, principalement de ceux qui entreprennent de la guerir: entre lefquels fe trouuent quelques femmes, & quelques hômes autant ignorans, qui eft caufe de gráds inconueniens aux pauures patiens, car au lieu de les guerir, ils les precipitent au gouffre & abyfme de toute affliction. Il y a quelques autres maladies, comme ophthalmies (defquelles nous auons defia parlé) qui viennét d'vne abondance de fumée, comme ils font le feu en plufieurs parts & endroits de leurs cafes & logettes, qui font grandes, pource qu'ils f'affemblent vn grád nombre pour leur hebergement. Ie fçay bien que toute ophthalmie ne vient pas de cefte fumée, mais quoy qu'il en foit, elle vient toufiours du vice du cerueau, par quelque moyen qu'il ait efté offenfé. Aufsi n'eft toute maladie d'ïeux ophthalmie, comme mefme lon peut voir entre les habitans de l'Amerique, dont nous parlons: car plufieurs ont perdu la veuë fans auoir inflammation quelconque aux ïeux,

Hiuourahé, arbre.

Sauuages affligez de ophthalmies, & d'ou elles procedét.

Nõ tout mal des ïeux eft ophthalmie.

qui

qui ne peut eſtre à mon iugement, que certaine humeur dedans le nerf optique, empeſchāt que l'eſprit de la veuë ne paruienne à l'œil. Et ceſte plenitude & abondance de matiere au cerueau, ſelon que i'en puis congnoiſtre, prouient de l'air, & vent auſtral, chaud & humide, fort familier par delà, lequel remplit ayſément le cerueau : comme dit tresbien Hippocrates. Auſsi experimentons en nous meſmes par deça les corps humains deuenir plus peſans, la teſte principalement, quand le vent eſt au Midy. Pour guerir ce mal des ïeux, ils couppent vne branche de certain arbre fort mollet, cóme vne eſpece de palmier, qu'ils emportent à leur maiſon, & en diſtillent le ſuc tout rougeatre dedans l'œil du patiét. Ie diray encores que ce peuple n'eſt iamais ſubiet à lepre, paralyſie, vlceres, & autres vices exterieurs & ſuperficiels, comme nous autres par deça : mais preſque touſiours ſains & diſpos cheminent d'vne audace, la teſte leuée comme vn cerf. Voila en paſſant de ceſte maladie la plus dangereuſe de noſtre France Antarctique.

Vent auſtral malſain.

Curatiō de ces ophthalmies.

Des maladies plus frequentes en l'Amerique, & la methode qu'ils obſeruent à ſe guerir. CHAP. 46.

IL n'y a celuy de tant rude eſprit, qui n'entende bien ces Ameriques eſtre compoſez des quatre elemens, cóme ſont tous corps naturels, & par ainſi ſubiets à meſmes affections, que nous autres, iuſques à la diſſolution des elemés. Vray eſt que les maladies peuuent aucunement eſtre diuerſes, ſelon la temperature de l'air, de la region, & de la maniere de vi-

LES SINGVLARITEZ

ure. Ceux qui habitent en ce païs pres de la mer, sont fort subiets à maladies putredineuses, fieures, caterres, & autres. En quoy sont ces pauures gens tant persuadez, & abusez de leurs prophetes, dont nous auons parlé, lesquels sont appellez pour les guerir, quand ils sont malades : & ont ceste folle opinion, qu'ils les peuuent guerir. On ne sçauroit mieux cōparer tels galans, qu'à plusieurs batteleurs, empiriques, imposteurs, que nous auons par deça, qui persuadent aysement au simple peuple, & font profession de guerir toutes maladies curables, & incurables. Ce que ie croiray fort bien, mais que science soit deuenue ignorance, ou au contraire. Donques ces prophetes donnent à entendre à ces bestiaux, qu'ils parlent aux

Folle opinion des Sauuages à l'endroit de leurs prophetes et de leurs maladies

esprits, & ames de leurs parens, & que riē ne leur est impossible, qu'ils ont puissance de faire parler l'ame dedans le corps. Aussi quand vn malade ralle, ayant quelque humeur en l'estomac & poulmons, laquelle par debilité, ou autrement il ne peut ietter, il estime que c'est son ame qui se plaint. Or ces beaux prophetes, pour les guerir, les suceront auec la bouche en la partie ou ils sentiront mal, pensans que par ce moyen ils tirent & emportent la maladie dehors. Ils se sucent pareillement l'vn l'autre, mais ce n'est auecques telle foy & opinió. Les femmes en vsent autrement. Elles mettront vn fil de coton long de deux pieds en la bouche du patient, lequel apres elles sucent, estimás aussi auec ce fil emporter la maladie. Si l'vn blesse l'autre par mal ou autrement, il est tenu de luy sucer sa playe, iusques à ce qu'il soit gueri : & ce pendant ils s'abstiennent de certaines viandes, lesquelles ils estimét estre contraires. Ils ont certe methode de faire incisions entre les espaules, & en tirent quelque quantité de sang: ce qu'ils font auec vne espece d'herbe fort trenchâte, ou bié auec dents de quelques bestes. Leur maniere de viure estans malades est, qu'ils ne donneront iamais à manger au patient, si premierement il n'en demáde, & le laisseront plus tost languir vn moys. Les maladies, comme i'ay veu, n'y sont tant frequentes que par deça, encores qu'ils demeurent nuds iour & nuit : aussi ne font ils aucun excés à boire ou à manger. Premierement ils ne goutteront de fruit corrompu, qu'il ne soit iustement meur : la viande bien cuitte. Au surplus fort curieux de cognoistre les arbres & fruits, & leurs proprietés pour en vser en leurs maladies. Le fruit duquel plus cómunemét ils vsent en leurs maladies, est nommé *Nana*, gros comme vne moyenne citrouille, fait tout autour cóme vne pomme de pin, ainsi

Methode de guerir les maladies obseruées entre les Sauuages.

Maniere de viure des patiens & malades.

Nana, fruit fort excellét.

LES SINGVLARITEZ

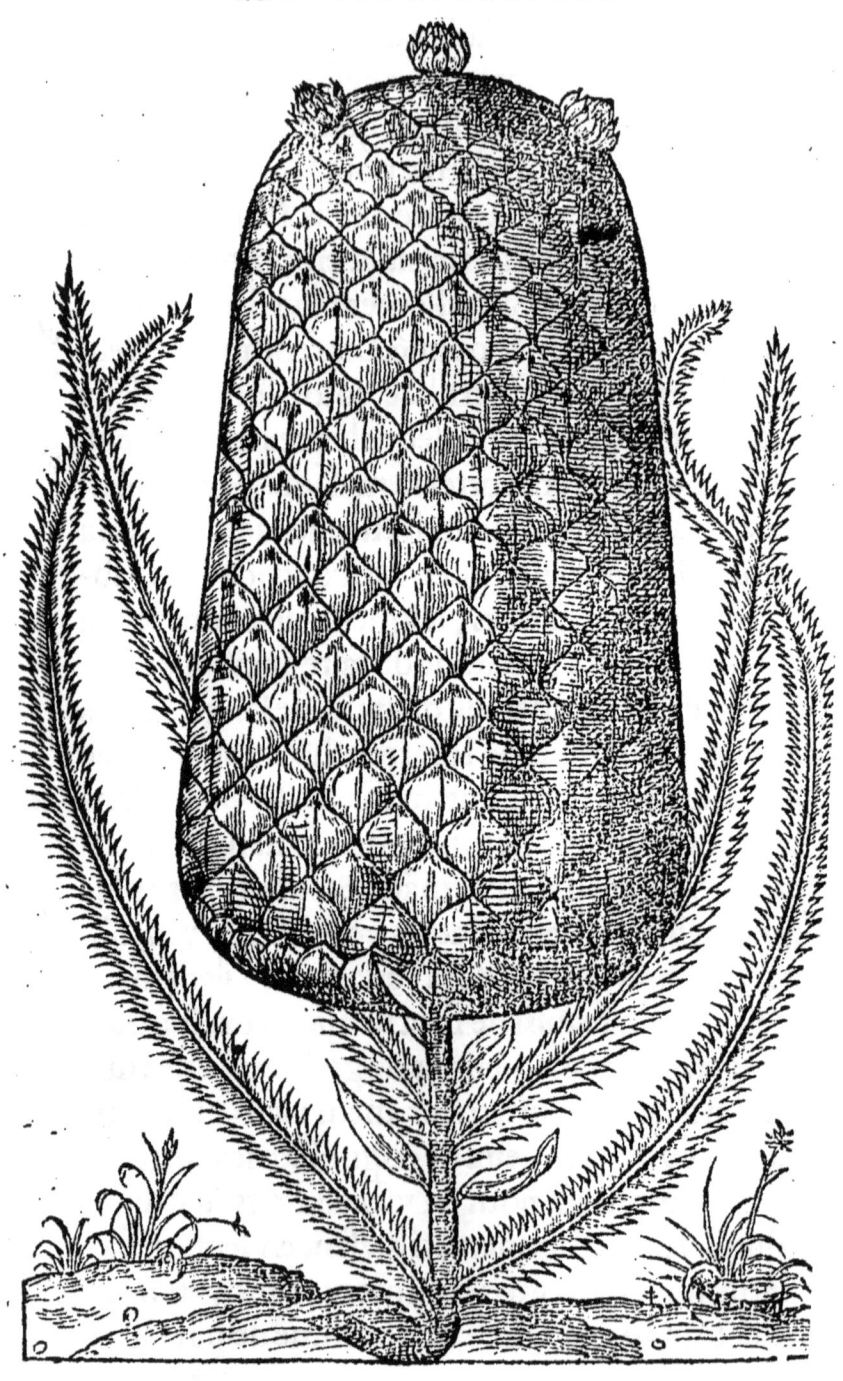

que pourrez voir par la presente figure. Ce fruit deuient iaune en maturité, lequel est merueilleusement excellent, tant pour sa douceur que saueur, autant amoureuse que fin sucre, & plus. Il n'est possible d'en aporter par deça, sinon en confiture, car estant meur il ne se peut longuemēt garder. D'auantage il ne porte aucune graine : parquoy il se plante par certains petis reiets, comme vous diriez les greffes de ce païs à enter. Aussi auant qu'estre meur il est si rude à manger, qu'il vous escorche la bouche. La fueille de cest arbrisseau, quand il croist, est semblable à celle d'vn large ionc. Ie ne veux oblier comme par singularité entre les maladies vne indisposition merueilleuse, q̃ leur causent certains petis vers, qui leur entrēt es pieds, appellez en leur langue *Tom*, lesquels ne sont gueres plus gros que cirons : & croirois qu'ils s'engendrent & concréent dedans ces mesmes parties, car il y en a aucunesfois telle multitude en vn endroit, qu'il se fait vne grosse tumeur comme vne febue, auec douleur & demangeaison en la partie. Ce que nous est pareillement aduenu estans par delà, tellement que noz pieds estoyent couuerts de petites bossettes, ausquelles quand sont creuées lon trouue seulement vn ver tout blanc auec quelque bouë. Et pour obuier à cela, les gens du païs font certaine huile d'vn fruit nōmé *Hiboucouhu*, semblāt vne date, lequel n'est bon à manger : laquelle huille ils reseruent en petits vaisseaux de fruits, nommés en leur langue *Caramemo*, & en frottent les parties offensées : chose propre, ainsi qu'ils afferment, contre ces vers. Aussi s'en oignent quelquefois tout le corps, quand ils se trouuent lassez. Ceste huile en outre est propre aux playes & vlceres, ainsi qu'ils ont cogneu par

Tom, espéce de vers.

Hiboucouhu, fruit & son vsage.

experience. Voyla des maladies & remedes dont vſent les Ameriques.

La maniere de traffiquer entre ce peuple. D'vn oyſeau nommé Toucan, & de l'eſpicerie du païs.
CHAP. 47.

Traffique des Sauuages.

Ombié qu'en l'Amerique y ait diuerſité de peuples, Sauuages neaumoins, mais de diuerſes ligues & factions, couſtumiers de faire guerre les vns contre les autres: toutefois ils ne laiſſent de traffiquer, tant entre eux qu'auec les eſtrangers, (ſpecialement ceux qui ſont pres de la mer) de telles choſes que porte le païs. La plus grande traffique eſt de plumes d'auſtruches, garnitures d'eſpées faictes de pennaches, & autres plumages fort exquis. Ce que lon apporte de cent ou ſix vingts lieuës, plus ou moins, auát dedans le païs: grand quantité ſemblabement de colliers blancs & noirs: auſsi de ces pierres vertes, leſquelles ils portent aux leures, comme nous auons dit cy deſſus. Les autres qui babitent ſus la coſte de la mer, ou traffiquent les Chreſtiens, reçoiuent quelques haches, couteaux, dagues, eſpées, & autres ferremés, patenoſtres de verre, peignes, mirouërs, & autres menuës beſongnes de petite valeur: dont ils traffiquent auec leurs voiſins, n'ayans autre moyen, ſinon donner vne marchandiſe pour l'autre: & en vſent ainſi, Donne moy cela, ie te donneray cecy, ſans tenir long propos. Sur la coſte de la marine, la plus frequéte marchandiſe eſt le plumage d'vn oyſeau, qu'ils appellent

DE LA FRANCE ANTARCTIQVE.

pellent en leur langue *Toucan*, lequel defcrirons fommai- *Defcri-*
rement, puis qu'il vient à propos. Cest oyfeau est de la *ption du*
grandeur d'vn pigeon. Il y en a vne autre efpece de la for- *Toucan,*
me d'vne pie, de mefme plumage que l'autre : c'est à fça- *oyfeau de*
uoir noirs tous deux, hors-mis autour de la queuë, ou il y *l'Ame-*
à quelques plumes rouges, entrelacées parmy les noires, *rique.*
foubs la poitrine plume iaune, enuiró quatre doigts, tant
en longueur que largeur : & n'est pofsible trouuer iaune
plus excellét que celuy de cest oifeau : au bout de la queuë
il à petites plumes rouges cóme fang. Les Sauuages en
prénent la peau, à l'endroit qui eft iaune, & l'accommodét
à faire garnitures d'efpées à leur mode, & quelques robes, *Chapeau*
chapeaux, & autres chofes. I'ay apporté vn chapeau fait *eftrange*
de ce plumage, fort beau & riche, lequel a efté prefenté au *cópofé de*
pluma-
ges.

Roy, comme chofe finguliere. Et de ces oyfeaux ne f'en
trouue finon en noftre Amerique, prenant depuis la ri-

uiere de Plate iufques à la riuiere des Amazones. Ilz s'en trouue quelques vns au Peru, mais ne sont de si grande corpulēce que les autres. A la nouuelle Espaigne, Floride, Mesique, Terre neuue, il ne s'en trouue point, à cause que le païs est trop froid, ce qu'ils craignent merueilleusemēt. Au reste cest oyseau ne vit d'autre chose parmy les bois ou il fait sa residence, sinon de certains fruictz prouenans du païs. Aucuns pourroient penser qu'il fust aquatique, ce qui n'est vray semblable, comme i'ay veu par experience. Au reste cest oyseau est merueilleusement diffor me & monstrueux, ayant le bec plus gros & plus long quasi que le reste du corps. I'en ay aussi apporté vn qui me fut donné par delà, auec les peaux de plusieurs de diuerses couleurs, les vnes rouges comme fine escarlatte, les autres iaunes, azurées, & les autres d'autres couleurs. Ce plumage donc est fort estimé entre noz Ameriques, du quel ils traffiquent ainsi que nous auons dit. Il est certain qu'auant l'vsage de mōnoye on traffiquoit ainsi vne chose pour l'autre, & consistoit la richesse des hommes, voire des Roys, en bestes, comme chameaux, moutons & autres. Et qu'il soit ainsi, vous en auez exēples infinis, tant en Berose qu'en Diodore: lesquels nous recitēt la maniere que les anciēs tenoiēt de traffiquer les vns auec les autres, laquelle ie trouue peu differēte à celle de noz Ameriques & autres peuples barbares. Les choses donc anciennemēt se bailloient les vnes pour les autres, comme vne brebis pour du blé, de la laine pour du sel. La traffique, si bien nous considerons, est merueilleusemēt vtile, outre qu'elle est le moyen d'entretenir la societé ciuile. Aussi est elle fort celebrée par toute nation. Pline en son septiéme en

Singularitez apportées par l'Auteur de l'Amerique en France. Permutatiō des choses auāt l'vsage de mōnoye. Mōs Pyrenées pourquoy ainsi appellez. Vtilité de la traffique.

attribue

attribue l'inuention & premier vsage aux Pheniciens. La traffique des Chrestiens auecques les Ameriques, sont monnes, bois de bresil, perroquets, coton, en change d'autres choses, comme nous auons dit. Il s'apporte ausi de là certaine espice qui est la graine d'vne herbe, ou arbrisseau de la hauteur de trois ou quatre pieds. Le fruit ressemble à vne freze de ce païs, tant en couleur que autrement. Quand il est meur, il se trouue dedans vne petite semence comme fenoil. Noz marchans Chrestiens se chargent de ceste maniere d'espice, non toutefois si bonne que la maniguette qui croist en la coste de l'Ethiopie, & en la Guinée: ausi n'est elle à comparer à celle de Calicut, ou de Taprobane. Et noterez en passant, que quand lõ dit l'espicerie de Calicut, il ne faut estimer qu'elle croisse là totalement, mais bien à cinquante lieuës loing, en ie ne sçay quelles isles, & specialemẽt en vne appellée Corchel. Toutefois Calicut est le lieu principal ou se mene toute la traffique en l'Inde de Leuant: & pource est dite espicerie de Calicut. Elle est donc meilleure que celle de nostre Amerique. Le Roy de Portugal, comme chacũ peut entendre, reçoit grand emolument de la traffique qu'il fait de ces espiceries, mais non tant que le temps passé: qui est depuis que les Espagnols ont decouuert l'isle de Zebut, riche & de grande estendue, laquelle vous trouuez apres auoir passé le destroit de Magellan. Ceste isle porte mine d'or, gingembre, abõdance de porceleine blanche. Apres ont decouuert Aborney, cinq degrez de l'equinoctial, & plusieurs isles des Noirs, iusques à ce qu'ils sont paruenuz aux Moluques, qui sont Atidore, Terrenate, Mate, & Machian petites isles asses pres l'vne de l'autre: comme vous

Quelle est la traffique des Chrestiens auec les Ameriques.

Espece d'espice.

Espicerie de Calicut.

Isle de Corchel.

Isle de Zebut.

Aborney.

Isles de Moluqs̃, & de l'espicerie qui en vient.

z iiij

pourriez dire les Canaries, desquelles auons parlé. Ces isles distantes de nostre France de plus de cent octante degrez, & situées droit au Ponent, produisent force bonnes espiceries, meilleures que celles de l'Amerique sans comparaison. Voila en passant des Moluques, apres auoir traité de la trafique de noz sauuages Ameriques.

Des oyseaux plus communs de l'Amerique.
CHAP. 48.

Description du Carinde, oyseau de excellēte beauté.

Ntre plusieurs géres d'oyseaux que nature diuersement produit, descouurant ses dons par particulieres proprietez, dignes certes d'admiratiō, lesquelles elle a baillé à chacun animal viuant, il ne s'en treuue vn qui excede en perfection & beauté, cestuicy, qui se voit coustumierement en l'Amerique, nommé des Sauuages *Carinde*, tāt nature se plaisoit à portraire ce bel oyseau, le reuestant d'vn si plaisant & beau pénage, qu'il est impossible n'admirer telle ouuriere. Cest oyseau n'excede point la grandeur d'vn corbeau : & son plumage, depuis le vétre iusques au gosier, est iaune cóme fin or : les aelles & la queuë, laquelle il a fort longue, sont de couleur de fin azur. A cest oyseau se trouue vn autre semblable en grosseur, mais different en couleur : car au lieu que l'autre a le plumage iaune, cestuicy l'a rouge, cóme fine escarlatte, & le reste azuré. Ces oyseaux sont especes de perroquets, & de mesme forme, tant en teste, bec, qu'en pieds. Les Sauuages du païs les tiennent fort chers, à cause que trois ou quatre fois l'année ils leur tirent les plumes,

DE LA FRANCE ANTARCTIQVE.   93

plumes, pour en faire chapeaux, garnir boucliers, espées de bois, tapisseries, & autres choses exquises, qu'ils font coustumierement. Lesdits oyseaux sont si priuez, que tout le iour se tiennent dans les arbres, tout autour des logettes des Sauuages. Et quand ce vient sur le soir, ces oyseaux se retirent les vns dans les loges, les autres dans les bois: toutefois ne faillét iamais à retourner le lendemain, ne plus ne moins que font noz pigeós priuez, qui nidifiét aux maisons par deça. Ils ont plusieurs autres especes de perroquets tous differés de plumage les vns des autres. Il y en á vn plus verd q̃ nul autre, q̃ se trouue par delà, qu'ils nóment *Aiouroub*: autres ayans sur la teste petites plumes azurées, les autres vertes, que nóment les Sauuages, *Marganas*. Il ne s'en trouue point de gris, comme en la Guinée, & en la haulte Afrique. Les Ameriques tiennent toutes ces especes d'oyseaux en leurs loges, sans estre aucunement enfermez, comme nous faisons par deça: i'entens apres les auoir appriuoisez de ieunesse à la maniere des Anciens, comme dit Pline au liure dixieme de son histoire naturelle, parlant des oyseaux: ou il afferme que Strabon á esté le premier qui á monstré à mettre les oyseaux en cage, lesquels parauant auoient toute liberté d'aller & venir. Les femmes specialement en nourrissent quelques vns, semblables de stature & couleur aux lorions de par deça, lesquels elles tiennent fort chers, iusques à les appeller en leur langue, leurs amis. Dauantage noz Ameriques apprennent à ces oyseaux à parler en leur langue, comme à demáder de la farine, qu'ils font de racines: ou bien leur apprennent le plus souuent à dire & proferer qu'il faut aller en guerre contre leurs ennemis, pour les pren-

Aiouroub oyseau verd Marganas.

Qui fut le premier qui a mis les oyseaux en cage.

A

dre, puis les manger, & plusieurs autres choses. Pour rien ne leur donneroient des fruits à manger, tant aux grands qu'aux petis: car telle chose (disent ils) leur engendrent vn ver, qui leur perce le cœur. Il y à multitude d'autres perroquets sauuages, qui se tiennent aux bois, desquels ils tuent grande quantité, à coups de fleches, pour manger. Et font ces perroquets leur nids au sommet des arbres, de forme toute ronde, pour crainte des bestes picquantes. Il à esté vn temps que ces oyseaux n'estoient congneuz aux anciens Romains, & autres païs de l'Europe, sinon depuis (cóme aucuns ont voulu dire) qu'Alexandre le Grád enuoya son lieutenant Onesicrite en l'isle Taprobane, lequel en apporta quelque nombre: & depuis se multiplierent si bien, tant au païs de Leuant qu'en Italie, & principalement à Rome, cóme dit Columelle au liure troisiesme des dits des Anciés, que Marcus Portius Cato (duquel la vie & doctrine fut exemple à tout le peuple Romain) ainsi comme se sentant scandalizé, dist vn iour au Senat: O peres cóscripts, ô Rome malheureuse, ie ne sçay plus en quel temps nous sommes tombez, depuis que i'ay veu en Rome telles monstrositez, c'est à sçauoir les hommes porter perroquets sus leurs mains, & veoir les femmes nourrir, & auoir en delices les chiens. Retournons à noz oyseaux, qui se trouuent par delà, d'autre espece & fort estranges (comme est celuy qu'ils appellent Toucan, duquel nous auons parlé cy deuant) tous differés à ceux de nostre hemisphere: cóme pouuez plus clerement voir par ceux, qui nous sont representez en ce liure, & de plusieurs autres, dont i'ay apporté quelques corps garniz de plumes, les vnes iaunes, rouges, vertes, pourprées, azurées,

Abōdance de perroquets en l'Amerique.

Depuis quel tēps auons eu congnoissance des perroquets.

Exclamatiō de Marcus Cato contre les delices de son tēps.

rées, & de plusieurs autres couleurs: qui ont esté presentez au Roy, comme choses singulieres, & qui n'auoient oncques esté veuës par deça. Il reste à descrire quelques autres oiseaux assez rares & estráges: entre lesquels se trouue vne espece de mesme grandeur & couleur que petis corbeaux, sinon qu'ils ont le deuant de la poitrine rouge, comme sang, & se nomme *Panon*, son bec est cédré, & ne vit d'autre chose, sinó d'vn fruit d'vne espece de palmier, nommé *Ierahuua*. Il s'en trouue d'autres grans comme noz merles, tous rouges comme sang de dragon, qu'ils nomment en leur langue *Quiapian*. Il y a vne autre espece de la grosseur d'vn petit moineau, lequel est tout noir, viuant d'vne façon fort estráge. Quand il est soul de formis, & autre petite vermine qu'il mange, il ira en quelque arbrisseau, dans lequel il ne fera que voltiger de haut en bas, de branche en branche, sans auoir repos quelconque. Les Sauuages le nomment *Annon*. Entre tous les oyseaux qui sont par delà, il s'en trouue encore vn autre, que les Sauuages ne tueroient ou offenseroient pour chose quelconque. Cest oyseau à la voix fort esclatante & piteuse, cóme celle de nostre Chathuant: & dient ces pauures gens que son chant leur fait recorder leurs amis morts, estimás que ce sont eux qui leur enuoyent, leur portant bonne fortune, & mauuaise à leurs ennemis. Il n'est pas plus grand qu'vn pigeon ramier, ayant couleur cendrée, & viuant du fruit d'vn arbre qui s'appelle *Hiuourahe*. Ie ne veux oublier vn autre oyseau nommé *Gouambuch*, qui n'est pas plus gros qu'vn petit cerf volant, ou vne grosse mousche: lequel neantmoins qu'il soit petit, est si beau à le voir, qu'il est impossible de plus. Son bec est longuet & fort menu,

Panon, oyseau estrange.
Ierahuua espece de palmier.
Quiapiá, oyseau.
Annon, oyseau.
Autre espece d'oyseau.
Hiuourahe, arbre.
Gouambuch, oyseau fort petit.

A ij

& sa couleur grisatre. Et combien que ce soit le plus petit oyseau, qui soit (cóme ie pése) soubs le ciel, neantmoins il chante merueilleusement bien, & est fort plaisant à ouyr. Ie laisse les oyseaux d'eau douce & salée, qui sont tous differens à ceux de par deça, tant en corpulence qu'en varieté de plumages. Ie ne doute, Lecteur, que noz modernes autheurs des liures d'oyseaux, ne trouuent fort estrange la presente description que i'en fais, & les pourtraits que ie t'ay representez. Mais sans honte leur pourras reputer cela à la vraye ignorance qu'ils ont des lieux, lesquels ils n'ont iamais visité, & à la petite congnoissance qu'ils ont pareillement des choses estrangeres. Voila donc le plus sommairement qu'il m'a esté possible, des oyseaux de nostre Fráce Antarctique, & ce que pour le temps que nous y auons seiourné, auons peu obseruer.

Des venaisons & sauuagines, que prennent ces Sauuages.   CHAP. 49.

Mode des Ameriques à prédre bestes sauuages.

IL me semble n'estre hors de propos, si ie recite les bestes qui se trouuent es bois & montagnes de l'Almerique, & comme les habitans du païs les prénent pour leur nourriture. Il me souuient auoir dit en quelque endroit, comme ils ne nourrissent aucuns animaux domestiques, mais se nourrist par les bois grande quantité de sauuages, comme cerfs, biches, sangliers, & autres. Quand ces bestes se detraquent à l'escart pour chercher leur vie, ils vous feront vne fosse profonde conuerte de fueillages, au lieu auquel la beste hantera

hantera le plus souuent, mais de telle ruse & finesse, qu'à grand peine pourra eschapper: & la prendrõt toute viue, ou la feront mourir là dedans, quelque-fois à coups de flesches. Le Sanglier est trop plus difficile. Iceluy ne ressemble du tout le nostre, mais est plus furieux & dangereux: & à la dent plus longue & apparente. Il est totalemẽt noir & sans queuë: d'auantage il porte sur le dos vn euent semblable de grandeur à celuy du marsouïn, auec lequel il respire en l'eau. Ce porc sauuage iette vn cry fort espouuentable, aussi entẽd lon ses dents claqueter & faire bruit, soit en mangeant ou autrement. Les Sauuages nous en amenerent vne fois vn lié, lequel toutesfois eschappa en nostre presence. Le cerf & la biche n'ont le poil tant vni & delié cõme par deça, mais fort bourreux & tressonné, assez long toutesfois. Les cerfs portent cornes petites au regard des nostres. Les Sauuages en font grande estime, pource qu'apres auoir percé la leure à leurs petis enfans, ils mettront souuent dedans le pertuis quelque piece de ceste corne de cerf, pour l'augmenter, estimans qu'elle ne porte venin aucun: mais au contraire elle repugne & empesche qu'à l'endroit ne s'engendre quelque mal. Pline afferme la corne de cerf estre remede & antidote cõtre tous venins. Aussi les medecins la mettẽt entre les medicamẽs cordiaux, comme roborant & confortant l'estomac de certaine proprieté, comme l'iuoire & autres. La fumée de ceste corne bruslée à puissance de chasser les serpens. Aucuns veulent dire que le cerf fait tous les ans corne nouuelle: & lors qu'il est destitué de ses cornes, se cache, mesmes quãd les cornes luy veulent tomber. Les anciens ont estimé à mauuais presage la rencontre d'vn cerf & d'vn

Sanglier de l'Amerique.

Cerf de l'Amerique.

Proprieté de la corne de vn cerf.

A iij

lieure: mais nous sommes tout au contraire, aussi est ceste opinion folle, superstitieuse, & repugnante à nostre religion. Les Turcs & Arabes sont encores auiourd'huy en cest erreur. A ce propos noz Sauuages se sont persuadez vne autre resuerie, & sera bien subtil qui leur pourra dissuader: laquelle est, qu'ayans pris vn cerf ou biche, ils ne les oseroient porter en leurs cabánes, qu'ils ne leur ayent couppé cuisses & iambes de derriere, estimans que s'ils les portoient auec leurs quatre membres, cela leur osteroit le moyen à eux & à leurs enfans de pouuoir prédre leurs ennemis à la course : outre plusieurs resueries, dont leur ceruueau est perfumé. Et n'ont autre raison, sinon que leur grand Charaïbe leur a fait ainsi entendre : aussi que leurs Pagés & medecins le defendent. Ils vous feront cuire leur venaison par pieces, mais auec la peau: & apres qu'elle est cuitte sera distribuée à chacun menage, qui habitent en vne loge tous ensemble, comme escoliers aux colleges. Ils ne mangeront iamais chair de beste rauissante, ou qui se nourrisse de choses impures, tant priuée soit elle : aussi ne s'efforceront d'appriuoiser telle beste, cóme vne qu'ils appelent *Coaty*, gráde comme vn regnard de ce païs, ayant le museau d'vn pied de long, noir comme vne taupe, & menu comme celuy d'vn rat: le reste enfumé, le poil rude, la queuë gresle comme celle d'vn chat sauuage, moucheté de blanc & noir, ayant les oreilles cóme vn regnard. Ceste beste est rauissante, & vit de proye autour des ruisseaux. En oultre se trouue là vne espece de phaisans, gros comme chappons, mais de plumage noir, hors-mis la teste, qui est grisatre, ayant vne petite creste rouge, pendante comme celle d'vne petite poulle d'Inde, & les pieds rouges.

Resuerie des Sauuages.

Description du Coaty, animal estrange.

Espece de faisan.

rouges. Aussi y á des perdris nommées en leur langue *Macouacanna*, qui sont plus grosses que les nostres. Il se trouue d'auantage en l'Amerique grande quantité de ces bestes, qu'ils nommét *Tapihire*, desirées & recommandables pour leur deformité. Aussi les Sauuages les poursuyuent à la chasse, non seulement pour la chair qui en est tresbonne, mais aussi pour les peaux, dont ces Sauuages font boucliers, desquels ils vsent en guerre. Et est la peau de ceste beste si forte, qu'à grande difficulté vn trait d'arbaleste la pourra percer. Ils les prennent ainsi que le cerf & le sanglier, dont nous auons parlé n'agueres. Ces bestes sont de la grádeur d'vn grand asne, mais le col plus gros, & la teste comme celle d'vn taureau d'vn an: les dents trenchátes & agues: toutesfois elle n'est dágereuse. Quand on la pourchasse, elle ne fait autre resistéce que la fuite, cherchant lieu propre à se cacher, courant plus legerement que le cerf. Elle n'á point de queuë, sinon bien peu, de la longueur de trois ou quatre doigts, laquelle est sans poil, cóme celle de l'Agoutin. Et de telles bestes sans queuë se trouue grande multitude par delà. Elle á le pié forchu, auec vne corne fort longue, autant presque deuant comme derriere. Son poil est rougeatre, comme celuy d'aucunes mules, ou vaches de par deça: & voila pourquoy les Chrestiens qui sont par delà, nomment telles bestes vaches, non differentes d'autre chose à vne vache, hors-mis qu'elle ne porte point de cornes: & à la verité, elle me semble particper autát de l'asne que de la vache: car il se trouue peu de bestes d'especes diuerses, qui se ressemblent entierement sans quelque grande difference. Comme aussi des poissons, que nous auons veu sur la mer à la coste

Macouacanna, espece de perdris.

Tapihire animal.

Description du Tapihire

Espece de poisson estrange.

A iiij

LES SINGVLARITEZ

de l'Amerique, se presenta vn entre les autres ayant la teste comme d'vn veau, & le corps fort bizerre. Et en cela pouuez voir l'industrie de Nature, qui à diuersifié les animaux selon la diuersité de leurs especes, tát en l'eau qu'en la terre.

D'vn arbre nommé Hyuourahe.
CHAP. 50.

Hyuourahe, arbre.

IE ne voudrois aucunement laisser en arriere, pour son excellence & singularité, vn arbre, nómé des sauuages *Hyuourahe*, qui vaut autát à dire, comme chose rare. Cest arbre est de haute stature, ayant l'escorce argétine, & au dedans demye rouge. Il à quasi le goust de sel, ou cóme bois de riglisse, ainsi que i'ay plusieurs fois experimenté. L'escorce de cest arbre à vne merueilleuse proprieté entre toutes les autres, aussi est en telle reputation vers les Sauuages, comme le bois de Gaiac par deça: mesmes qu'aucuns estiment estre vray Gaiac, ce que toutefois ie n'approuue: car ce n'est pas à dire, que tout ce qui à mesme proprieté que le Gaiac, soit neantmoins Gaiac. Nonobstant ils s'en seruét au lieu de Gaiac, i'entends des Chrestiés, car les Sauuages ne sont tant subiets à ceste maladie cómune, de laquelle parlons plus amplement autre part. La maniere d'en vser est telle:

Vsage de l'escorce de cest arbre.

Lon prend quelque quantité de ceste escorce, laquelle rend du laict, quand elle est recentement separée d'auec le bois: laquelle couppée par petis morceaux font boullir en eau l'espace de trois ou quatre heures, iusques à tant que

que ceste decoction deuient colorée, comme vin clairet. Et de ce bruuage boiuét par l'espace de quinze ou vingt iours consecutiuement, faisans quelque petite diete: ce que succede fort bien ainsi que i'ay peu entendre. Et ladite escorce n'est seulemét propre à ladite affection, mais à toutes maladies froides & pituiteuses, pour attenuer & deseicher les humeurs: de laquelle pareillemét vsent noz Ameriques en leurs maladies. Et encore telle decoction est fort plaisante à boire en pleine santé. Autre chose singuliere à cest arbre, portant vn fruit de la grosseur d'vne prune moyenne de ce païs, iaune comme fin or de ducat: & au dedans se trouue vn petit noyau, fort suaue & delicat, auec ce qu'il est merueilleusement propre aux malades & degoustez. Mais autre chose sera parauenture estrange, & presque incroyable, à ceux qui ne l'auront veuë: c'est qu'il ne porte son fruit que de quinze ans en quinze ans. Aucuns m'ont voulu donner à entendre de vingt en vingt: toutesfois depuis i'ay sceu le contrarie, pour m'en estre suffisamment informé, mesmes des plus anciens du païs. Ie m'en fis monstrer vn, & me dist celuy qui me le monstroit, que de sa vie n'en auoit peu manger fruit que trois ou quatre fois. Il me souuient de ce bon fruit de l'arbre nommé *Lothe*, duquel le fruit est si friant, ainsi que recite Homere en son Odyssée, lequel apres que les gens de Scipion eurent gousté, ils ne tenoient conte de retourner à leurs nauires, pour manger autres viandes & fruits. Au surplus en ce païs se trouuent quelques arbres portás casse, mais elle n'est si excellente que celle d'Egypte ou Arabie.

Excellence du fruit de cest arbre Hyuourahé.

Lothe Homerique.

B

LES SINGVLARITEZ
D'vn autre arbre nommé Vhebehasou, & des mous-
ches à miel qui le frequentent.
CHAP. 51.

Allant quelque iour en vn village, distant du lieu ou estoit nostre residence enuiron dix lieuës, accompagné de cinq Sauuages, & d'vn truchement Chrestien, ie me mis à contempler de tous costez les arbres, dont il y auoit diuersité: entre lesquels ie m'arrestay à celuy duquel nous voulons parler, lequel à voir lon iugeroit estre ouurage artificiel, & non de Nature. Cest arbre est merueilleusemēt haut, les branches passants les vnes par dedās les autres, les fueilles semblables à celles d'vn chou, chargée chacune branche de son fruit, qui est d'vn pié de longueur. Interrogant donques l'vn de la compagnie quel estoit ce fruit, il me monstre lors, & m'admonneste de contempler vne infinité de mouches, à lentour de ce fruit, qui lors estoit tout verd, duquel se nourrissent ces mousches à miel: dont s'estoit retiré vn grand nombre dedans vn pertuis de cest arbre, ou elles faisoient miel & cire. Il y a deux especes de ces mousches: les vnes sont grosses comme les nostres, qui ne viuent seulement que de bōnes fleurs odorantes, aussi font elles vn miel tresbon, mais de cire non en tout si iaune que la nostre. Il s'en trouue vne autre espece la moytié plus petites que les autres: leur miel est encore meilleur que le premier, & le nomment les Sauuages *Hira*. Elles ne viuent de la pasture des autres, qui cause à mon aduis, qu'elles font vne cire noire comme charbon: & s'en fait grande quantité, specialement pres la riuiere des Vases, & de Plate.

Descriptiō d'vn arbre nōmé Vhebehasou.

Deux especes de mousches à miel.

Hira, miel.

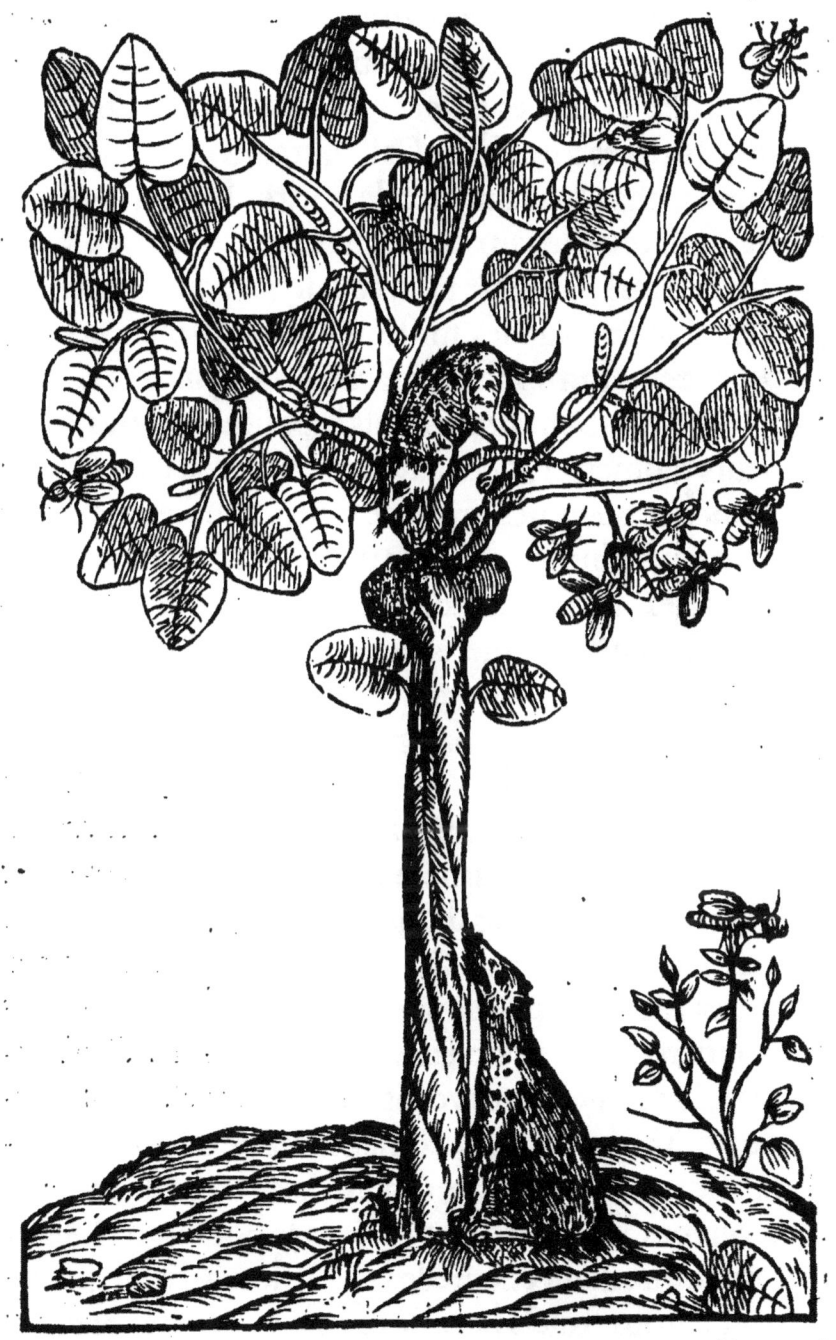

de Plate. Il se trouue là vn animant, nommé *Heyrat*, qui vaut autant à dire comme beste à miel, pource qu'elle recherche de toutes pars ces arbres, pour manger le miel que font ces mousches. Cest animant est tanné, grand cõme vn chat, & à la methode de tirer le miel auec ses griffes, sans toucher aux mousches, ne elles à luy. Ce miel est fort estimé par delà, pource que les Sauuages en presentent à leurs malades, mistionné auec farine recente qu'ils ont accoustumé faire de racines. Quant à la cire ils n'en vsent autrement, sinon qu'ils l'appliquent pour faire tenir leurs plumettes & pennages autour de la teste. Ou bien de boucher quelques grosses cannes, dans lesquelles ils mettent leurs plumes, qui est le meilleur thresor de ces Sauuages. Les anciens Arabes & Egyptiens vsoient & appliquoient aussi du miel en leurs maladies, plus que d'autres medecines, ainsi que recite Pline. Les Sauuages de la riuiere de Marignan ne mangent ordinairement, sinon miel auec quelques racines cuittes, lequel distille & dechet des arbres & rochers comme la manne du ciel, qui est vn tresbon aliment à ces barbares. A propos Lactáce au premier liure des Institutions diuines recite, si i'ay bône memoire, que Melissus Roy de Crete, lequel premier sacrifia aux dieux, auoit deux filles, Amalthea & Melissa, lesquelles nourrirent Iupiter de laict de cheure, quand il estoit enfant, & de miel. Dont voyás ceux de Crete ceste tant bonne nourriture de miel, cõmencerent en nourrir leurs enfans: ce qui à donné argument aux Poëtes de dire, que les mouches à miel estoient volées à la bouche de Iupiter. Ce que cognoissant encore le sage Solon permist qu'on trãsportast tous fruicts hors de la ville d'Athenes, & plusieurs

autres

autres victuailles, excepté le miel. Pareillement les Turcs ont le miel en telle estime, qu'il n'est possible de plus, esperans apres leur mort aller en quelques lieux de plaisance remplis de tous alimens, & specialemét de bon miel, qui sont expectations fatales. Or pour retourner à nostre arbre, il est fort frequenté par les mouches à miel, combien que le fruit ne soit bon à manger, comme sont plusieurs autres du païs, à cause qu'il ne viét gueres à maturité, ains est mangé des mousches, comme i'ay peu apperceuoir. Au reste il porte gomme rouge, propre à plusieurs choses, comme ils la sçauent bien accommoder. *Gomme rouge.*

D'vne beste assez estrange, appellée Haüt.
CHAP. 52.

Aristote & quelques autres apres luy se sont efforcez auec toute diligéce de chercher la nature des animaux, arbres, herbes, & autres choses naturelles: toutefois par ce qu'ils ont escript n'est vraysemblable qu'ils soient paruenuz iusques à nostre Fráce Antarctique ou Amerique, pource qu'elle n'estoit decouuerte au parauát, ny de leur temps. Toutefois ce qu'ils nous en ont laissé par escrit, nous apporte beaucoup de consolation & soulagement. Si donc nous en descriuons quelques vnes, rares quant à nous & incongnuës, i'espere qu'il ne sera pris en mauuaise part, mais au contraire pourra apporter quelque contentement au Lecteur, amateur des choses rares & singulieres, lesquelles Nature n'a voulu estre communes à chacun païs. Ceste

l'Ameri que incō gnuë aux Anciēs.

LES SINGVLARITEZ

Description d'vn animal nommé Hauthi.

beste pour abreger, est autãt difforme qu'il est possible, & quasi incroyable à ceux qui ne l'auroient veuë. Ils la nomment *Haüt*, ou *Haüthi*, de la grãdeur d'vn bien grãd guenon d'Afrique, son ventre est fort aualé contre terre. Elle à la teste presque semblable à celle d'vn enfant, & la face semblablement, comme pouuez voir par la presente figure retirée du naturel. Estãt prise elle fait des souspirs com-

me vn enfant affligé de douleur. Sa peau est cendrée & veluë comme celle d'vn petit ours. Elle ne porte sinõ trois ongles aux pieds longs de quatre doigts, faits en mode de grosses arestes de carpe, auec lesquelles elle grimpe aux arbres, ou elle demeure plus qu'en terre. Sa queuë est longue de trois doigts, ayant bien peu de poil. Vne autre chose digne de memoire, c'est que ceste beste n'a iamais esté
veuë

DE LA FRANCE ANTARCTIQVE.

veuë manger d'homme viuant, encores que les Sauuages en ayent tenu longue espace de temps, pour voir si elle mangeroit, ainsi qu'eux mesmes m'ont recité. Pareillement ie ne l'eusse encore creu, iusques à ce qu'vn Capitaine de Normandie nommé De l'espiné, & le Capitaine Mogneuille natif de Picardie, se pormenás quelque iour en des bois de haute fustaye, tirerent vn coup d'arquebuze contre deux de ces bestes qui estoient au feste d'vn arbre, dont tomberent toutes deux à terre, l'vne fort blessée, & l'autre seulement estourdie, de laquelle me fut fait present. Et la gardát bien l'espace de vingt six iours, ou ie congnu que iamais ne voulut manger ne boire : mais tousiours à vn mesme estat, laquelle à la fin fut estranglée par quelques chiens qu'auions mené auec nous par delà. Aucuns estiment ceste beste viure seulement des fueilles de certain arbre, nómé en leur langue *Amahut*. Cest arbre est haut eleué sur tous autres de ce païs, ses fueilles fort petites & deliées. Et pource que coustumierement elle est en cest arbre ils l'ont appellé *Haüt*. Au surplus fort amoureuse de l'homme quand elle est appriuoisée, ne cherchant qu'à monter sur ses espaules, comme si son naturel estoit d'appeter tousiours choses hautes, ce que malaisément peuuent endurer les Sauuages, pource qu'ils sont nuds, & que cest animant à les ongles fort aguës, & plus longues que le Lion, ne beste que i'aye veu, tant farouche & grande soit elle. A ce propos i'ay veu par experience certains Chameleons, que lon tenoit en cage dans Constantinople, qui furent apperceuz viure seulement de l'air. Et par ainsi ie congneu estre veritable, ce que m'auoient dit les Sauuages de ceste beste. En outre encore qu'elle demeu-

Monsr. De l'espiné. Capitaine Mogneuille.

Chameleon.

B iiij

raſt attachée iour & nuict dehors au vent & à la pluye (car ce païs y eſt aſſez ſubiet) neantmoins elle eſtoit touſ-iours auſsi ſeche comme parauant. Voila les faits admira-bles de Nature, & cóme elle ſe plaiſt à faire choſes gran-des, diuerſes, & le plus ſouuent incomprehenſibles & ad-mirables aux hommes. Parquoy ce ſeroit choſe imperti-nente d'en chercher la cauſe & raiſon, comme pluſieurs de iour en iour s'efforcent: car cela eſt vn vray ſecret de Nature, dont la congnoiſſance eſt reſeruée au ſeul Crea-teur, comme de pluſieurs autres que lon pourroit icy al-leguer, dont ie me deporteray pour ſommairement par-uenir au reſte.

Induſtrie & faits ad-mirables de Natu-re.

Comme les Ameriques font feu, de leur opinion du deluge, & des ferremens dont ils vſent.
CHAP. 53.

Pres auoir traité d'aucunes plátes ſingu-lieres, & animaux incógneuz, non ſeu-lement par deça, mais auſsi comme ie penſe en tout le reſte de noſtre monde habitable, pour n'auoir eſté ce païs có-gneu ou decouuert, que depuis certain temps en ça: i'ay bien voulu, pour mettre fin à noſtre diſ-cours de l'Amerique, deſcrire la maniere fort eſtrange, dont vſent ces Barbares à faire feu, comme par deça auec la pierre & le fer: laquelle inuention à la verité eſt cele-ſte, donnée diuinement à l'homme, pour ſa neceſsité. Or noz Sauuages tiennent vne autre methode, preſque in-credible, de faire feu, bien differente à la noſtre, qui eſt de frapper

Metho-de des ſau-uages à faire feu.

frapper le fer au caillou. Et faut entendre qu'ils vfent couftumierement de feu, pour leurs necefsitez, comme nous faifons: & encore plus, pour refifter à ceft efprit malin, qui les tormente: qui eft la caufe qu'ils ne fe coucheront iamais quelquepart qu'ils foient, qu'il n'y ayt du feu allumé, a l'entour de leur lict. Et pource tant en leurs maifons que ailleurs, foit au bois ou à la campagne, ou ils font contraints quelquefois demeurer long temps, comme quand ils vont en guerre, ou chaffer à la venaifon, ils portent ordinairement auec eux leurs inftrumens à faire feu. Docques ils vous prendront deux baftons inegaux, l'vn, qui eft le plus petit de deux pieds, ou enuiron, fait de certain bois fort fec, portant moëlle: l'autre quelque

peu plus long. Celuy qui veult faire feu, mettra le plus petit bafton en terre, percé par le milieu, lequel tenant auec les pieds qu'il mettra deſſus, fichera le bout de l'autre baſton dedans le pertuis du premier, auec quelque peu de cotton, & de fueilles d'arbre ſeiches: puis à force de tourner ce baſton il s'engendre telle chaleur, de l'agitation & tourment, que les fueilles & cotton ſe prennent à bruler, & ainſi allument leur feu: lequel en leur langue ils appellent, *Thata*, & la fumée *Thatatin*. Et celle maniere de faire feu, tant ſubtile, diſent tenir d'vn grand Charaïbe plus que Prophete, qui l'enſeigna à leurs peres anciens, & autres choſes, dont parauant n'auoient eu cógnoiſſance. Ie ſçay bien qu'il ſe trouue pluſieurs fables de ceſte inuention de feu. Les vns tiennent que certains paſteurs furent premiers inuenteurs de faire feu, à la maniere de noz Sauuages: c'eſt à ſçauoir auec certain bois, deſtituez de fer & caillou. Par cela lon peut congnoiſtre euidemment, que le feu ne vient ne du fer ne de la pierre: comme diſpute tresbien Aphrodiſée en ſes Problemes, & en quelque annotation ſur ce paſſage, par celuy qui n'agueres les à mis en François. Vous pourrez voir le lieu. Diodore eſcrit, que Vulcain a eſté inuenteur du feu, lequel pour ce reſpect les Egyptiens eleurent Roy. Auſſi ſont preſque en meſme opinion noz Sauuages, leſquels parauant l'inuention du feu, mangeoient leurs viandes ſeichées à la fumée. Et ceſte congnoiſſance leur apporta, comme nous auons dit, vn grand Charaïbe, qui la leur communiqua la nuict en dormant, quelque temps apres vn deluge, lequel ils maintiennent auoir eſté autrefois: encores qu'ils n'ayent aucune congnoiſſance par eſcriptures, ſinon de pere en fils: tellement qu'ils perpetuent ainſi la memoire des choſes, bien l'eſpace de trois ou quatre cens ans: ce qui

Thata.
Thatatin.

Premiere inuention du feu.

Vulcain inuéteur du feu.

Opinion des Sauuages touchant vn deluge.

qui est aucunement admirable. Et par ainsi sont fort curieux d'enseigner & reciter à leurs enfans les choses aduenuës, & dignes de memoire: & ne font les vieux & anciens la meilleure partie de la nuyt, apres le reueil, autre chose que remonstrer aux plus ieunes:& de les ouyr vous diriés que ce sont prescheurs, ou lecteurs en chaire. Or l'eau fut si excessiuemét grande en ce deluge, qu'elle surpassoit les plus haultes montagnes de ce païs: & par ainsi tout le peuple fut submergé & perdu. Ce qu'ils tiennent pour asseuré, ainsi que nous tenons celuy que nous propose la saincte escriture. Toutefois il leur est trop aisé de faillir, attendu qu'ils n'ont aucun moyen d'escriture, pour memoire des choses, sinon cóme ils ont ouy dire à leurs peres: ausi qu'ils nombrent par pierres, ou autres choses seulement, car autrement ils ne sçauent nombrer que iusques à cinq, & comptent les mois par lunes(comme desia en auons fait quelque part mention) disans, il y à tant de lunes que ie suis né, & tant de lunes que fut ce deluge, lequel temps fidelement supputé reuient bien à cinq cens ans. Or ils afferment & maintiennent constamment leur deluge, & si on leur contredit, ils s'efforcent par certains argumens de soustenir le contraire. Apres que les eaux furent abaissées & retirées, ils disent qu'il vint vn grád Charaïbe, le plus grand qui fut iamais entre eux, qui mena là vn peuple de païs fort lointain, estant ce peuple tout nud, comme ils sont encore auiourd'huy, lequel à si bien multiplié iusques à present, qu'ils s'en disent par ce moyé estre yssuz. Il me semble n'estre trop repugnant, qu'il puisse auoir esté autre deluge que celuy du temps de Noë. Toutefois ie me deporteray d'en parler, puis que nous n'en

Maniere de nóbrer des Sauuages.

Origine des Sauuages.

C ij

auons aucun tesmoignage par l'escripture, retournans au feu de noz Sauuages, cóme ils en ont vsé à plusieurs choses, comme à cuire viandes, abatre bois, iusques à ce que depuis ils ont trouué moyen de le coupper, encore auec quelques pierres, & depuis n'agueres ont receu l'vsage des ferremens par les Chrestiens qui sont allez par delà. Ie ne doute que l'Europe, & quelques autres païs n'ayent esté autrefos sans vsage de ferremens. Ainsi recite Pline au septiéme de son histoire naturelle, que Dedalus fut inuenteur de la premiere forge, en laquelle il forgea luy mesme vne congnée, vne sie, lime & cloux. Ouide toutefois au huitiéme de sa Metamorphose dit qu'vn nommé Pedris neueu de Dedalus inuenta la sie à la semblance de l'espine d'vn poisson eleuée en haut. Et de telle espece de poisson passans soubs la ligne equinoctiale à nostre retour, en prismes vn, qui auoit l'espine longue d'vn pié sus le dos: lequel voluntiers nous eussions icy representé par figure, si la commodité l'eust permis, ce que toutesfois nous esperons faire vne autre fois. Donques aucuns des Sauuages depuis quelque temps desirans l'vsage de ces ferremens pour leurs necesitez, se sont appris à forger, apres auoir esté instruits par les Chrestiens. Or sans diuertir loin de propos, i'ay esté contraint de cháger souuent & varier de sentences, pour la varieté des pourtraits que i'ay voulu ainsi diuersifier d'vne matiere à autre.

Premiere mode des Sauuages à couper du bois.

Dedalus inuenteur de la premiere forge.

Pedris inuenteur de la sie.

Espece de poisson.

De la

De la riuiere des Vases, ensemble d'aucuns animaux qui se trouuent là enuiron, & de la terre nōmée Morpion. CHAP. 54.

Este riuiere des Vases par delà celebrée, autāt & plus, que Charante, Loire, ou Seine par deça, située à vingt & cinq lieuës de Geneure, ou nous arrestames, & sont encor pour le iourd'huy les François, est fort frequentée, tant pour l'abōdance du bon poisson, que pour la nauigation à autres choses necessaires. Or ce fleuue arrouse vn beau & grand païs, tant en plainure, que de montagnes: esquelles se trouue quelque mine d'or, qui n'apporte grand emolumēt à son maistre, pource que par le feu il se resoult presque tout en fumée. Là autour sont plusieurs rochers, & pareillement en plusieurs endroits de l'Amerique, qui portent grande quātité de marchasites luisantes comme fin or: semblablemēt autres petites pierres luisantes, mais non pas fines comme celles de Leuant: aussi ne s'y trouuent rubis ne diamans, ne autres pierres riches. Il y à en outre abōdance de marbre & iaspe: & en ces mesmes endroits lon espere de trouuer quelques mines d'or ou d'argent: ce que lon n'a osé encore entreprendre, pour les ennemis qui en sont assez proches. En ces montagnes se voyent bestes rauissantes, comme leopards, loups-ceruiers, mais de lions nullemēt, ne de loups. Il se trouue là vne espece de monnes, que les Sauuages appelent *Cacuycu*, de mesme grandeur que les communes, sans autre difference, sinon qu'elle porte barbe au menton comme vne cheure. Cest animal est fort

Situatiō de la riuiere des Vases.

Marchasites, & autres pierres de la Frāce Antarctique.

Espece de Monnes nōmées Cacuycu.

C iij

enclin à luxure. Auecques ces monnes se trouuent force petites bestes iaunes, nommées *Saguoins*, non seulement en cest endroit, mais en plusieurs autres. Les Sauuages les chassent pour les manger, & si elles se voyent cõtraintes, elles prendront leurs petis au col, & gaigneront la fuyte. Ces monnes sont noires & grises en la Barbarie, & au Peru de la couleur d'vn regnard. Là ne se trouuent aucuns singes, comme en l'Afrique & Ethiopie: mais en recompense se trouue grand multitude de *Tattous*, qui sont bestes armées, dont les vns sont de la grandeur & hauteur d'vn cochon, les autres sont moindres: & à fin que ie dise ce en passant, leur chair est merueilleusement delicate à manger. Quant au peuple de ceste contrée, il est plus belliqueux, qu'en autre endroit de l'Amerique, pour estre confin & pres de ses ennemis: ce que les contraint à s'exercer au fait de la guerre. Leur Roy en leur langue s'appelle *Quoniambec*, le plus craint & redouté qui soit en tout le païs, aussi est il Martial & merueilleusemét belliqueux. Et pense que iamais Menelaüs Roy & cõducteur de l'armée des Grecs ne fut tant craint ou redouté des Troiens, que cestuyci est de ses ennemis. Les Portugais le craignét sus les autres, car il en à fait mourir plusieurs. Vous verriez son palais, qui est vne loge faite de mesme, & ainsi que les autres, ornée par dehors de testes de Portugais: car c'est la coustume d'emporter la teste de leurs ennemis, & les pendre sur leurs loges. Ce Roy aduerty de nostre venuë, nous vint voir incontinent au lieu ou nous estions, & y seiourna l'espace de dixhuit iours, occupant la meilleure partie du temps, principalement de trois heures de matin à reciter ses victoires & gestes belliqueux

contre

Sagouin, animal.

Tattou, animal.

Quoniãbec Roy redouté.

contre ſes ennemis:d'auantage menaſſer les Portugais, a-
uec certains geſtes, leſquels en ſa lágue il appelle *Peros.* Ce *Peros.*
Roy eſt le plus apparét & renommé de tout le païs. Son
village & territoire eſt grád, fortifié à l'entour de baſtiós
& plateformes de terrre, fauoriſez de quelques pieces,
comme faucóneaux, qu'il á pris ſus les Portugais. Quant
à y auoir villes & maiſons fortes de pierre, il n'en y a point,
mais bien, comme nous auons dit, ils ont leurs logettes
fort longues & ſpatieuſes. Ce que n'auoit encores au com
mencement le genre humain, lequel eſtoit ſi peu curieux
& ſongneux d'eſtre en ſeureté, qu'il ne ſe ſoucioit pour
lors eſtre enclos en villes murées, ou fortifiées de foſſez
& rempars, ains eſtoit errát & vagabond ne plus ne moins
que les autres animaux, ſans auoir lieu certain & deſigné
pour prédre ſon repos, mais en ce lieu ſe repoſoit, auquel
la nuyt le ſurprenoit, ſans aucune crainte de larrós: ce que
ne font noz Ameriques, encore qu'ils ſoient fort ſauuages. Or pour cóclusion ce Roy, dont nous parlons, ſ'eſtime fort grand, & n'á autre choſe à reciter que ſes grandeurs, reputant à grand gloire & honneur auoir fait mou
rir pluſieurs perſonnes & les auoir mágées quant & quát,
meſmes iuſques au nombre de cinq mille, comme il di-
ſoit. Il n'eſt memoire qu'il ſe ſoit iamais fait telle inhumanité, cóme entre ce peuple. Pline recite bien, que Iule Ce- *Combien*
ſar en ſes batailles eſt eſtimé auoir fait mourir de ſes en- *eſt eſtimé*
nemis nonante deux mille vnze cens hommes: & ſe trou *Iule Ce-*
uent pluſieurs autres guerres & grands ſaccagemés, mais *ſar auoir*
ils ne ſe ſont mangez l'vn l'autre. Et par ainſi retournans à *fait mou*
noſtre propos, le Roy & ſes ſubiets ſont en perpetuelle *rir de gẽs*
guerre & inimitié auec les Portugais de Morpion, & auſsi *en ſes ba*
  tailles.

C iiij

Description du païs de Morpiõ.

les Sauuages du païs. Morpion eſt vne place tirant vers la riuiere de Plate, ou au deſtroit de Magellan, diſtant de la ligne vingt cinq degrez, que tiennent les Portugais pour leur Roy. Et pour ce faire y a vn Lieutenant general auec nombre de gens de tous eſtats & eſclaues: ou ils ſe maintiennent de ſorte qu'il en reuient grand emolument au Roy de Portugal. Du commencement ilz ſe ſont adonnez à planter force cannes à faire ſucres: à quoy depuis ils n'ont ſi diligemment vaqué, ſ'occupans à choſe meilleure, apres auoir trouué mine d'argent. Ce lieu porte grand quantité de bons fruits, deſquels ils font confitures à leur mode, & principalement d'vn fruit nõmé *Nanas*, duquel i'ay parlé autre part. Entre ces arbres & fruits i'en reciteray vn, nommé en leur langue *Choyne*, portant fruit grand comme vne moyenne citrouille, les fueilles ſemblables à celles de laurier: au reſte le fruit fait en forme d'vn œuf d'autruche. Il n'eſt bon à manger, toutesfois plaiſant à voir, quand l'arbre en eſt ainſi chargé. Les Sauuages en outre qu'ils en font vaiſſeaux à boire, ils en font certain myſtere, le plus eſtrange qu'il eſt poſsible. Ils empliſſent ce fruit apres eſtre creuſé, de quelques graines, de mil ou autres, puis auec vn baſton fiché en terre d'vn bout, & de l'autre dedans ce fruit, enrichy tout à l'entour de beaux plumages. Et le vous tiennent ainſi en leur maiſon, chaſcun menage, deux ou trois: mais auec vne grand reueren ce, eſtimans ces pauures idolatres en ſonnant & maniant ce fruit, que leur *Toupan* parle à eux: & que par ce moyen ils ont reuelation de tout, ſignamment à leurs Prophetes: parquoy eſtiment & croyent y auoir quelque diuinité, & n'adorent autre choſe ſenſible que ceſt inſtrument ainſi

Fertilité de Morpion. Nanas.

ſonnant,

DE LA FRANCE ANTARCTIQVE. 105

D

sonnant quand on le manie. Et pour singularité i'ay apporté vn de ses instrumens par deça (que ie retiré secretement de quelqu'vn) auec plusieurs peaux d'oyseaux de diuerses couleurs, dont i'ay fait present à monsieur Nicolas de Nicolai Geographe du Roy, homme ingenieux & amateur non seulement de l'antiquité, mais aussi de toutes choses vertueuses. Depuis il les à monstrées au Roy estant à Paris en sa maison, qui estoit expres allé voir le liure qu'il fait imprimer des habits du Leuant : & m'à fait le recit que le Roy print fort grand plaisir à voir telles choses, entendu qu'elles luy estoient iusqu'à ce iour incongneuës. Au reste y à force orenges, citrons, cannes de sucre : brief le lieu est fort plaisant. Il y à là aussi vne riuiere non fort grande, ou se trouuent quelques petites perles, & force poisson, vne espece principalement qu'ils appellent *Pira-ipouchi*, qui vaut autant à dire comme meschant poisson. Il est merueilleusement difforme, prenant sa naissance sur le dos d'vn chien de mer, & le suit est át ieune, comme son principal tuteur. D'auantage en ce lieu de Morpion, habité, comme nous auós dit, par les Portugais, se nourrissent maintenant plusieurs especes d'animaux domestiques, que lesditz Portugais y ont portez. Ce que enrichist fort & decore le païs, outre son excellence naturelle, & agriculture, laquelle iournellement & de plus en plus y est exercée.

Pira-i-pouchi.

De la

De la riuiere de Plate, & païs circonuoisins.
CHAP. 55.

Vis que nous sommes si auant en propos, ie me suis auisé de dire vn mot de ce beau fleuue de l'Amerique, que les Espagnols ont nommé Plate, ou pour sa largeur, ou pour les mines d'argent qui se trouuent aupres, lequel en leur langue ils appellent, Plate: vray est que les Sauuages du païs le nomment *Paranagacu*, qui est autant à dire comme mer, ou grande congregation d'eau. Ce fleuue côtient de largeur vingtsix lieuës, estant outre la ligne trentecinq degrez, & distant du Cap de saint Augustin six cens septāte lieuës. Ie pense que le nom de Plate luy à esté donné par ceux qui du commencement le decouurirent, pour la raison premierement amenée. Aussi lors qu'ils y paruindrent, receurent vne ioye merueilleuse, estimans ceste riuiere tant large estre le destroit Magellanique, lequel ils cerchoyent pour passer de l'autre costé de l'Amerique: toutefois congnoissans la verité de la chose, delibererent mettre pied à terre, ce qu'ils feirent. Les Sauuages du païs se trouuerēt fort estonnez, pour n'auoir iamais veu Chrestiens ainsi aborder en leurs limites: mais par succession de temps les appriuoiserent, specialemēt les plus anciens, & habitans pres le riuage, auec presens & autrement: de maniere que visitans les lieux asses librement, trouuerent plusieurs mines d'argent: & apres auoir bien recongneu les lieux, s'en retournerent leurs nauires chargées de bresil. Quelque temps apres equipperent trois bien grandes

Riuiere de Plate pourquoi ainsi nō-mée.

Premier voyage des Espagnols à la riuiere de Plate.

Second voyage.

D ij

nauires de gens & munitions pour y retourner, pour la cupidité de ces mines d'argent. Et estans arriuez au mesme lieu, ou premierement auoyent esté, desplierent leurs esquifs pour prendre terre: c'est à sçauoir le capitaine accompagné d'enuiron quatre vingts soldats, pour resister aux Sauuages du païs, s'ils faisoyent quelque effort: toutefois au lieu d'approcher, de prime face ces Barbares s'en fuyoient çà là: qui estoit vne ruze, pour prattiquer meilleure occasion de surprendre les autres, desquels ils se sentoient offensez dés le premier voyage. Donc peu apres qu'ils furent en terre, arriuerent sur eux de trois à quatre cens de ces Sauuages, furieux & enragez comme lyons affamez, qui en vn moment vous saccagerent ces Espagnols, & en feirent vne gorge chaude, ainsi qu'ils sont coustumiers de faire: monstrans puis apres à ceux, qui estoient demeurez es nauires, cuisses & autres membres de leurs compagnons rostiz, donnans entendre que s'ils les tenoient, leur feroient le semblable. Ce que m'a esté recité par deux Espagnols qui estoient lors es nauires. Aussi les Sauuages du païs le sçauent bien raconter, comme chose digne de memoire, quand il vient à propos. Depuis y retourna vne compagnie de bien deux mil hommes auec autres nauires, mais pour estre affligez de maladies, ne peurent rien executer, & furent contrains s'en retourner ainsi. Encore depuis le Capitaine Arual mil cinq cés quarante & vn, accompagné seulement de deux cens hómes, & enuiron cinquante cheuaux y retourna, ou il vsa de telle ruse, qu'il vous accoustra messieurs les Sauuages d'vne terrible maniere: En premier les espouuenta auec ces cheuaux, qui leur estoient incongneuz, & reputez comme

Massacre des Espagnols.

Troisiefme voyage.

Quatriefme voyage.

Stratageme du Capitaine Arual.

bestes

beſtes rauiſſantes: puis vous feit armer ſes gens, d'armes fort polies & luiſantes, & par deſſus eleuées en boſſe pluſieurs images eſpouentables, cóme teſtes de loups, lions, leopards, la gueule ouuerte, figures de diables cornuz, dót furent ſi eſpouuëtez ces pauures Sauuages qu'ils ſ'enfuyrent, & par ce moyen furent chaſſez de leur païs. Ainſi ſont demeurez maiſtres & ſeigneurs de ceſte contrée, outre pluſieurs autres païs circonuoyſins que par ſucceſſion de temps ils ont conqueſté, meſmes iuſques aux Moluques en l'Ocean, au Ponét de l'autre coſté de l'Amerique: de maniere qu'auiourd'huy ils tiennent grand païs à l'entour de ceſte belle riuiere, ou ils ont baſty villes & forts, & ont eſté faits Chreſtiens quelques Sauuages d'alenuiron reconciliez enſemble. Vray eſt qu'enuiron cent leuës de là ſe trouuent autres Sauuages, qui leur font la guerre, leſquels ſont fort belliqueux, de grande ſtature, preſque comme geans: & ne viuent guere ſinon de chair humaine comme les Canibales. Leſdits peuples marchent ſi legerement du pié, qu'ils peuuent attaindre les beſtes ſauuages à la courſe. Ils viuent plus longuemét que tous autres Sauuages, cóme cent cinquante ans, les autres moins. Ils ſont fort ſubiets au peché de luxure damnable & enorme deuant Dieu: duquel ie me deporteray de parler, non ſeulement pour le regard de ceſte contrée de l'Amerique, mais auſsi de pluſieurs autres. Ils font donc ordinairemét la guerre, tant aux Eſpagnols, qu'aux Sauuages du païs à l'entour. Pour retourner à noſtre propos, ceſte riuiere de Plate, auecques le terroir circonuoiſin eſt maintenát fort riche, tant en argent que pierreries. Elle croiſt par certains iours de l'annèe, comme fait ſemblablement l'Aurelane

Sauuages gráds comme Geans.

Richeſſe du païs à lentour la riuiere de Plate.

qui est au Peru, & comme le Nil en Egypte. A la bouche de ceste riuiere se trouuent plusieurs isles, dont les vnes sont habitées, les autres non. Le païs est fort montueux, depuis le Cap de sainte Marie iusques au Cap blanc, specialement celuy deuers la pointe saint Helene, distante de la riuiere soixante cinq lieuës: & de là aux Arenes gourdes trente lieuës: puis encores de là aux Basses à l'autre terre, ainsi nommée Basse, pour les grádes valées qui y sont. Et de Terre basse à l'abaïe de Fonde, septante cinq lieuës. Le reste du païs n'à point esté frequété des Chrestiens, tirant iusques au Cap de saint Dominique, au Cap Blanc, & de là au promontoire des vnze mille vierges, cinquante deux degrez & demy outre l'equinoctial : & là pres est le detroit de Magellan, duquel nous parlerons cy apres. Quant au plat païs, il est de present fort beau par vne infinité de iardinages, fontaines, & riuieres d'eau douce, ausquelles se trouue abondance de tresbon poisson. Et sont lesdites riuieres frequentées d'vne espece de beste, que les Sauuages nomment en leur langue *Saricouieme*, qui vaut autant à dire comme beste friáde. De fait c'est vn animal amphibie, demeurant plus dans l'eau que dans terre, & n'est pas plus grand qu'vn petit chat: sa peau qui est maillée de gris, blanc, & noir, est fine comme velours: ses pieds estans faits à la semblance de ceux d'vn oyseau de riuiere. Au reste sa chair est fort delicate, & tresbonne à manger. En ce païs se trouuent autres bestes fort estranges & monstrueuses en la part tirant au detroit, mais non si cruelles qu'en Afrique. Et pour cóclusion le païs à present se peut voir reduit en telle forme, que lon le prendroit du tout pour vn autre: car les Sauuages du païs ont depuis peu de temps

Saricouieme, animal amphibie.

de temps ença inuenté par le moyen des Chrestiens arts & sciences tresingenieuses, tellement qu'ils font vergongne maintenāt à plusieurs peuples d'Asie & de nostre Europe, i'entends de ceux qui curieusement obseruét la loy Mahometiste, epilentique & damnable doctrine.

Du detroit de Magellan, & de celuy de Dariene. CHAP. 56.

Vis que nous sommes approchez si pres de ce lieu notable, il ne sera impertinent en escrire sommairement quelque chose. Or ce detroit appelé en Grec πορθμος, ainsi que l'ocean entre deux terres, & ισθμος vn detroit de terre entre deux eaux: comme celuy de Dariene confine l'Amerique vers le midy, & la separe d'auec vne autre terre aucunemét decouuerte, mais non habitée, ainsi que Gibaltar, l'Europe d'auecques l'Afrique, & celuy de Constantinoble l'Europe de l'Asie : appelé detroit de Magellan du nom de celuy qui premieremét le decouurit, situé cinquātedeux degrés & demy delà l'equinoctial : contenant de largeur deux lieuës, par vne mesme hauteur, droit l'Est & Ouest, deux mille deux cens lieuës de Venecule du Su au Nor : dauantage du cap d'Esseade, qui est à l'entrée du detroit, iusques à l'autre mer, du Su, ou Pacifique septantequatre lieuës, iusques au premier cap ou promontoire qui est quarante degrez. Ce detroit a esté long temps desiré & cherché de plus de deux mil huit cens lieuës, pour entrer par cest endroit en la mer Magellanique, dite autrement Pacifique,

Situatiō du destroit de Magellan.

D iiij

Americ Vespuce. & paruenir aux isles de Moluque. Americ Vespuce l'vn des meilleurs pillots qui ayt esté, a costoyé presque depuis Irlande iusques au cap de saint Augustin, par le commandement du Roy de Portugal, l'an mil cinq cens & vn. Depuis vn autre Capitaine, l'an mil cinq cens trente quatre, vint iusques à la region nómée des Geans. Ceste region entre la riuiere de Plate & ce destroit, les habitans sont fort puissans, appelez en leur lágue *Patagones*, Geans pour la haute stature & forme de corps. Ceux qui premierement decouurirent ce païs, en prindrent vn finement, ayant de hauteur douze palmes, & robuste à l'auenant: pourtant si mal aisé à tenir que bien à grand peine y suffisoient vingt & cinq hommes: & pour le tenir, conuint le lier pieds & mains, es hauires: toutefois ne le peurent garder long temps en vie: car de dueil & ennuy se laissa (comme ils disent) mourir de faim. Ceste region est de mesme temperature que peut estre Canada, & autres païs approchans de nostre Pole: pource les habitans se vestent de peaux de certaines bestes, qu'ils nomment en leur langue, *Su*, qui est autant à dire, comme eau: pourtant selon mon iugement, que cest animal la plus part du temps, reside aux riuages des fleuues. Ceste beste est fort rauissante, faite d'vne façon fort estrange, pour quoy ie la vous ay bien voulu representer par figure. Autre chose: Si elle est poursuyuie, comme font les gens du païs, pour en auoir la peau, elle prend ses petis sus le dos, & les couurant de sa queüe grosse & longue, se sauue à la fuite. Toutefois les Sauuages vsent d'vne finesse pour prendre ceste beste: faisant vne fosse profonde pres du lieu où elle a de coustume faire sa residence, & la couurét de fueilles

les verdes, tellemét qu'en courát, fans fe doubter de l'embufche, la pauure befte tombe en cefte foffe auec ces petis. Et fe voyant ainfi prife, elle (comme enragée) mutile &

tue fes petis : & fait fes cris tant efpouuentables, qu'elle rend iceux Sauuages fort craintifs & timides. En fin pour tant ils la tuent à coups de flefches, puis ils l'efcorchent. Retournons à propos: Ce Capitaine, nommé Fernand de Magellan, homme courageux, eftant informé de la richeffe, qui fe pouuoit retrouuer es ifles des Moluques, comme abondance d'efpicerie, gingembre, canelle, mufcades, ambre gris, myrobalans, rubarbe, or, perles, & autres richeffes, fpecialement en l'ifle de Matel, Mahian, Tidore, & Terrenate, affez prochaines l'vne de l'autre, eftimant par ce detroit, chemin plus court & plus commode, fe delibera, partant des ifles Fortunées, aux ifles de

Voyage de Fernand de Magellan.

cap Verd, tirant à droite route au promontoire de Saint Auguſtin, huit degrez, outre la ligne, coſtoya pres de terre trois moys entiers: & feit tát par ſes iournées, qu'il vint iuſques au cap des Vierges, diſtant de l'equinoctial cinquante deux degrez, pres du deſtroit dont nous parlons. Et apres auoir nauigé l'eſpace de cinq iournées dedans ce detroit de l'Eſt droit à Oueſt ſur l'Ocean : lequel s'enflant les portoit ſans voiles depliées droit au Su, qui leur donnoit vn merueilleux contétement, encore que la meilleure part de leurs gens fuſſent morts, pour les incommoditez de l'air & de la marine, & principalement de faim & ſoif. En ce detroit ſe trouuent pluſieurs belles iſles, mais non habitées. Le païs à l'entour eſt fort ſterile, plein de montagnes, & ne s'y trouue ſinon beſtes rauiſſantes, oyſeaux de diuerſes eſpeces, ſpecialement autruches: bois de toutes ſortes, cedres, & autre eſpece d'arbre portát ſon fruit preſque reſemblant à noz guines, mais plus delicat à manger. Voila l'occaſion, & cóme ce detroit a eſté trouué. Depuis ont trouuè quelque autre chemin nauigás ſur vne gráde riuiere du coſté du Peru, coulát ſur la coſte du nóbre de Dieu, au païs de Chagre, quatre lieuës de Pánana, & de là au goulfe ſaint Michel vingtcinq lieuës. Quelque téps apres vn Capitaine ayant nauigé certain téps ſur ces fleuuès ſe hazarda de viſiter le païs: & le Roy des Barbares de ce païs là, nómé en leur langue *Therca*, les receut humainemét auecques preſens d'or & de perles (ainſi que m'ont recité quelques Eſpagnols qui eſtoient en la cópagnie) combien que cheminás ſur terre ne furent ſans grád dáger, tant pour les beſtes ſauuages, que pour autres incómoditez. Ils trouuerét par apres quelque nóbre des habitans

Cap des Vierges.

Therca.

tans du païs fort fauuages & plus redoutez que les premiers, aufquels pour quelque mauuaife affeurance que lon auoit d'eux, promirent tout feruice & amytié au Roy principalement, qu'ils appellent *Atorizo*: duquel receurét aufsi plufieurs beaux prefens, comme grandes pieces d'or pefantes enuiron dix liures. Apres aufsi luy auoir doné de ce qu'ils pouuoiét auoir, & ce qu'ils eftimoiét, q luy feroit le plus agreable, c'eft à fçauoir menuës ferrailles, chemifes, & robes de petite valeur: finablement auecques bonne guides attaignirent Dariéne. De là entrerent & decouurirent la mer du Su de l'autre cofté de l'Amerique, en laquelle font les Moluques, ou ayans trouué les commoditez deffus nommées, fe font fortifiez pres de la mer. Et ainfi par ce detroit de terre ont fans comparaifon abregé leur chemin fans monter au detroit Magellanique, tant pour leurs traffiques, que pour autres commoditez. Et depuis ce temps traffiquent aux ifles des Moluques, qui font grandes, & pour le prefent habitées & reduites au Chriftianifme, lefquelles au parauant eftoient peuplées de gens cruels, plus fans cóparaifon, que ceux de l'Amerique, qui eftoient aueuglez & priuez de la cógnoiffance des grandes richeffes que produifoient lefdites ifles: vray eft qu'en ce mefme endroit de la mer de Ponent y à quatre ifles defertes, habitées (comme ils afferment) feulemét de Satires, parquoy les ont nommées Ifles de Satires. En cefte mefme mer fe trouuent dix ifles, nommées Manioles, habitées de gens fauuages, lequels ne tiennent aucune religion. Aupres d'icelles y à grands rochers qui attirent les nauires à eux, à caufe du fer dót elles font clouées. Tellement que ceux qui traffiquent en ce païs là font con-

Atorizo.

Detroit de Dariéne.

Ifles des Moluques.

E ij

LES SINGVLARITEZ

trains d'vser de petites nauires cheuillées de bois pour euiter tel danger. Voila quant à nostre detroit de Magellan. Touchant de l'autre terre nommée Australe, laquelle costoyát le detroit est laissée à main senestre, n'est point encores congnuë des Chrestiens: combien qu'vn certain pilot Anglois, homme autant estimé & experimenté à la marine que lon pourroit trouuer, ayát passé le detroit, me dit auoir mis pied en ceste terre: alors ie fus curieux de luy demander quel peuple habitoit en ce païs, lequel me respondit que c'estoient gens puissans & tous noirs, ce qui n'est vraysemblable, comme ie luy dis, veu que ceste terre est quasi à la hauteur d'Angleterre & d'Escosse, car la terre est comme esclatáte & gelée de perpetuelles froidures, & hyuer continuel.

Terre Australe nõ encore decouuerte.

Que ceux qui habitent depuis la riuiere de Plate iusques au detroit de Magellan sont noz antipodes.
CHAP. 57.

Ombien que nous voyós tant en la mer qu'aux fleuues, plusieurs isles diuisées & separées de la continente, si est ce que l'element de la terre est estimé vn seul & mesme corps, qui n'est autre chose, que ceste rotondité & superficie de la terre, laquelle nous apparoist toute plaine pour sa gráde & admirable amplitude. Et telle estoit l'opinion de Thale Milesié, l'vn des sept sages de Grece, & autres Philosophes, comme recite Plutarque. Oecetes grand Philosophe Pithagorique cóstitue deux parties de la terre, à sçauoir ceste cy

Scauoir est s'il y a deux mõdes, ou non, & sur ce les opinions des Philosophes.

ſte cy que nous habitons, que nous appelons Hemiſphere:& celle des Antipodes, que nous appelons ſemblablement Hemiſphere inferieur. Theopompe hiſtoriographe dit apres Tertullian contre Hermogene, que Silene iadis afferma au Roy Midas, qu'il y auoit vn monde & globe de terre, autre que celuy ou nous ſommes. Macrobe d'auātage (pour faire fin aux teſmoignages) traitte amplement de ces deux hemiſpheres, & parties de la terre, auquel vous pourrez auoir recours, ſi vous deſirez voir plus au long ſur ce les opinions des Philoſophes. Mais ce-cy importe de ſçauoir, ſi ces deux parties de la terre doiuent eſtre totalement ſeparées & diuiſées l'vne de l'autre, comme terres differétes, & eſtimées eſtre deux mondes: ce que n'eſt vrayſemblable, cóſideré qu'il n'y á qu'vn element de la terre, lequel il faut eſtimer eſtre coupé par la mer en deux parties, comme eſcrit Solin en ſon Polyhiſtor, parlant des peuples Hyperborées. Mais i'aymeroys trop mieux dire l'vniuers eſtre ſeparé en deux parties egales par ce cercle imaginé, que nous appelons equinoctial. D'auantage ſi vous regardez l'image & figure du monde en vn globe, ou quelque charte, vous congnoiſtrez clairement, comme la mer diuiſe la terre en deux parties, non du tout egales, qui ſont les deux hemiſpheres, ainſi nommez par les Grecs. Vne partie de l'vniuers contient l'Aſie, Afrique, & Europe: l'autre contient l'Amerique, la Floride, Canada, & autres regions compriſes ſoubs le nom des Indes Occidentales, auſquelles pluſieurs eſtiment habiter noz Antipodes. Ie ſçay bien qu'il y a pluſieurs opinions des Antipodes. Les vns eſtimét n'y en auoir point, les autres que ſ'il y en á, doyuent eſtre ceux qui habitent

Diuerſes opinions ſur les Antipodes.

l'autre Hemiſphere, lequel nous eſt caché. Quant à moy ie ſeroye bien d'auis que ceux qui habitent ſoubs les deux poles (car nous les auons monſtrez habitables) ſont veritablement antipodes les vns aux autres. Pour exemple, ceux qui habitent au Septentrion, tant plus approchent du pole, & plus leur eſt eleué, le pole oppoſite eſt abaiſſé, & au contraire: de maniere qu'il faut neceſſairement que tels ſoiét Antipodes: & les autres tát plus elongnét des poles approchás de l'equinoctial, & moins ſont Antipodes.

Quelspeuples ſont antipodes, & antichtones les vns aux autres.

Parquoy ie prendrois pour vrais Antipodes ceux qui habitent les deux poles, & les deux autres prins directemét, c'eſt à ſçauoir Leuant & Ponant: & les autres au milieu Antichtones, ſans en faire plus long propos. Il n'y á point de doubte que ceux du Peru ſont Antichtones plus toſt qu'Antipodes, à ceux qui habitent en Lima, Cuzco, Cariquipa, au Peru, à ceux qui ſont autour de ce grand fleuue Indus, au païs de Calicut, iſle de Zeilan, & autres terres de l'Aſie. Les habitans des iſles des Moluques d'ou viennent les eſpiceries, à ceux de l'Ethiopie, auiourd'huy appellée Guinée. Et pour ceſte raiſon Pline á tresbien dit, que c'eſtoit la Taprobane des Antipodes, confondant, comme pluſieurs, Antipodes auec Antichtones. Car certainemét ceux qui viuent en ces iſles ſont Antichtones aux peuples qui habitent celle partie de l'Ethiopie, comprenát depuis l'origine du Nil, iuſques à l'iſle de Meroë: combien que

Differenc: entre antipodes & antichtones.

ceux de Mexico ne ſoyent directent Antipodes aux peuples de l'Arabie Felice, & à ceux qui ſont aux fins du cap de Bonne eſperance. Or les Grecs ont appellé Antipodes ceux qui cheminét les pieds oppoſites les vns aux autres, c'eſt à dire, plante conte plante, comme ceux dont nous auons

auons parlé: & Antichtones, qui habitent vne terre oppoſitement ſituée: comme meſme ceux qu'ils appellent Anteci, ainſi que les Eſpagnols, François, & Alemans, à ceux qui habitent pres la riuiere de Plate, & les Patagones, deſquels nous auons parlé au chapitre precedent, qui ſont pres le detroit de Magellan, ſont Antipodes. Les autres nommez Parœci, qui habitét vne meſme zone, comme François & Alemans, au contraire de ceux qui ſont Anteci. Et combien que proprement ces deux ne ſoyent Antipodes, toutefois on les appele communément ainſi, & les cófondent pluſieurs les vns auec les autres. Et pour ceſte raiſon i'ay obſerué que ceux du cap de Bonne eſperance, ne nous ſont du tout Antipodes: mais ce qu'ils appellent Anteci, qui habitent vne terre non oppoſite, mais diuerſe, cóme ceux qui ſont par delà l'equinoctial, nous qui ſommes par deça, iuſques à paruenir aux Antipodes. Ie ne doubte point que pluſieurs malaiſémét cóprénent ceſte façon de cheminer d'Antipodes, qui à eſté cauſe que pluſieurs des Anciens ne les ayent approuuez, meſme ſainct Auguſtin au liure quinzieme de la Cité de Dieu, chap.9. Mais qui voudra diligemment conſiderer, luy ſera fort aiſé de les comprendre. S'il eſt ainſi que la terre ſoit comme vn Globe tout rond, pédu au milieu de l'vniuers, il faut neceſſairemét qu'elle ſoit regardée du ciel de tous coſtes. Docques nous qui habitons ceſt Hemiſphere ſuperieur quant à nous, nous voyons vne partie du ciel à nous propre & particuliere. Les autres habitans l'Hemiſphere inferieur quát à nous, à eux ſuperieur, voyent l'autre partie du ciel, qui leur eſt affectée. Il y à meſme raiſon & analogie de l'vn à l'autre: mais notez que ces deux He-

Anteci.

Parœci.

Maniere de cheminer des Antipodes, nõ guere bien entédue & approuuée des anciens. S. Auguſtin li. de la Cité de Dieu, c. 9.

E iiij

mifpheres, ont mefme & commun centre en la terre. Voila vn mot en paffant des Antipodes, fans elongner de propos.

Comme les Sauuages exercent l'agriculture, & font iardins d'vne racine nommée Manihot, & d'vn arbre qu'ils appellent Peno-abfou.
CHAP. 58.

Occupations cōmunes des Sauuages.

Noz Ameriques en temps de paix n'ont gueres autre meftier ou occupation, qu'à faire leurs iardins: ou bien quád le temps le requiert ils font contraints aller à la guerre. Vray eft qu'aucús font bien quelques traffiques, comme nous auons dit, toutefois la necefsité les contraint tous de labourer la terre pour viure, comme nous autres de par deça. Et fuyuent quafi la couftume des Anciens, lefquels apres auoir enduré & mangé les fruits prouenans de la terre fans aucune induftrie de l'homme, & n'eftans fouffifans pour nourrir tout ce qui viuoit deffus terre, leur cauferent rapines & enuahiffemés, f'appropians vn chacun quelque portion de terre, laquelle ils feparoient par certaines bornes & limites: & des lors commença entre les hommes l'eftat populaire & des Republiques. Et ainfi ont appris noz Sauuages à labourer la terre, non auecques beufs, ou autres beftes domeftiques, foit lanigeres ou d'autres efpeces que nous auons de par deça: car ils n'en ont point, mais auec la fueur & labeur de leur corps, comme lon fait en d'autres prouinces. Toutefois ce qu'ils labourent eft bien peu,

Labourage des Sauuages.

comme

comme quelques iardins loing de leurs maisons & village enuiron de deux ou trois lieuës, ou ils sement du mil seulement pour tout grain: mais bien plantent quelques racines. Ce qu'ils recueillent deux fois l'an, à Noel, qui est leur Esté, quand le Soleil est au Capricorne:& à la Pentecoste. Ce mil donc est gros comme pois cómuns, blanc & noir: l'herbe qui le porte, est gráde en façon de roseaux marins. Or la façon de leurs iardins est telle. Apres auoir couppé sept ou huit arpens de bois, ne laissans rien que le pié, à la hauteur parauenture d'vn homme, ils mettent le feu dedás pour bruler & bois & herbe à l'entour,& le tout c'est en plat païs. Ils grattent la terre auec certains instrumens de bois, ou de fer, depuis qu'ils en ont eu congnoissance: puis les femmes plantent ce mil & racines, qu'ils appellent *Hetich*, faisans vn pertuis en terre auecques le doigt, ainsi que lon pláte les pois & febues par deça. D'engresser & amender la terre ils n'en ont aucune pratique, ioint que de soy elle est assez fertile, n'estant aussi lassée de culture, comme nous la voyons par deça. Toutefois c'est chose admirable, qu'elle ne peut porter nostre blé: & moymesme en ay quelquefois semé(car nous en auions porté auec nous) pour esprouuer, mais il ne peut iamais profiter. Et n'est à mon auis, le vice de la terre, mais de ie ne sçay quelle petite vermine qui le mange en terre: toutefois ceux qui sont demeurez par delà, pourront auec le temps en faire plus seure experience. Quant à noz Sauuages, il ne se faut trop esmerueiller, s'ils n'ont eu congnoissance de blé, car mesmes en nostre Europe & autres païs au commencement les hommes viuoyent des fruits que la terre produisoit d'elle mesme sans estre labourée. Vray

Mil blác & noir.

Hetich.

En l'Amerique nul vsage de blé.

F

Anciène-té de l'agriculture.
Premier vsage de blé.

est que l'agriculture est fort ancienne : comme il appert par l'escripture : ou bien si des le commencement ils auoient là congnoissance du blé, ils ne le sçauoient accommoder à leur vsage. Diodore escrit que le premier pain fut veu en Italie, & l'apporta Isis Royne d'Egypte, monstrant à moudre le blé, & cuire le pain : car au parauant ils mangeoient les fruits tels que Nature les produisoit, soit que la terre fust labourée ou non. Or que les hommes vniuersellement en toute la terre ayent vescu de mesme les bestes brutes, c'est plus tost fable que vraye histoire : car ie ne voy que les Poëtes qui ayent esté de ceste opinion, ou bien quelques autres les imitans, comme vous auez en Virgile au premier de ses Georgiques : mais ie croy trop mieux l'escripture Sainte, qui fait métion du labourage d'Abel, & des offrandes qu'il faisoit à Dieu.

Farine de racines.
Manihot.

Ainsi auiourd'huy noz Sauuages font farine de ces racines que nous auons appellées *Manihot*, qui sont grosses comme le bras, longues d'vn pié & demy, ou deux piés : & sont tortues & obliques communément. Et est ceste racine d'vn petit arbrisseau, haut de terre enuiron quatre piez, les fueilles sont quasi semblables à celles que nous nommons de par deça, *Pataleonis*, ainsi que nous demóstrerons par figure, qui sont six ou sept en nóbre : au bout de chacune branche, est chacune fueille longue de demy pié, & trois doigts de large. Or la maniere de faire

Maniere de faire ceste farine de racines.

ceste farine est telle. Ils pilent ou rapent ces racines seches ou verdes auecques vne large escorce d'arbre, garnie toute de petites pierres fort dures, à la maniere qu'on fait de par deça vne noix de muscade : puis vous passent cela, & la font chauffer en quelque vaisseau sur le feu, auec certaine

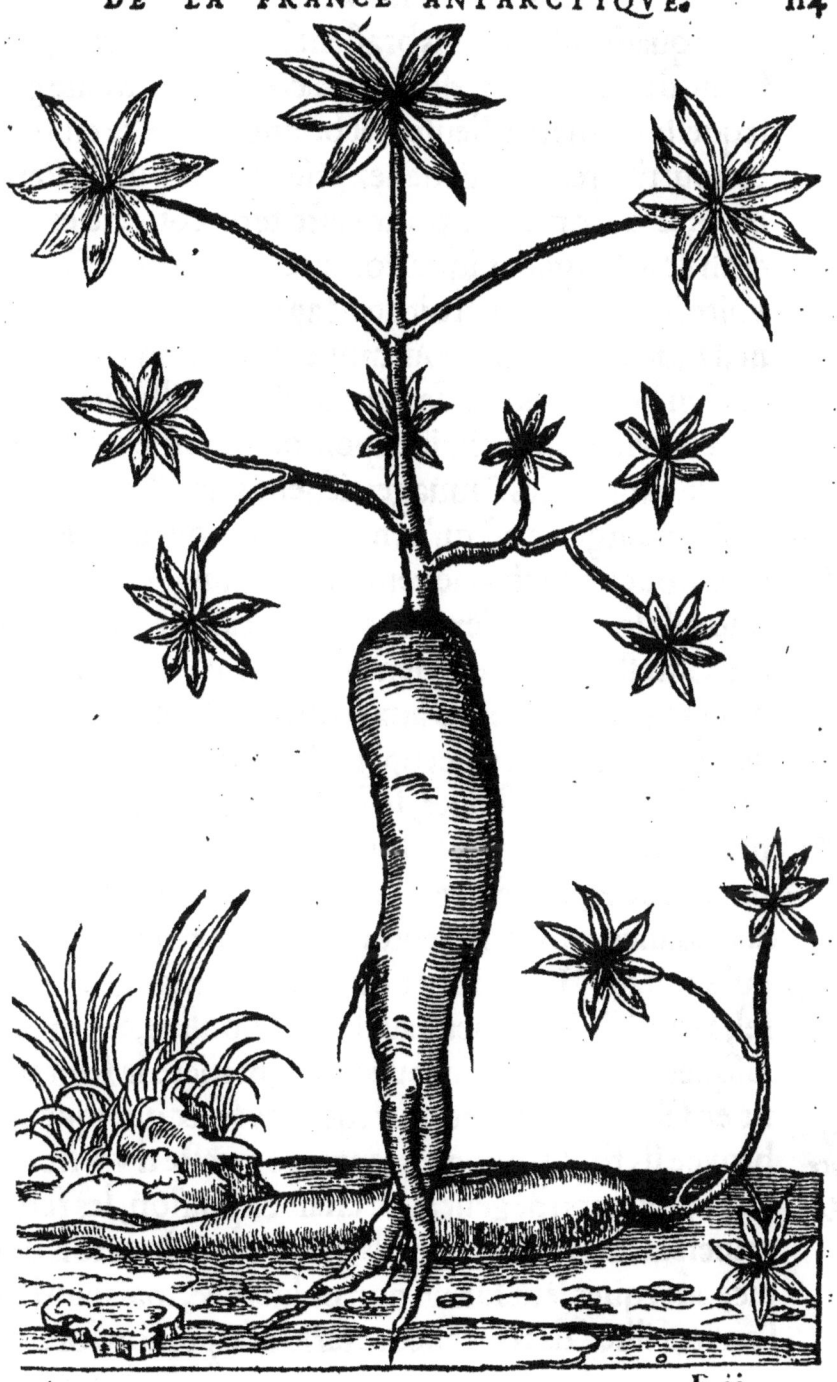

LES SINGVLARITEZ

taine quátité d'eau: puis braſſent le tout, en ſorte que ceſte farine deuiét en petis drageons, cóme eſt la Máne grenée, laquelle eſt merueilleuſemét bonne quád elle eſt recente, & nourriſt tresbien. Et deuez péſer que depuis le Peru Canada, & la Floride, en toute ceſte terre cótinéte entre l'Ocean & le Magellanique, comme l'Amerique, Canibales, voire iuſques au deſtroit de Magellá ils vſent de ceſte farine, laquelle y eſt fort commune, encore qu'il y á de diſtáce d'vn bout à l'autre de plus de deux mille lieuës de terre: & en vſent auec chair & poiſſon, comme nous faiſons icy de pain.

Eſtrange façon de viure des Sauuages. Ces Sauuages tiénent vne eſtrange methode à la manger, c'eſt qu'ils n'approcheront iamais la main de la bouche, mais la iettent de loin plus d'vn grand pié, à quoy ils ſont fort dextres: auſſi ſe ſçauent bien moquer des Chreſtiens, ſils en vſent autrement. Tout le negoce de ces racines eſt remis aux femmes, eſtimás n'eſtre ſeant aux hommes de ſ'y occuper.

Eſpece de febues bláches. Noz Ameriques en outre plantét quelques febues, leſquelles ſont toutes blanches, fort plates, plus larges & longues que les noſtres. Auſſi ont ils vne eſpece de petites legumes blanches en grande abondance, non differentes à celles que lon voit en Turquie & Italie.

Cóme ils font le ſel. Ils les font bouillir, & en mangent auec du ſel, lequel ils font auec eau de mer boullue, & conſumée iuſques à la moitié: puis auec autre matiere la font cóuertir en ſel.

Pain fait d'eſpice & de ſel. Pareillement auecques ce ſel & quelque eſpice broyée ils font pains gros comme la teſte d'vn homme, dont pluſieurs mágent auec chair & poiſſon, les femmes principalement. En outre ils meſlent quelquefois de l'eſpice auecques leur farine, non puluerifée, mais ainſi qu'ils l'ont cueillie. Ils font encore farine de poiſſon fort ſeche,

tresbonne

tresbonne à manger auec ie ne sçay quelle mixtion qu'ils *Farine de* sçauët faire. Ie ne veux icy oublier vne maniere de choux *poisson.* ressemblans presque ces herbes larges sus les riuieres, que *Nenu-* lon appelle Nenuphar, auec vne autre espece d'herbe por *phar, es-* tant fueilles telles que noz ronces, & croissent tout de la *pece de* sorte de grosses ronses piquantes. Reste à parler d'vn ar- *chou.* bre, qu'ils nomment en leur langue *Peno-absou*. Cest arbre *Peno-* porte son fruit gros comme vne grosse pomme, rond à la *absou, ar* semblance d'vn esteuf: lequel tant s'en faut qu'il soit bon à *bre.* manger, que plus tost est dangereux comme venin. Ce fruit porte dedans six noix de la sorte de noz amandes, mais vn peu plus larges & plus plates: en chacune desquel les y à vn noyau, lequel (côme ils afferment) est merueilleusement propre pour guerir playes: aussi en vsent les Sauuages, quand ils ont esté blessez en guerre de coups de flesches, ou autrement. I'en ay apporté quelque quantité à mon retour par deça, que i'ay departy à mes amis. La maniere d'en vser est telle. Ils tirent certaine huile toute rousse de ce noyau apres estre pilé, qu'ils appliquent sus la partie offensée. L'escorce de cest arbre à vne odeur fort estrâge, le fueillage tousiours verd, espés comme vn teston, & fait comme fueilles de pourpié. En cest arbre *Oyseau* frequente ordinairement vn oyseau grand comme vn *d'vne e-* piuerd, ayant vne longue hupe sus la teste, iaune comme *strange* fin or, la queuë noire, & le reste de son plumage iaune & *beauté* noir, auecques petites ondes de diuerses couleurs, rouge *& admi-* à l'entour des ioüës, entre le bec & les ieux comme escar- *rable.* latte: & frequente cest arbre, côme auons dit, pour manger, & se nourrir de quelques vers qui sont dans le bois. Et est sa hupe fort lôgue, côme pouuez voir par la figure.

F iiij

LES SINGVLARITEZ

Diuersi-
té de pal-
mes.

Gerahu-
ua.
Iry.

  Au surplus laissant plusieurs especes d'arbres & arbrisseaux, ie diray seulement, pour abreger, qu'il se trouue là
cinq ou six sortes de palmes portans fruits, non comme
ceux de l'Egypte, qui portent dattes, car ceux cy n'en portent nulles, ains bien autres fruits, les vns gros comme
esteufs, les autres moindres. Entre lesquelles palmes est
celle qu'ils appellent *Gerahuua*: vne autre *Iry*, qui porte vn
autre fruit different. Il y en a vne qui porte son fruit tout
rond, gros comme vn petit pruneau, estant mesme de la
couleur quand il est meur, lequel parauant a goust de verius venant de la vigne. Il porte noyau tout blanc, gros
comme celuy d'vne noisette, duquel les Sauuages mangent. Or voila de nostre Amerique, ce qu'auons voulu
reduyre

reduire assez sommairement, apres auoir obserué les choses les plus singulieres qu'auons cógneuës par delà, dont nous pourrons quelquefois escrire plus amplement, ensemble de plusieurs arbres, arbrisseaux, herbes, & autres simples, auec leurs proprietez selon l'experience des gens du païs, que nous auons laissé à dire pour euiter prolixité. Et pour le surplus auós deliberé en passant escrire vn mot de la terre du Bresil.

Comme la terre de l'Amerique fut decouuerte, & le bois du Bresil trouué, auec plusieurs autres arbres non veuz ailleurs qu'en ce païs.
CHAP. 59.

OR nous tenons pour certain, que Americ Vespuce est le premier qui a decouuert ce grand païs de terre cótinente entre deux mers, nó toutefois tout le païs, mais la meilleure partie. Depuis les Portugais, par plusieurs fois, non contens de certain païs, se sont efforcez tousiours de decouurir païs, selon qu'ils trouuoyent la cómodité: c'est à sçauoir quelque chose singuliere, & que les gens du païs leur faisoient recueil. Visitans doncques ainsi le païs, & cerchans cóme les Troyens, au territoire Carthaginois, veirent diuerses façons de plumages, dont se faisoit traffique, specialemét de rouges : se voulurent soudainement informer, & sçauoir le moyen de faire ceste teinture. Et leur monstrerent les gens du païs l'arbre de Bresil. Cest arbre, nommé en leur langue, *Oraboutan*, est tresbeau à voir, l'escorce par

Terre du Bresil decouuerte par les Portugais.

Oraboutan, arbre du Bresil.

F iiij

dehors est toute grise, le bois rouge par dedans, & principalement le cueur, lequel est plus excellent, aussi s'en chargent ils le plus. Dont ces Portugais, des lors en apporterent grande quantité: Ce que lon continuë encores maintenant: & depuis que nous en auons eu congnoissance s'en fait grand traffique. Vray est que les Portugais n'endurent ayfément que les François nauigent par delà, ains en plusieurs lieux traffiquét en ces païs: pource qu'ils s'estiment, & s'attribuent la proprieté des choses, comme premiers possesseurs, consideré qu'ils en ont fait la decouuerte, qui est chose veritable. Retournons à nostre Bresil: Cest arbre porte fueilles semblables à celles du bouïs, ainsi petites, mais épesses & frequentes. Il ne rend nulle gomme, comme quelques autres, aussi ne porte aucun fruit. Il a esté autrefois en meilleure estime, qu'il n'est à present, specialement au païs de Leuant: lon estimoit au commencement que ce bois estoit celuy que la Royne de Saba porta à Salomon, que nomme l'histoire au premier liure des Roys, dit Dalmagin. Aussi ce grand Capitaine Onesicrite au voyage qu'il fit en l'isle Taprobane, situëe en l'ocean Indique au Leuant, apporta grâde quantité de ce bois, & autres choses fort exquises: ce que prisa fort Alexādre son maistre. De nostre bresil, celuy qui est du costé de la riuiere de Ianaïre, Morpion, & cap de Frie est meilleur que l'autre du costé des Canibales, & toute la coste de Marignan. Quand les Chrestiens, soyent François ou Espagnols, vont par delà pour changer du Bresil, les Sauuages du païs le couppent & depecent euxmesmes, & aucunefois le portent de trois ou quatre lieuës, iusques aux nauires: ie vous laisse à penser à quelle peine,

Dalmagin. Voyage du Leuāt d'Onesicrite Capitaine d'Alexādre le Grand.

& ce

DE LA FRANCE ANTARCTIQVE. 117

G

& ce pour appetit de gaigner quelque pauure accouſtrement de meſchante doublure, ou quelque chemiſe. Il ſe trouue dauantage en ce païs vn autre bois iaune, duquel ils font aucuns leurs eſpées: pareillement vn bois de couleur de pourpre, duquel à mon iugement l'on pourroit faire de treſbel ouurage. Ie doubte fort ſi c'eſt point celuy duquel parle Plutarque, diſant que Caius Marius Rutilius, premier Dictateur de l'ordre populaire, entre les Romains, feit tirer en bois de pourpre vne bataille, dont les perſonnages n'eſtoyent plus grands que trois doigts: & auoit eſté apporté ce bois de la haute Afrique, tant ont eſté les Romains curieux des choſes rares & ſingulieres. Dauantage ſe trouuent autres arbres, deſquels le bois eſt blanc comme fin papier, & fort tendre: pour ce les Sauuages n'en tiennent conte. Il ne m'a eſté poſſible d'en ſçauoir autrement la proprieté: ſinon qu'il me vint en memoire d'vn bois blanc, duquel parle Pline, lequel il nomme Betula, blanc & tendre, duquel eſtoient faites les verges, que l'on portoit deuant les Magiſtrats de Rome. Et tout ainſi qu'il ſe trouue diuerſité d'arbres & fruits differents de forme, couleurs, & autres proprietez, auſſi ſe trouue diuerſité de terre, l'vne plus graſſe, l'autre moins, auſſi de terre forte, dont ils font vaſes à leur vſage, comme nous ferions par deça, pour manger & boire. Or voila de noſtre Amerique, non pas tant que i'en puis auoir veu, mais ce que m'a ſemblé plus digne d'eſtre mis par eſcript, pour ſatisfaire au bon vouloir d'vn chacun honneſte Lecteur, s'il luy plaiſt prendre la patience de lire, cóme i'ay de le luy reduire par eſcrit, apres tous les trauaux & dangers, de ſi difficile & lointain voyage. Ie m'aſſeure

Bois iaune.
Bois de couleur de pourpre.

Bataille en bois de pourpre.

Bois blanc.

Li. 10. ch. 19. Betula.

Diuerſité de terre.

seure que plusieurs trouuerõt ce mien discours trop brief, les autres parauanture trop long : parquoy ie cerche mediocrité, pour satisfaire à vn chacun.

De nostre departement de la France Antarctique, ou Amerique.   CHAP. 60.

OR auons nous cy dessus recueilli & parlé amplement de ces nations, desquelles les meurs & particularitez, n'ont esté par les Historiographes anciens descrites ou celebrées, pour n'en auoir eu la cõgnoissance. Apres donc auoir seiourné quelque espace de temps en ce païs, autant que la chose, pour lors le requeroit, & qu'il estoit necessaire pour le contentement de l'esprit, tant du lieu, que des choses y contenuës: il ne fut question que de regarder l'opportunité, & moyen de nostre retour, puis qu'autrement n'auions deliberé y faire plus longue demeure. Donques soubs la conduite de monsieur de Bois-le conte, Capitaine des nauires du Roy, en la France Antarctique, homme magnanime, & autant bien appris au fait de la marine, outre plusieurs autres vertus, comme si toute sa vie en auoit fait exercice. Primes donc nostre chemin tout au contraire de celuy par lequel estions venus, à cause des vents qui sont propres pour le retour: & ne faut aucunement douter, que le retour ne soit plus long que l'allée de plus de quatre ou cinq cens lieuës, & plus difficile. Ainsi le dernier iour de Ianuier à quatre heures du matin, embarquez auec ceux qui ramenoyent les nauires par deça, fei-

Retour de l'Autheur de l'Amerique.

G ij

mes voile, faillans de ceste riuiere de Ianaïre, en la grande mer fus l'autre costé, tirant vers le Ponent, laissée à dextre la coste d'Ethiopie, laquelle nous auions tenuë en allant. Auquel depart nous fut le vent assez propice, mais de petite durée: car incontinent se vint enfler comme furieux, & nous dóner droit au nez le Nort & Nortoüest, lequel auecques la mer assez inconstante & mal asseurée en ces endroits, qui nous destourna de nostre droite route, nous iettant puis çà, puis là en diuerses pars: tant que finablement auecques toute difficulté se decouurit le cap de Frie, ou auions descendu & pris terre à nostre venuë: Et de rechef arrestames l'espace de huit iours, iusques au neufiéme, que le Su commença à nous donner à pouppe, & nous códuit bien nonante lieuës en plaine mer, laissans le païs d'aual, & costoyant de loin Mahouac, pour les dangers. Car les Portugais tiennent ce quartier là, & les Sauuages, qui tous deux nous sont ennemis, cóme ï'ay monstré quelque part: ou depuis deux ans ença ont trouué mine d'or & d'argent, qui leur a esté cause de bastir en cest endroit, & y mettre sieges nouueaux pour habiter. Or

Cap de S. Augustin.

cheminans tousiours sur ceste mer à gráde difficulté, iusques à la hauteur du cap de Saint Augustin, pour lequel doubler & afronter demeurames flottans çà & là l'espace de deux moys ou enuiron, tant il est grand, & se iettant auant dans la mer. Et ne s'en faut emerueiller, car ie sçay quelques vns de bóne memoire, qui y ont demouré trois ou quatre mois: & si le vent ne nous eust fauorisé, nous estions en danger d'arrester d'auantage, encore qu'il ne fust aduenu autre inconuenient. Ce cap tient de logueur huit lieuës ou enuiró, distant de la riuiere dont nous estiós

partis,

trois cens deux lieuës. Il entre en mer neuf ou dix lieuës du moins: & pource est autant redouté des nauigans sur ceste coste, comme celuy de Bonne esperance sur la coste d'Ethiopie, qu'ils ont pour ce nommé Lion de la mer, comme i'ay desia dit: ou bien autāt comme celuy qui est en la mer Ægée en Achaïe (que lon appelle auiourd'huy la Morée) nommé cap de Saint Ange, lequel est aussi tres-dangereux. Et à ce cap ainsi esté nómé par ceux qui premierement l'ont decouuert, que lon tient auoir esté Pinson Espagnol: aussi est il ainsi marqué en noz chartes marines. Ce Pinson auec vn sien fils ont merueilleusement decouuert de païs incongneuz, & non au parauant decouuers. Or l'an mil cinq cens vn, Emanuël Roy de Portugal enuoya auec trois grands vaisseaux en la basse Amerique pour recercher le destroit de Furne & Dariéne, à fin de pouuoir passer plus aisément aux Moluques, sans aller au detroit de Magellan: & nauigeans de ce costé, feirent decouuerte de ce beau promontoire: ou ayans mis pié en terre, trouuerent le lieu si beau & temperé, combien qu'il ne soit qu'à trois cens quarante degrez de longitude, minute 0. & huyt de latitude, minute 0. qu'ils s'y arresterent: ou depuis sont allez autres Portugais auec nóbre de vaisseaux & de gens. Et par succession de temps, apres auoir pratiqué les Sauuages du païs, feirent vn fort nommé Castelmarin: & encore depuis vn autre assez pres de là, nommé Fernambou, traffiquans là les vns auecques les autres. Les Portugais se chargēt de cotton, peaux de sauuagines, espiceries, & entre autres choses, de prisonniers, que les Sauuages ont pris en guerre sus leurs ennemis, lesquels ils menent en Portugal pour vendre.

Cap de Bōne esperance pourquoy nōmé Lion de la mer.
Cap de S. Ange dangereux.
Decouuerte de païs faite par le Capitaine Pinson.
Castelmarin.
Fernambou.

LES SINGVLARITEZ
Des Canibales, tant de la terre ferme, que des isles,
& d'vn arbre nommé Acaïou.

CHAP. 61.

E grand promontoire ainsi doublé & a-fronté,combien que difficilement,quelque vent qui se presentast,il falloit tenter la fortune,& auancer chemin autant que possible estoit,sans s'elongner beaucoup de terre ferme, principalement costoyás

Isle de S. assez pres de l'isle Saint Paul, & autres petites nó habitées,
Paul. prochaines de terre ferme, ou sont les Canibales, lequel païs diuise les païs du Roy d'Espagne d'auec ceux de Portugal,comme nous dirós autre part. Puis que nous sommes venuz à ces Canibales, nous en dirons vn petit mot.

Inhuma- Or ce peuple depuis le cap de Saint Augustin, & au delà
nité des iusques pres de Marignan, est le plus cruel & inhumain,
Caniba- qu'en partie quelconque de l'Amerique. Ceste canaille
les. mange ordinairement chair humaine, comme nous ferions du mouton, & y prennent encore plus grand plaisir. Et vous asseurez qu'il est malaisé de leur oster vn homme d'entre les mains quand ils le tiennent, pour l'appetit qu'ils ont de le manger comme lions rauissans.Il n'y à beste aux deserts d'Afrique, ou de l'Arabie tant cruelle, qui appete si ardemment le sang humain, que ce peuple sauuage plus que brutal. Aussi n'y à nation qui se puisse acoster d'eux,soyent Chrestiens ou autres. Et si vous voulez traffiquer & entrer en leur païs, vous ne serez receu aucunement sans bailler ostages,tant ils se defient, euxmesmes plus dignes desquels lon se doibue mesier. Voila pourquoy

quoy les Espagnols quelquefois, & Portugais leur ont ioué quelques brauades: en memoire dequoy quand ils les peuuent attaindre, Dieu sçait cóme ils les traitét, car ils disnét auec eux. Il y a donc inimytié & guerre perpetuelle entre eux, & se sont quelquefois bien battuz, tellement qu'il y est demeuré des Chrestiens au possible. Ces Canibales portent pierres aux leures, verdes & blanches, comme les autres Sauuages, mais plus longues sans comparaison, de sorte qu'elles descendent iusques à la poitrine. Le païs au surplus est trop meilleur qu'il n'appartiét à telle canaille: car il porte fruits en abondance, herbes, & racines cordiales, auec grande quantité d'arbres qu'ils nomment *Acaïous*, portans fruits gros comme le poin, en forme d'vn œuf d'oye. Aucuns en font certain bruuage, combien que le fruit de soy n'est bon à manger, retirant au goust d'vne corme demy meure. Au bout de ce fruit viét vne espece de noix grosse cóme vn marró, en forme d'vn rognon de lieure. Quát au noyau qui est dedás, il est tresbon à manger, pourueu qu'il ait passé legerement par le feu. L'escorce est toute pleine d'huile, fort aspre au goust, dequoy les Sauuages pourroient faire quantité plus grande que nous ne faisons de noz noix par deça. La fueille de cest arbre est semblable à celle d'vn poirier, vn peu plus pointuë, & rougeatre par le bout. Au reste cest arbre à l'escorce vn peu rougeatre, assez amere: & les Sauuages du païs ne se seruent aucunement de ce bois, à cause qu'il est vn peu mollet. Aux isles des Canibales, dans lesquelles s'en trouue grande abondance, se seruent du bois pour faire brusler, à cause qu'ils n'en ont gueres d'autre, & du gaiat. Voila que i'ay voulu dire de nostre *Acaïou*,

Inimitié grande entre les Espagnols & Canibales.

Fertilité du païs des Canibales.

G iiij

LES SINGVLARITEZ

auec le pourtrait qui vous est cy deuant representé. Il se trouue là d'autres arbres ayans le fruit dangereux à manger: entre lesquels est vn nommé *Haouuay*. Au surplus ce païs est fort montueux, auecques bonnes mines d'or. Il y á vne haute & riche mótagne, ou ces Sauuages prennent ces pierres verdes, lesquelles ils portent aux leures. Pource n'est pas impossible qu'il ne s'y trouuast emeraudes, & autres richesses, si ceste canaille tant obstinée permettoit que lon y allast seurement. Il s'y trouue semblablement marbre blanc & noir, iaspe, & porphire. Et en tout ce païs depuis qu'on à passé le cap de Saint Augustin, iusques à la riuiere de Marignan, tiennent vne mesme façon de viure que les autres du cap de Frie. Ceste mesme riuiere separe la terre du Peru d'auec les Canibales, & à de bouche quinze lieuës ou enuiron, auec aucunes isles peuplées, & riches en or: car les Sauuages ont appris quelque moyen de le fondre, & en faire anneaux larges comme boucles, & petis croissans qu'ils pendent aux deux costez des narines, & à leurs iouës: ce qu'ils portent par gentillesse & magnificence. Les Espagnols disent que la grand riuiere qui vient du Peru, nommée Aurelane, & ceste cy s'assemblent. Il y á sur ceste riuiere vne autre isle, qu'ils nomment de la Trinité, distante dix degrez de la ligne, ayant de longueur enuiron trete lieuës, & huit de largeur: laquelle est des plus riches qui se trouue point en quelque lieu que ce soit, pource qu'elle porte toute sorte de metaux. Mais pource que les Espagnols y descendans plusieurs fois pour la vouloir mettre en leur obeissance, ont maltraité les gens du païs, en ont esté rudemét repoussez, & saccagez la meilleure part. Ceste isle produit abódan-

Arbres mortiferes.
Haouuay.

Richesse du païs des Canibales.

Riuiere de Marignan separe le Peru d'auec les Canibales.

Aurelane fleuue du Peru.
Isle de la Trinité fort riche.

H

LES SINGVLARITEZ

Espece d'arbre semblable à vn palmier.

ce d'vn certain fruit, dont l'arbre ressemble fort à vn palmier, duquel ils font du bruuage. D'auátage se trouue là encens fort bon, bois de gaiac, qui est auiourd'huy tant celebré: pareillement en plusieurs autres isles prochaines de la terre ferme. Il se trouue entre le Peru & les Canibales, dont est question, plusieurs isles appellées Canibales, assez prochaines de la terre de Zamana, dont la principale est distante de l'isle Espagnole enuiron trète lieuës. Toutes lesquelles isles sont soubs l'obeïssance d'vn Roy, qu'ils appellent *Cassique*, desquels il est fort bien obeï. La plus grande à de longueur soixante lieuës, & de largeur quarantehuit, rude & montuëuse, comparable presque à l'isle de Corse: en laquelle se tient leur Roy coustumierement. Les Sauuages de ceste isle sont ennemis mortels des Espagnols, mais de telle façon qu'ils n'y peuuent aucunement traffiquer. Aussi est ce peuple épouuentable à voir, arrogant & courageux, fort subiet à commettre larrecin. Il y à plusieurs arbres de Gaiac, & vne autre espece d'arbre portant fruit de la grosseur d'vn esteuf, beau à voir, toutesfois veneneux: parquoy trempent leurs fleches dont ils se veulent aider contre leurs ennemis, au ius de cest arbre. Il y en à vn autre, duquel la liqueur qui en sort, l'arbre estant scarifié, est venin, comme reagal par deça. La racine toutesfois est bône à manger, aussi en font ils farine, dont ils se nourrissent, comme en l'Amerique, combien que l'arbre soit different de tronc, branches, & fueillage. La raison pourquoy mesme plante porte aliment & venin, ie la laisse à contempler aux philosophes. Leur maniere de guerroyer est comme des Ameriques, & autres Canibales, dont nous auós parlé, hors-mis qu'ils
vsent

vsent de fondes, faites de peaux de bestes, ou de pelure de bois: à quoy sont tant expers, que ie ne puis estimer les Baleares inuéteurs de la fonde, selon Vegece, auoir esté plus excellens fundibulateurs.

De la riuiere des Amazones, autrement dite Aurelane, par laquelle on peut nauiger aux païs des Amazones, & en la France Antarctique.
CHAP. 62.

Endant que nous auõs la plume en main pour escrire des places decouuertes, & habitées, par delà nostre Equinoctial, entre Midy & Ponent, pour illustrer les choses, & en donner plus euidente congnoissance, ie me suis auisé de reduire par escrit vn voyage, autant lointain que difficile, hazardeusement entrepris, par quelques Espagnols, tant par eau que par terre, iusques aux terres de la mer Pacifique, autrement appelée Magellanique, ou sont les isles des Moluques, & autres. Et pour mieux entendre ce propos, il faut noter, que le Prince d'Espagne tient soubs son obeïssance grande estenduë de païs, en ces Indes occidentales, tant en isles que terre ferme, au Peru, & à l'Amerique, que par succession de temps il à pacifié, de maniere qu'auiourd'huy, il en reçoit grand emolument & proffit. Or entre les autres, vn Capitaine Espagnol, estant pour son prince au Peru, delibera vn iour de decouurir, tant par eau que par terre, iusques à la riuiere de Plate (laquelle est distante du Cap sainct Augustin sept cens lieuës, de-

Mer pacifique ou Magellanique.

Situatiõ de la riuiere de Plate.

H ij

là la ligne, & dudit Cap iufques aux ifles du Peru, enuiron trois cens lieuës) quelque difficulté qu'il y euft, pour la longueur du chemin, & montagnes inaccefsibles, que pour la fufpicion des gens, & beftes fauuages: efperant l'execution de fi haute entreprife, outre les admirables richeffes, acquerir vn loz immortel, & laiffer perpetuelle gloire de foy à la pofterité. Ayant donques dreffé, & mis le tout en bon ordre, & fuffifant equipage, ainfi que la chofe le meritoit, c'eft à fçauoir de quelque marchandife, pour en traffiquant par les chemins recouurer viures, & autres munitions : au refte accompagné de cinquante Efpagnols, quelque nõbre d'Efclaues, pour le feruice laborieux, & quelques autres infulaires, qui auoiét efté faits Chreftiens, pour la conduite & interpretation des langues. Il fut queftion de f'embarquer auec quelques petites Carauelles, fur la riuiere d'Aurelane, laquelle ie puis affeurer la plus longue & la plus large, qui foit en tout le monde. Sa largeur eft de cinquante neuf lieuës, & fa longueur de plus de mille. Plufieurs la nomment mer douce, laquelle procede du cofté des hautes montagnes de Moullubamba, auecques la riuiere de Marignan, neantmoins leur embouchement & entrée, font diftantes de cent quatre lieuës l'vne de l'autre, & enuiron fix cens lieuës, dans plain païs f'affocient, la Marée entrât dedans, bien quarante lieuës. Cefte riuiere croift en certain temps de l'année, comme fait auffi le Nil, qui paffe par l'Egypte, procedant des montagnes de la Lune, felon l'opinion d'aucuns, ce que i'eftime eftre vrayfemblable. Elle fut nommée Aurelane, du nom de celuy qui premierement fit deffus cefte longue nauigation, neantmoins que parauant

Situatiõ & admirable grã deur de la riuiere d'Aurelane.

Origine du Nil.

auant auoit esté decouuerte par aucuns, qui l'ont appellée par leurs cartes riuiere des Amazones : elle est merueilleusement fâcheuse à nauiger, à cause des courantes, qui sont en toutes saisons de l'année : & que plus est, l'embouchement difficile, pour quelques gros rochers, que lon ne peut euiter, qu'auec toute difficulté. Quand lon est entré assez auát, lon trouue quelques belles isles, dont les vnes sont peuplées, les autres non. Au surplus ceste riuiere est dangereuse tout du long, pour estre peuplée, tant en pleine eau, que sus la riue de plusieurs peuples, fort inhumains, & barbares, & qui de long temps tiennent inimitié aux estrágers, craignans qu'ils abordent en leur païs, & les pillent. Aussi quand de fortune ils en rencontrent quelques vns, ils les tuent, sans remission, & les mangent rotiz & boulluz, comme autre chair. Donques embarquez en l'vne de ces isles du Peru, nómée S. Croix, en la grand mer, pour gaigner le detroit de ce fleuue : lequel apres auoir passé auec vn vét merueilleusemét propre, s'acheminét, costoyans la terre d'assez pres, pour tousiours recongnoistre le païs, le peuple, & la façon de faire, & pour plusieurs autres commoditez. Costoyans donc en leur nauigation noz viateurs, maintenant deça, maintenant delà, selon que la cómodité le permetoit, les Sauuages du païs se monstroient en grand nombre sur la riue, auec quelques signes d'admiration, voyás ceste estrange nauigation, l'equipage des personnes, vaisseaux, & munitions, propres à guerre & à nauigation. Ce pendant les nauigans n'estoient moins estonnez de leur part, pour la multitude de ce peuple inciuil, & totalemét brutal, monstrant quelque semblát de les vouloir saccager, pour dire:

Aurelane ou riuiere des Amazones.

Isle de S. Croix.

H iij

en peu de parolles. Qui leur donna occasion de nauiger longue espace de temps sans ancrer, ni descendre. Neantmoins la famine & autres necesitez, les contraignit finablement de plier voiles, & planter ancres. Ce qu'ayans fait enuiron la portée d'vne arquebuze loin de terre, ie demāde s'il leur restoit autre chose, sinon par beaux signes de flatterie, & autres petis moyens, caresser messieurs les Sauuages, pour impetrer quelques viures, & permission de se reposer. Donc quelque nombre de ces Sauuages allechez ainsi de loing auec leurs petites barquettes d'escorce d'arbres, desquelles ils vsent ordinairemēt sur les riuieres, se hazarderent d'approcher, non sans aucune doubte, n'ayans iamais veu les Chrestiens afronter de si pres leurs limites. Toutesfois pour la crainte qu'ils monstroient de plus en plus, les Espagnols de rechef, leurs faisans monstre de quelques couteaux, & autres petis ferremens reluisans les attirerent. Et apres leur auoir fait quelques petis presens, ce peuple sauuage à toute diligéce leur va pourchasser des viures: & de fait apporterent quantité de bon poisson, fruits de merueilleuse excellence, selon la portée du païs. Entre autres l'vn de ces Sauuages, ayant massacré le iour precedent quatre de ses ennemis Canibaliens, leur en presenta deux membres cuits, ce que les autres refuserent. Ces Sauuages (comme ils disent) estoient de haute stature, beau corps, tous nuds, ainsi que les autres Sauuages, portans sur l'estomac larges croissans de fin or: les autres grandes pieces luisantes de fin or bien poly, en forme de mirois ronds. Il ne se faut enquerir si les Espagnols changerent de leurs marchādises auec telles richesses: ie croy fermement qu'elles ne leur echapperent pas

Stature de ces Sauuages.

ainsi,

ainſi, pour le moins en firent ils leur deuoir. Or noz pelerins ainſi refreſchis, & enuitaillez pour le preſent, auec la reſerue pour l'aduenir, auant que prendre congé feirent encores quelques preſens, comme parauant : & puis pour la continuation du voyage, fut queſtion de faire voile, & abreger chemin. De ce pas nauigerent plus de cét lieuës ſans prendre terre, obſeruans tous ſus les riues diuerſité de peuples ſauuages ainſi comme les autres, deſquels ie ne m'arreſteray à eſcrire pour euiter prolixité: mais ſuffira entendre le lieu ou pour la ſecóde fois ſont abordez.

*Abordement de quelques Eſpagnols en vne contrée
ou ils trouuerent des Amazones.*
CHAP. 63.

Leſdits Eſpagnols feirent tant par leurs iournées, qu'ils arriuerent en vne cótrée, ou ſe trouua des Amazones : ce que lon n'euſt iamais eſtimé, pource que les Hiſtoriographes n'en ont fait aucune mention, pour n'auoir eu la congnoiſſance de ces païs n'agueres trouuez. Quelques vns pourroient dire que ce ne ſont Amazones, mais quant à moy ie les eſtime telles, attendu qu'elles viuent tout ainſi que nous trouuons auoir veſcu les Amazones de l'Aſie. Et auant que paſſer outre, vous noterez que ces Amazones, dont nous parlons, ſe ſont retirées, & habitent en certaines petites iſles, qui leur ſont cóme forteresses, ayans touſiours guerre perpetuelle à quelques peuples, ſans autre exercice, ne plus ne moins que celles deſquelles ont parlé les

Amazones de l'Amerique.

H iiij

Historiographes. Donques ces femmes belliqueuses de noſtre Amerique, retirées & fortifiées en leurs iſles, ſont couſtumierement aſſaillies de leurs ennemis, qui les vont cercher par ſus l'eau auec barques & autres vaiſſeaux, & charger à coups de fleſches. Ces femmes au contraire ſe defendent de meſme, courageuſement, auec menaſſes, hurlemens, & contenances les plus eſpouentables qu'il eſt poſsible. Elles font leurs rempars d'eſcailles de tortues, grandes en toute dimenſion. Le tout comme vous pouuez voir à l'œil par la preſente figure. Et pource qu'il

vient à propos de parler des Amazones, nous en eſcrirõs quelque choſe en ceſt endroit. Les pauures gens ne trouuent grande conſolation entre ces femmes tant rudes & ſauuages. L'on trouue par les hiſtoires qu'il y a eu trois
sortes

sortes d'Amazones, semblables, pour le moins differentes de lieux & d'habitations. Les plus anciennes ont esté en Afrique, entre lesquelles ont esté les Gorgones, qui auoient Meduse pour Royne. Les autres Amazones ont esté en Scythie pres le fleuue de Tanaïs: lesquelles depuis ont regné en vne partie de l'Asie, pres le fleuue Thermodoon. Et la quatriéme sorte des Amazones, sont celles desquelles parlons presentement. Il y à diuerses opiniós pourquoy elles ont esté appellées Amazones. La plus commune est, pource que ces femmes se brusloient les mamelles en leur ieunesse, pour estre plus dextres à la guerre. Ce que ie trouue fort estrange, & m'en rapporterois aux medecins, si telles parties se peuuent ainsi cruellement oster sans mort, attendu qu'elles sont fort sensibles, ioint aussi qu'elles sont prochaines du cueur, toutefois la meilleure part est de ceste opinion. Si ainsi estoit, ie pense que pour vne qui euaderoit la mort, qu'il en mourroit cét. Les autres prénét l'etymologie de ceste particule *A*, priuatiue, & de *Maza*, qui signifie pain, pource qu'elles ne viuoiét de pain, ains de quelques autres choses. Ce que n'est moins absurde que l'autre: car lon eust peu appeller, mesmes de ce téps là, plusieurs peuples viuants sans pain, Amazones: comme les Troglodites, & plusieurs autres, & auiourd'huy tous noz Sauuages. Les autres de *A* priuatif, & *Mazos*, comme celles qui ont esté nourries sans laict de mammelle: ce qu'est plus vraysemblable, comme est d'opinion Philostrate: ou bien d'vne Nymphe nommée Amazonide, ou d'vne autre nommée Amazone, religieuse de Diane, & Royne d'Ephese. Ce que i'estimerois plus tost que bruslement de mammaïls: & en dispute au

Trois sortes d'Amazones ancié nement.

Diuersité d'opinions sur l'appellation & etymologie des Amazones.

Philostrate.

cõtraire qui vouldra. Quoy qu'il en soit ces femmes sont renommées belliqueuses. Et pour en parler plus à plein, il faut noter qu'apres que les Scythes, que nous appellons Tartares, furent chassez d'Egypte, subiuguerent la meilleure partie de l'Asie, & la rendirent totalement tributaire, & soubs leur obeïssance. Ce pendant que long temps les Scythes demeurerent en ceste expedition & conqueste, pour la resistence des superbes Asians, leurs femmes ennuyées de ce si long seiour (comme la bonne Penelopé de son mary Vlysses) les admonnestent par plusieurs gracieuse lettres & messages de retourner: autremẽt que ceste longue & intolerable absence les contraindroit faire nouuelles alliances auecques leurs prochains & voisins: consideré que l'ancienne lignée des Scythes estoit en hazard de perir. Nonobstant ce peuple sans auoir egard aux douces requestes de leurs femmes, ont tenu d'vn courage obstiné cinq cens ans ceste Asie tant superbe: voire iusques à ce que Ninus la deliura de ceste miserable seruitude. Pendant lequel temps ces femmes ne firent oncques alliance de mariage auecques leurs voisins, estimans que le mariage n'estoit pas moyen de leur liberté, ains plus tost de quelque lien & seruitude: mais toutes d'vn accord & vertueuse entreprise delibererent de prendre les armes, & faire exercice à la guerre, se reputans estre descendues de ce grand Mars dieu des guerres. Ce qu'elles executerent si vertueusement soubs la conduite de Lampedo & Marthesia leurs Roynes, qui gouuernoient l'vne apres l'autre, que non seulement elles defendirent leur païs de l'inuasion de leurs ennemis, maintenans leur grandeur & liberté, mais aussi firent plusieurs belles conquestes

Amazones femmes belliqueuses.

Asie tributaire aux Scythes l'espace de cinq cẽs ans.

Lãpedo & Marthesia premieres Roynes des Amazones.

DE LA FRANCE ANTARCTIQVE. 126

queſtes en Europe & en Aſie, iuſques à ce fleuue, dont nous auons n'agueres parlé. Auſquels lieux, principalement en Epheſe, elles firét baſtir pluſieurs chaſteaux, villes, & forereſſes. Ce fait elles renuoyerent vne partie de leurs bandes en leurs païs, auecques riche butin de deſpouilles de leurs ennemis, & le reſte demoura en Aſie. Finablement ces bonnes dames pour la conſeruation de leur ſang, ſe proſtituerent voluntairement à leurs voiſins, ſans autre eſpece de mariage : & de la lignée qui en procedoit, elles faiſoient mourir l'enfant maſle, reſeruans la femelle aux armes, auſquelles la dreſſoient fort bien, & auecques toute diligence. Elles ont doncques preferé l'exercice des armes, & de la chaſſe, à toutes autres choſes. Leurs armes eſtoient arcs & fleches auec certains boucliers, dont Virgile parle en ſon Eneide, quand elles allerent, durant le ſiege de Troie, au ſecours des Troiens contre les Grecs. Aucuns tiennent auſsi, qu'elles ſont les premieres qui ont commencé à cheuaucher, & à combatre à cheual. Or eſt il temps deſormais de retourner aux Amazones de noſtre Amerique, & de noz Eſpagnols. En ceſte part elles ſont ſeparées d'auec les hommes, & ne les frequentent que bien rarement, comme quelque fois en ſecret la nuit, ou à quelque autre heure determinée. Ce peuple habite en petites logettes, & cauernes contre les rochers, viuant de poiſſon, ou de quelques ſauuagines, de racines, & quelques bons fruits, que porte ce terrouër. Elles tuent leurs enfans maſles, inçõtinent apres les auoir mis ſus terre : ou bien les remettét entre les mains de celuy auquel elles les penſent appartenir. Si c'eſt vne femelle, elles la retiennent à ſoy, tout ainſi que faiſoient les pre-

Maniere de viure des Amazones de l'Amerique.

I ij

LES SINGVLARITEZ

mieres Amazones. Elles font guerre ordinairemét contre quelques autres nations: & traitent fort inhumainement ceux qu'elles peuuent prendre en guerre. Pour les faire mourir elles les pendent par vne iambe à quelque haute branche d'vn arbre: pour l'auoir ainsi laissé quelque espace de temps, quand elles y retournent, si de cas fortuit n'est trespassé, elles tirerót dix mille coups de flesches: & ne le mangent comme les autres Sauuages, ains le passent par le feu, tant qu'il est reduit en cendres. D'auanta-

Côme les Amazones traittét ceux qu'ils prénent en guerre.

ge ces femmes approchans pour combatre, iettent horribles & merueilleux cris, pour espouuéter leurs ennemis.
De l'origine de ces Amazones en ce païs n'est facile d'en escrire au certain. Aucuns tiennent, qu'apres la guerre de Troie, ou elles allerent (cóme desia nous auons dit) soubs

Origine des Amazones Ameriques incertaine.

Pente-

Pentesilée, elles s'ecartent ainsi de tous costez. Les autres, qu'elles estoient venuës de certains lieux de la Grece en Afrique, d'ou vn Roy, assez cruel les rechassa. Nous en auons plusieurs histoires, ensemble de leurs prouësses au fait de la guerre, & de quelques autres femmes, que ie laisseray pour continuër nostre principal propos: comme assez nous demonstrent les histoires anciennes, tant Greques, que Latines. Vray est, que plusieurs auteurs n'en ont descript quasi que par vne maniere d'acquit. Nous auós commencé à dire, comme noz pelerins n'auoient seiourné que bien peu, pour se reposer seulement, & pourchasser quelques viures: pource que ces femmes comme toutes estonnées de les voir en cest equipage, qui leur estoit fort estrange, s'assemblent incontinét de dix à douze mille en moins de trois heures, filles & femmes toutes nues, mais l'arc au poin & la flesche, cómençans à hurler comme si elles eussent veu leurs ennemis: & ne se termina ce deduit sans quelques flesches tirées: à quoy les autres ne voulans faire resistence, incontinent se retirerent bagues sauues. Et de leuer ancres, & de desplier voiles. Vray est qu'a leur partement, disans adieu, ils les saluerét de quelques coups de canon: & femmes en route: toutefois qu'il n'est vraysemblable qu'elles se soient aisément sauuées sans en sentir quelque autre chose.

Arriuée des Espagnols en la cōtrée des Amazones, & cōme ils furent receuz.

I iiij

De la continuation du voyage de Morpion, & de la riuiere de Plate. CHAP. 64.

Cōtinuation du voyage des Espagnols en la terre de Morpion.

DE là continuans leur chemin bien enuiron six vingts lieuës, congneurent par leur Astrolabe, selon la hauteur du lieu ou ils estoient, laquelle est tant necessaire pour la bonne nauigation, que ceux qui nauiguent en lointains païs ne pourroyent auoir seureté de leur voyage, si ceste prattique leur deffailloit: parquoy cest art de la hauteur du Soleil, excede toutes les autres reigles: & ceste subtilité: les Anciens l'ont grandement estimée & pratiquée, mesmement Ptolomée & autres grāds autheurs. Donques ils quittēt leurs Carauelles, les enfonsans au fond de l'eau, puis chacun se charge du reste de leurs viures, munitions, & marchandises, les Esclaues principalement, qui estoyent là pour ceste fin. Ils cheminerent par l'espace de neuf iours, par montagnes, enrichies de toutes sortes d'arbres, herbes, fleurs, fruits & verdure, tant que par leurs iournées aborderent vn grand fleuue, prouenāt des hautes mōtagnes, ou se trouuerēt certains sauuages, entre lesquels de grand crainte les vns fuyoiēt, les autres montoiēt es arbres: & ne demeura en leurs logettes, que quelques vieillards, auxquels (par maniere de cōgratulatiō) feirēt presens de quelques couteaux & mirouërs: ce que leur fut tresagreable. Parquoy ces bons vieillards se mettent en effort d'appeler les autres, leur faisans entēdre, que ces estrangers nouuellement arriuez, estoient quelques grands Seigneurs, qui en rien ne les vouloient incommoder, ains leur faire presens

DE LA FRANCE ANTARCTIQVE. 128

prefens de leurs richeffes. Les Sauuages efmeuz de cefte liberalité, fe mettent en deuoir de leur amener viures, cóme poiffons, fauuagines, & fruits felon le païs. Ce que voyans les Efpagnols fe propoferent de paffer là leur hyuer, attendans autre temps, & ce pendant decouurir le païs, aufsi f'il fe trouueroit point quelque mine d'or, ou d'argent, ou autre chofe, dont ils remportaffent quelque fruit. Par ainfi demeurerent là fept moys entiers: lefquels voyans les chofes ne fucceder à fouhait, reprennent chemin, & paffent outre, ayans pris pour conduite huit de ces Sauuages, qui les menerét enuiró quatre vingts lieuës, paffans toufiours par le milieu d'autres Sauuages, beaucoup plus rudes, & moins traitables, que les precedés: en quoy leur fut autant neceffaire que proffitable la conduite. Finablement congnoiffans veritablement, eftre paruenus à la hauteur d'vn lieu nommé Morpion, lors habité de Portugais, les vns comme laffez de fi long voyage, furent d'auis de tirer vers ce lieu fus nommé: les autres au contraire de perfeuerer iufques à la riuiere de Plate, diftante encore enuiron trois cens lieuës par terre. En quoy pour refolution, felon l'aduis du Capitaine en chef, vne partie pourfuit la route vers Plate, & l'autre vers Morpion. Pres lequel lieu noz pelerins fpeculoyent de tous coftez, f'il fe trouueroit occafion aucune de butin, iufques à tant qu'il fe trouua vne riuiere, paffant au pié d'vne montagne, en laquelle beuuans, confiderent certaines pierres, reluyfantes comme argent, dont ils en porterent quelque quantité iufques à Morpion, diftant de là dixhuit lieuës: lefquelles furent trouuées à la preuue, porter bonne & naturelle mine d'argent. Et en à depuis le Roy de Portugal tiré

Diuifion de leur cõpagnie pour tirer à la riuiere de Plate.

Mine d'argent tresbõne.

I iiij

LES SINGVLARITEZ

de l'argent infini, apres auoir fait fonder la mine, & reduire en eſſence. Apres que ces Eſpagnols furent repoſez & recréez à Morpion, auec les Portugais leurs voiſins, fut queſtion de ſuiure les autres, & tourner chemin vers Plate, loing de Morpion deux cens cinquante lieuës, par mer, & trois cens par terre: où les Eſpagnols ont trouué pluſieurs mines d'or & d'argent, & l'ont ainſi nommée Plate, qui ſignifie en leur langue Argent : & pour y habiter, ont baſti quelques fortereſſes. Depuis aucuns d'eux, auec quelques autres Eſpagnols, nouuellemẽt venuz en ce lieu, nõ contens encore de leur fortune, ſe ſont hazardez de nauiguer, iuſques au deſtroit de Magellan, ainſi appellé, du nom de celuy qui premiement le decouurit, qui confine l'Amerique, vers le Midy : & de là entrerent en la mer Pacifique, de l'autre coſté de l'Amerique, ou ils ont trouué pluſieurs belles iſles : & finablement paruenuz iuſques aux Molluques, qu'ils tiennent & habitent encores auiourdhuy. Au moyen de quoy retourne vn grand tribut d'or & d'argent au prince d'Eſpagne. Voila ſommairement quant au voyage, duquel i'ay bien voulu eſcrire en paſſant, ce que m'en à eſté recité ſus ma nauigation par quelcun qui le ſçauoit, ainſi qu'il m'aſſeura, pour auoir fait le voyage.

Mines d'or & d'argent. Plate fleuue pourquoy ainſi nõmé. Detroit de Magellan. Mer Pacifique. Iſles des Moluques habitées des Eſpagnols.

La ſeparation des terres du Roy d'Eſpagne & du Roy de Portugal. CHAP. 65.

LEs Roys d'Eſpagne & Portugal apres auoir acquis en communes forces pluſieurs victoires & heureuſes conqueſtes, tant en Leuant qu'en Ponent, aux lieux de terre & de mer nõ au par-

au parauant congneuz ne decouuers, se propoferét pour vne asseuráce plus grande de diuifer & limiter tout le païs qu'ils auoient conquesté, pour aufsi obuier aux querelles qui en euffent peu ensuyuir, comme ils eurent de la mine d'or du Cap à trois pointes, qui est en la Guinée : comme aufsi des isles du Cap verd, & plusieurs autres places. *Cap à trois poin tes.*
Aufsi vn chacun doit sçauoir qu'vn Royaume ne veut iamais souffrir deux Roys, ne plus ne moins que le monde ne reçoit deux Soleils. Or est il que depuis la riuiere de Marignan, entre l'Amerique & les isles des Antilles, qui ioignent au Peru iufques à la Floride, pres Terre neuue, est demeuré au prince d'Espagne, lequel tient aufsi grand païs en l'Amerique, tirant du Peru au Midy sus la coste de l'Ocean iufques à Marignan, comme a esté dit. Au Roy de Portugal auint tout ce qui est depuis la mesme riuiere de Marignan vers le Midy, iufques à la riuiere de Plate, qui est trente six degrez delà l'Equinoctial. Et la premiere place tirant au costé de Magellan est nommée Morpion, la seconde Mahouhac, auquel lieu se sont trouuées plusieurs mines d'or & d'argent. Tiercemét Porte figoure pres du cap de Saint Augustin. Quartement la pointe de Crouestmourou, Chasteaumarin, & Fernambou, qui sont cósins des Canibales de l'Amerique. De declarer particulierement tous les lieux d'vne riuiere à l'autre, cóme Curtane, Caribes, prochain de la riuiere douce, & de Real, ensemble leurs situations, & autres, ie m'en deporteray pour le present. Or sçachez seulement qu'en ces places dessus nommées les Portugais se sont habituez, & sçauent bien entretenir les Sauuages du païs, de maniere qu'ils viuent là paisiblement, & traffiquét de plusieurs *Terres du Roy d'Espagne.* *Païs aue nuz au Roy de Portugal.*

K

riches marchandises. Et là ont basti maisons & forts pour s'asseurer contre leurs ennemis. Pour retourner au Prince d'Espagne, il n'a pas moins fait de sa part, que nous auons dit estre depuis Marigná vers le Ponent, iusques aux Moluques, tant deça que delà, en l'Ocean & en la Pacifique, les isles de ces deux mers, & le Peru en terre ferme: tellement que le tout ensemble est d'vne merueilleuse estendue, sans le païs confin qui se pourra decouurir auec le temps, comme Cartagere, Cate, Palmarie, Parise grande & petite. Tous les deux, specialement Portugais, ont semblablement decouuert plusieurs païs au Leuant pour traffiquer, dont ils ne iouyssent toutefois, ainsi qu'en plusieurs lieux de l'Amerique & du Peru. Car pour regner en ce païs il faut prattiquer l'amitié des Sauuages: autrement ils se reuoltent, & saccagent tous ceux qu'ils peuuent trouuer le plus souuent. Et se faut accómoder selon les ligues, querelles, amitiez, ou inimitiez qui sont entre eux. Or ne faut péser telles decouuertures auoir esté faites sans grande effusion de sang humain, specialement des pauures Chrestiens, qui ont exposé leur vie, sans auoir egard à la cruauté & inhumanité de ces peuples, bref ne difficulté quelconque. Nous voyons en nostre Europe combien les Romains au commencement voulans amplifier leur Empire, voire d'vn si peu de terre, au regard de ce qui a esté fait depuis soixante ans ença, ont espandu de sang, tát d'eux que de leurs ennemis. Quelles furies, & horribles dissipations de loix, disciplines, & honnestes façons de viure ont regné par l'vniuers, sans les guerres ciuiles de Sylla & Marius, Cinna, & de Pompée, de Brutus, d'Antoine, & d'Auguste, plus dommageables que les autres? Aussi

Païs non encore decouuers.

s'en

s'en est ensuyuie la ruine de l'Italie par les Gots, Huns, & Vvandales, qui mesmes ont enuahi l'Asie, & dissipé l'Empire des Grecs. Auquel propos Ouide semble auoir ainsi parlé,

Or voyons nous toutes choses tourner,
Et maintenant vn peuple dominer,
Qui n'estoit rien: & celuy qui puissance
Auoit en tout, luy faire obeïssance.

Conclusion que toutes choses humaines sont subiectes à mutation, plus ou moins difficiles, selon qu'elles sont plus grandes ou plus petites.

Diuision des Indes Occidentales, en trois parties.
CHAP. 66.

Avant que passer outre à descrire ce païs, à bon droit (comme i'estime) auiourd'huy appellé France Antarctique, au parauant Amerique, pour les raisons que nous auons dictes, pour son amplitude en toute dimension, me suis aduisé (pour plus aisémét dóner à entédre aux Lecteurs) le diuiser en trois. Car depuis les terres recétemét decouuertes, tout le païs de l'Amerique, Peru, la Floride, Canada, & autres lieux circónuoisins, à aller iusques au destroit de Magellan, ont esté appellez en cómun, Indes Occidentales. Et ce pourtant que le peuple tient presque mesme maniere de viure, tout nud, barbare, & rude, comme celuy qui est encores aux Indes de Leuant. Lequel païs merite veritablement ce nom du fleuue Indus, comme nous disons en

K ij

quelque lieu. Ce beau fleuue donc entrant en la mer de Leuāt, appellée Indique, par fept bouches (comme le Nil en la Mediterranée) prend fon origine des montagnes Arbiciennes & Beciennes. Aufsi le fleuue Ganges, entrāt femblablement en cefte mer par cinq bouches, diuife l'Inde en deux, & fait la feparation de l'vne à l'autre. Eſtāt donc cefte region fi loingtaine de l'Amerique, car l'vne eſt en Orient, l'autre cōprend depuis le Midy iufques en Occidēt, nous ne fçauriōs dire eſtre autres, qui ayēt impofé le nom à cefte terre que ceux qui en ont fait la premiere decouuerte, voyās la beſtialité & cruauté de ce peuple ainfi barbare, fans foy, ne fans loy, & nō moins femblable à diuers peuples des Indes, de l'Afie, & païs d'Ethiopie: defquels fait ample mention Pline en fon hiſtoire naturelle. Et voila cōme ce païs à pris le nō d'Inde à la fimilitude de celuy qui eſt en Afie, pour eſtre conformes les meurs, ferocité & barbarie (comme n'agueres auōs dit) de ces peules occidētaux, à aucūs de Leuant. Doncques la premiere partie de cefte terre, ainfi ample cōtient vers le Midy, depuis le detroit de Magellā, qui eſt cinquāte deux degrez, minutes trēte delà la ligne equinoctiale, i'entés de latitude auſtrale, ne cōprenant aucunemēt l'autre terre, qui eſt delà le detroit, laquelle n'à eſté iamais habitée, ne cōgnuë de nous, finō depuis ce detroit, venāt à la riuiere de Plate. De là tirant vers le Ponēt, loing entre ces deux mers, font cōprinfes les prouinces de Patalie, Paranaguacu, Margageas, Patagones, ou region des Geans, Morpion, Tabaiares, Toupinambau, Amazones, le païs du Brefil, iufques au cap de fainct Auguſtin, qui eſt huit degrez delà la ligne, le païs des Canibales, Antropophages, lefquelles regions

gions sont comprises en l'Amerique enuironnée de nostre mer Oceane, & de l'autre costé deuers le Su de la mer Pacifique, que nous disons autrement Magellanique. Nous finirós donc ceste terre Indique à la riuiere des Amazones, laquelle tout ainsi que Ganges fait la separation d'vne Inde à l'autre vers Leuant: aussi ce fleuue notable (lequel à de largeur cinquante lieuës) pourra faire separation de l'Inde Amerique à celle du Peru. La seconde partie cómencera depuis ladite riuiere, tirant & comprenant plusieurs royaumes & prouinces tout le Peru, le destroit de terre contenant Darien, Furne, Popaian, Anzerma, Carapa, Quimbaya, Cali, Paste, Quito, Canares, Cuzco, Chile, Patalia, Parias, Temistitan, Mexique, Catay, Panuco, les Pigmées, iusques à la Floride, qui est située vingtcinq degrez de latitude deçà la ligne. Ie laisse les isles à part, sans les y comprendre, combien qu'elles ne sont moins grandes que Sicile, Corse, Cypre, ou Candie, ne moins à estimer. Parquoy sera ceste partie limitée vers Occident, à la Floride. Il ne reste plus, sinon de descrire la troisieme: laquelle commencera à la neuue Espagne, cóprenant toutes les prouinces de Anauac, Vcatan, Culhuacan, Xalixe, Chalco, Mixtecapan, Tezeuco, Guzanes, Apalachen, Xancho, Aute, & le royaume de Micuacan. De la Floride iusques à la terre des Baccales (qui est vne grande region, soubs laquelle est comprise aussi la terre de Canada, & la prouince de Chicora, qui est trentetrois degrez deçà la ligne) la terre de Labrador, Terre neuue, qui est enuirónée de la mer Glaciale, du costé du Nort. Ceste contrée des Indes occidentales, ainsi sommairement diuisée, sans specifier plusieurs choses d'vn bout à

K iij

l'autre, c'est à sçauoir, du destroit de Magellan, auquel auons commencé, iusques à la fin de la derniere terre Indique, y à plus de quatre mille huit cens lieuës de longueur: & par cela lon peut considerer la largeur, excepté le destroit de Parias susnommé. Pourquoy on les appelle communément auiourd'huy Indes maieures, sans comparaison plus grandes que celles de Leuant. Au reste ie supplie le Lecteur prendre en gré ceste petite diuision, attendant le temps qu'il plaise à Dieu nous donner moyen d'en faire vne plus grande, ensemble de parler plus amplement de tout ce païs: laquelle i'ay voulu mettre en cest endroit, pour apporter quelque lumiere au surplus de nostre discours.

De l'isle des Rats. CHAP. 67.

Vittans incontinent ces Canibales pour le peu de consolation que lon en peut receuoir auec le vent de Su, vogames iusques à vne tresbelle isle loingtaine de la ligne quatre degrez : & non sans grand dáger on l'approche, car elle n'est moins difficile à afronter que quelque grand promontoire, tant pource qu'elle entre auant dedans la mer, que pour les rochers, qui sont à l'entour, & en front de riuage. Ceste isle à esté decouuerte fortuitement, & au grand desauantage de ceux qui premierement la descouurirent. Quelque nauire de Portugal passant quelquefois sur ceste coste par imprudence & faute de bon gouuernement, hurtant contre vn rocher pres de ceste isle, fut brisée & toute submergée

Naufrage d'vne nauire Portugaise.

mergée en fond, hors-mis vingt & trois hommes qui se sauuerent en ceste isle. Auquel lieu ont demouré l'espace de deux ans, les autres morts iusques à deux : qui ce pendant n'auoient vescu que de rats, oyseaux & autres bestes. Et comme quelquefois passoit vne nauire de Normandie retournant de l'Amerique, mirent l'esquif pour se reposer en ceste isle, ou trouuerent ces deux pauures Portugais, restans seulement de ce naufrage, qu'ils emmenerét auec eux. Et auoient ces Portugais nómé l'Isle des Rats, pour la multitude des rats de diuerse espece, qui y sont, en telle sorte qu'ils disoient leurs compagnons estre morts en partie, pour l'ennuy que leur faisoit ceste vermine, & sont encores, quand lon descend là, qu'à grande difficulté s'en peult on defendre. Ces animaux viuent d'œufs de tortues, qu'elles font au riuage de la mer, & d'œufs d'oyseaux, dont il y á grande abondance. Aussi quand nous y allames pour chercher eau douce, dont nous auions telle necessité, que quelques vns d'entre nous furent contrains de boire leur vrine : ce qui dura l'espace de trois mois, & la famine quatre, nous y vimes tant d'oyseaux, & si priuez, qu'il nous estoit aisé d'en charger noz nauires. Toutefois il ne nous fut possible de recouurer eau douce, ioint que n'entrames auant dans le païs. Au surplus elle est tresbelle, enrichie de beaux arbres verdoyans la meilleure part de l'année, né plus ne moins qu'vn verd pré au mois de May, encore qu'elle soit pres de la ligne à quatre degrez. Que ceste isle soit habitable n'est impossible, aussi bien que plusieurs autres en la mesme zone : comme les isles Saint Homer, sous l'equinoctial & autres. Et si elle estoit habitée, ie puis veritable-

Isle des Rats pourquoy ainsi nōmée.

Cōmoditez de l'isle des Rats.

K iiij

ment asseurer, qu'on en feroit vn des beaux lieux, qu'i soit possible au monde, & riche à l'equipolent. On y feroit bien force bon sucre, espiceries, & autres choses de grand emolument. Ie sçay bien que plusieurs Cosmographes ont eu ceste opinion, que la Zone entre les tropiques estoit inhabitable, pour l'excessiue ardeur du Soleil: toutefois l'experience monstre le contraire, sans plus longue contention: tout ainsi que les Zones aux deux poles pour le froid. Herodote & Solin afferment que les monts Hyperborées sont habitables, & pareillement le Canada, approchant fort du Septentrion, & autres païs encores plus pres, enuiron la mer Glaciale, dont nous auons desia parlé. Parquoy sans plus en disputer, retournous à nostre isle des Rats. Ce lieu est à bon droit ainsi nommé, pour l'abondance des Rats, qui viuent là, dont y à plusieurs especes. Vne entre les autres, que mangent les Sauuages de l'Amerique, nommez en leur langue *Sohiatan:* & ont la peau grise, la chair bonne & delicate, comme d'vn petit leuraut. Il en y à vne autre nommée *Hierousou*, plus grands que les autres, mais non si bons à manger. Ils sont de telle grandeur que ceux d'Egypte, que lon appelle rats des Pharaon. D'autres grands comme foines, que les Sauuages ne mágent point, à cause que quand ils sont morts ils puent cóme charógne, cóme i'ay veu. Il se trouue là pareillemét varieté de serpens, nómez *Gerara*, lesquels ne sont bons à manger: ouy bien ceux qu'ils nóment *Theïrab*. Car de ces serpens y en à plusieurs especes qui ne sont en rié veneneux, ne semblables à ceux de nostre Europe: de maniere que leur morsure n'est mortelle, ne aucunemét dangereuse. Il s'en trouue de rouges, ecaillez

Zone entre les tropiques habitable.

Abõdance de rats

Sohiatã, espece de rat.
Hierousou, autre espece de rat.

Gerara, espece de serpent.
Theïrab.

lez de diuerses couleurs: pareillement en ay veu de verds autát ou plus que la verde fueille de laurier que lon pourroit trouuer. Ils ne sont si gros de corps que les autres, neantmoins ils sont fort longs. Pourtát ne se fault esmerueiller si les Sauuages là entour mangent de ces rats & serpens sans danger: ne plus ne moins que les lesarts, comme cy deuant nous auõs dit. Pres ceste isle se trouue semblablement vne sorte de poisson, & sur toute la coste de l'Amerique, qui est fort dangereux, aussi craint & redouté des Sauuages: pource qu'il est rauissant & dangereux, comme vn Lion ou vn loup affamé. Ce poisson nommé *Houperou* en leur langue, mange l'autre poisson en l'eau, hors-mis vn, qui est grand comme vne petite carpe, qui le suit tousiours, comme s'il y auoit quelque sympathie & occulte amytié entre les deux: ou bien le suit pour estre garanti & defendu contre les autres, dont les Sauuages quand ils peschent tous nuds, ainsi qu'ils font ordinairement, le craignent, & non sans raison, car s'il les peut attaindre, il les submerge & estrágle, ou bien ou il les touchera de la dent, il emportera la piece. Aussi ils se gardent bien de máger de ce poisson, ains s'ils le peuuent prendre vif, ce qu'ils font quelquefois pour se venger, ils le font mourir à coups de fleches. Estans donc encores quelque espace de temps, & tournans çà & là, i'en contemplé plusieurs estranges que n'auons par deça: entre lesquels i'en veis deux fort monstrueux, ayans soubs la gorge comme deux tetines de cheure, vn fanon ou menton, que lon iugeroit à le voir estre vne barbe. La figure cy apres mise, cóme pouez voir, represente le reste du corps.

Houperou, espece de poisson.

Espece de poisson estrange.

L

LES SINGVLARITEZ

Voila comme Nature grande ouuriere prend plaisir à diuersifier ses ouurages tant en l'eau, qu'en la terre: ainsi que le sçauant ouurier enrichist son œuure de pourtraits & couleurs, outre la traditiue commune de son art.

La continuation de nostre chemin, auecques la declaration de l'Astrolabe marin.
CHAP. 68.

Indispotion de l'air aupres de l'equinoctial.

Our ne trouuer grand soulagement de noz trauaux en ceste isle, il fut question sans plus seiourner, de faire voile auecques vent assez propre iusques sous nostre equinoctial, à l'entour duquel & la mer & les vents sont asses inconstans. Aussi là voit on tousiours l'air indisposé: si d'vn costé est serein, de l'autre nous menasse d'orage: donc le plus souuent

uent là dessoubs sont pluies & tonnerres, qui ne peuuent estre sans danger aux nauigants. Or auant qu'approcher de ceste ligne, les bons pillots & mariniers experts conseillent tousiours leurs astrolabes, pour congnoistre la distance & situation des lieux ou lon est. Et puis qu'il vient à propos de cest instrumét tant necessaire en nauigation, i'en parleray legerement en passant pour l'instruction de ceux qui veulent suiure la marine, si grand que l'entendement de l'homme ne le peut bonnement comprendre. Et ce que ie dis de l'astrolabe, autant en faut entendre de la bossole, ou esguile de mer, par laquelle on peut aussi conduire droitement le nauire. Cest instrument est aussi tant subtil & prime, qu'auec vn peu de papier ou parchemin, comme la paume de la main, & auecques certaines lignes marquées, qui signifient les vents, & vn peu de fer, duquel se fabrique cest instrument, par sa seule naturelle vertu, qu'vne pierre luy donne & influe, par son propre mouuement, & sans que nul la touche, móstre ou est l'Orient, l'Occident, le Septentrion, & le Midy: & pareillement touts les trente deux vents de la nauigation, & ne les enseigne pas seulement en vn endroit, ains en tous lieux de ce monde: & autres secrets, que ie laisse pour le present.

Parquoy appert clerement que l'astrolabe, l'esgueille, auec la carte marine sont bien faites, & que leur adresse & perfection est chose admirable, d'autant qu'vne chose tant grande, comme est la mer, est portraite en si petite espace, & se conforme, tant qu'on adresse par icelle à nauiger le monde. Dont le bon & iuste Astrolabe n'est autre chose, que la Sphere pressée & representée en vn plain, accompli en sa rotondité de trois cens soixante degrez,

Signification de l'Astrolabe marin.

L ij

respondans à la circonference de l'vniuers diuisée en pareil nombre de degrez : lesquels de rechef il faut diuiser en nostre instrument par quatre parties egales: c'est à sçauoir en chascune partie nonante, lesquels puis apres faut partir de cinq à cinq. Puis tenant vostre instrument par l'anneau, l'eleuer au Soleil, en sorte que l'on puisse faire entrer les rayons par le pertuis de la lidade, puis regardant à vostre declinaison, en quel an, moys, & iour vous estes, quád vous prenez la hauteur, & que le Sloeil soit deuers le Su, qui est du costé de l'Amerique, & vous soyez deuers le Nort, il vous faut oster de vostre hauteur autát de degrez que le Soleil a decliné loing de la ligne, de laquelle nous parlons, par deuers le Su. Et si en prenát la hauteur du Soleil vous estes vers Midy delà l'equinoctial, & le Soleil soit au Septentrion, vous deuez semblablement oster autant de degrez, que le Soleil decline de la ligne vers nostre pole. Exemple: Si vous prenez vostre hauteur, le Soleil estant entre l'equinoctial & vous, quand aurez pris ladicte hauteur, il faut pour sçauoir le lieu ou vous estes, soit en mer ou en terre, adiouster les degrez que le Soleil est decliné loing de la ligne, auecques vostre hauteur, & vous trouuerez ce que demandez : qui s'entend autant du pole Arctique qu'Antarctique. Voila seulement Lecteur, vn petit mot en passant de nostre Astrolabe, remettant le surplus de la congnoissance & vsage de cest instrument aux Mathematiciens, qui en font profession ordinaire. Il me suffit en auoir dit sommairement ce que ie congnois estre necessaire à la nauigation, specialement aux plus rudes qui n'y sont encores exercez.

Depar-

Departement de nostre equateur, ou equinoctial.
CHAP. 69.

IE pense qu'il n'y a nul homme d'esprit qui ne sçache que l'equinoctial ne soit vne trasse au cercle, imaginé par le milieu du monde, de Leuant en Ponent, en egale distance des deux : tellement que de cest equinoctial, iusques à chacun des Poles y a nonante degrez, comme nous auons amplement traicté en son lieu. Et de la temperature de l'air, qui est là enuiron, de la mer, & des poissons : reste qu'en retournant en parlions encores vn mot, de ce que nous auons omis à dire. Passans donc enuiron le premier d'Auril, auec vn vent si propice, que tenions facilement nostre chemin au droit fil, à voiles depliées, sans en decliner aucunement, droit au Nort : toutefois molestez d'vne autre incómodité, c'est que iour & nuit ne cessoit de plouuoir: ce que neantmoins nous venoit aucunement à propos, pour boire, consideré la necesité que l'espace de deux moys & demy, auions endurée de boire, n'ayans peu recouurer d'eau douce. Et Dieu sçait si nous ne beumes pas nostre saoul, & à gorge depliée, veu les chaleurs excessiues qui nous bruloyent. Vray est, que l'eau de pluye, en ces endrois est corrompuë, pour l'infection de l'air, dont elle vient, & de matiere pareillement corrompuë en l'air & ailleurs, dont ceste pluye est engendrée : de maniere que si on en laue les mains, il s'eleuera dessus quelques vescies & pustules. A ce propos ie sçay bien que les Philosophes tiennent quelque eau de pluye n'estre saine,

Depart de l'Auteur de l'equinoctial.

Certaine eau de pluye vitieuse.

L iij

& mettent difference entre ces eaux, auec les raisons que ie n'allegueray pour le present, euitant prolixité. Or quelque vice qu'il y eust, si en falloit il boire, fusse pour mourir. Ceste eau dauantage tombant sur du drap, laisse vne tache, que à grande difficulté lon peut effacer. Ayans doncques incontinent passé la ligne, il fut question pour nostre conduite, commencer à compter noz degrez, depuis là iusques en nostre Europe, autant en faut il faire, quand on va par delà, apres estre paruenu soubs ladicte ligne. Il est certain, que les Anciens mesuroyent la terre (ce que lon pourroit faire encores auiourd'huy) par stades, pas, & pieds, & non point par degrez, comme nous faisons, ainsi qu'afferment Pline, Strabon, & les autres. Mais Ptolemée inuenta depuis les degrez, pour mesurer la terre & l'eau ensemble, qui autrement n'estoyent ensemble mesurables, & est beaucoup plus aysé. Ptolemée donc à compassé l'vniuers par degrez, ou, tant en longueur que largeur, se trouuent trois cens soixante, & en chacun degré septante mille, qui vallent dixsept lieuës & demye, comme i'ay peu entendre de noz Pilotes, fort expers en l'art de nauiguer. Ainsi cest vniuers ayant le ciel & les elemens en sa circonference, contient ces trois cens soixante degrez, egalez par douze signes, dont vn chacun à trente degrez : car douze fois trente font trois cens soixante iustement. Vn degré contient soixante minutes, vne minute soixante tierces, vne tierce soixante quartes, vne quarte soixante quintes, iusques à soixante dixiémes. Car les proportions du ciel se peuuent partir en autant de parties, que nous auons icy dit. Donc par les degrez on trouue la longitude, latitude, & distance des lieux.

Dimension de l'vniuers.

Diuision du degré.

lieux. La latitude depuis la ligne en deçà iusques à nostre pole, ou il y â nonante degrez & autant delà, la longitude prise depuis les Isles Fortunées au Leuant. Pourquoy ie dis pour cóclusion que le Pilotte qui voudra nauiguer, doit considerer trois choses: la premiere, en quelle hauteur de degrez il se trouue, & en quelle hauteur est le lieu ou il veut aller. La seconde le lieu ou il se trouue, & le lieu ou il espere aller, & sçauoir quelle distance ou elongnement il y â d'vn costé à l'autre. La troisiéme, sçauoir quel vent, ou vents le seruirót en sa nauigation. Et le tout pourra voir & congnoistre par sa carte & instrumens de marine. Poursuiuans tousiours nostre route six degrez deçà nostre ligne, tenans le cap au Nort iusques au quinziéme d'Auril, auquel temps congneumes le Soleil directemét estre soubs nostre Zenith, qui n'estoit sans endurer excessiue chaleur, comme pouuez bien imaginer, si vous considerez la chaleur qui est par deça le Soleil estant en Cancer, bien loing encores de nostre Zenith, à nous qui habitons ceste Europe. Or auant que passer outre ie parleray de quelques poissons volans que i'auois omis, quand i'ay parlé des poissons qui se trouuét enuiron ceste ligne.

Il est donc à noter qu'enuiron ladite ligne dix degrez deçà & delà, il se trouue abondance d'vn poisson que lon voit voler haut en l'air, estant poursuyui d'vn autre poisson pour le manger. Et ainsi de la quantité de celuy que lon voit voler, on peut aisément comprendre la quantité de l'autre viuant de proye. Entre lesquels la Dorade (de laquelle auons parlé cy dessus) le poursuit sur tous autres, pource qu'il â la chair fort delicate & friande. Duquel y â deux especes: l'vne est gráde comme vn haren de deça:

L iiij

Cóme se peut congnoistre latitude, lógitude, & distáce des lieux.

Espece de poisson volant.

& c'est celuy qui est tát pourſuyui des autres. Ce poiſſon á quatre ailles, deux grádes faites cóme celles d'vne Chauueſouris, deux autres plus petites aupres de la queuë. L'autre reſſemble quaſi à vne groſſe láproye. Et de telles eſpeces ne ſ'en trouue gueres, ſinó quinze degrez deçà & delà la ligne, qui eſt cauſe ſelon mó iugemét, que ceux qui font liures des poiſſons l'ont omis, auec pluſieurs autres. Les Ameriques nóment ce poiſſon *Pirauene*. Son vol eſt preſque cóme celuy d'vne perdris: le petit vole trop mieux & plus haut que le grád. Et quelquefois pour eſtre pourſuyuis & chaſſez en la mer, volent en telle abódance, principalemét de nuit, qu'ils venoiét le plus ſouuét heurter contre les voiles de noz nauires, & demeuroiét là. Vn autre poiſſon eſt qu'ils appellét *Albacore*, beaucoup plus grand ǵ le marſouïn, faiſant guerre perpetuelle au poiſſon volát, ainſi que nous auons dit de la dorade: & eſt fort bon à manger, excellent ſur tous les autres poiſſons de la mer, tant de Ponent que de Leuant. Il eſt difficile à prendre: & pource lon cótrefait vn poiſſon blanc auecques quelque linge, que lon fait voltiger ſur l'eau, comme fait le poiſſon volant, & par ainſi ſe laiſſe prendre cómunémét.

Pirauene.

Albacore, poiſſō.

Du Peru, & des principales prouinces contenuës en iceluy.
CHAP. 70.

Our ſuyure noſtre chemin auec ſi bonne fortune de vent, coſtoyames la terre du Peru, & les iſles eſtans ſur ceſte coſte de mer Oceane, appellées iſles du Peru, iuſques à la hauteur de l'iſle Eſpagnole, de laquelle nous parlerons cy apres en parti-

particulier. Ce païs, selon que nous auons diuisé, est l'vne des trois parties des Indes Occidentales, ayant de longueur sept cens lieuës, prenant du Nort au midy, & cent de largeur, de Leuant en Occident, commence en terre continente, depuis Themistitan, à passer par le destroit de Darienne, entre l'ocean, & la mer qu'ils appellent Pacifique: & à esté ainsi appelé d'vne riuiere nommée Peru, laquelle à de largeur enuiron vne petite lieuë: comme plusieurs autres prouinces en Afrique, Asie, & Europe, ont pris leur nom des riuieres plus fameuses: ainsi que mesme nons auons dit de Senequa. Ceste region est donc enclose de l'ocean, & de la mer de Su: au reste, garnie de forests espesses, & de montagnes, qui rendent le païs en plusieurs lieux presque inaccesible, tellement qu'il est mal aisé d'y pouuoir conduyre chariots ou bestes chargées, ainsi que nous faisons en nos plaines de deça. En ce païs du Peru, y à plusieurs belles prouinces, entre lesquelles, les principales, & plus renommées sont Quito, tirant au Nort qui à de longueur, prenant de Leuant au Ponent, enuiron soixante lieuës, & tréte de largeur. Apres Quito, s'ensuit la prouince des Canares, ayant au Leuant la riuiere des Amazones, auec plusieurs montagnes, & habitée d'vn peuple assés inhumain, pour n'estre encores reduit. Ceste prouince passée, se trouue celle que les Espagnols ont nommée Sainct Iaques du port vieux, commeçant à vn degré de la ligne equinoctiale. La quatriéme, qu'ils appellent en leur langue *Taxamilca*, se confine à la grand ville de Tongille, laquelle apres l'empoisonnement de leur Roy, nómé Atabalyba, Pizare voyant la fertilité du païs là fist bastir & fortifier quelque ville & chasteau. Il y

Peru, troisiéme partie des Indes occidëtales.

Peru region, d'ou ainsi appellée.

Prouïces renommées du Peru.

Quito, region.

Prouince des Canares.

S. Iaques du port vieux.

Taxamilca.

M

LES SINGVLARITEZ

Cuzco.

en à vne autre nommée Cuzco, en laquelle ont long temps regné les Inges, ainsi nommez, qui ont esté puissans Seigneurs : & signifie ce mot Inges, autant comme Roys. Et estoit leur royaume & dition si ample en ce temps la, qu'elle contenoit plus de mille lieuës d'vn bout à autre. Aussi à esté nommé ce païs de la principale ville, ainsi nommée comme Rhodes, Metellin, Candie, & autres païs prenans le nom des villes plus renommées, comme nous auons deuant dit. Et diray d'auantage qu'vn Espagnol ayant demeuré quelque temps en ce païs, m'a affermé estát quelquefois au cap de Fine terre en Espagne, qu'en ceste contrée du Cuzco, se trouue vn peuple qui à les oreilles pendantes iusques sur les espaules, ornées par singularité de grandes pieces de fin or, luisantes & bien polies, riche toutefois sus tous les autres du Peru, aux parolles duquel ie croirois plus tost que non pas à plusieurs Historiographes de ce temps, qui escriuent par ouyr dire, comme de noz gentils obseruateurs, qui nous viennent rapporter les choses, qu'ils ne virent onques. Il me souuient à ce propos de ceux qui nous ont voulu persuader, qu'en la haute Afrique auoit vn peuple portant oreilles pendantes iusques aux talons : ce qui est manifestement absurde. La cinquiéme prouince est Canar, ayant du costé de Ponent la mer du Su, contrée merueilleusement froide, de maniere que les neiges & glaces y sont toute l'année. Et combien qu'aux autres regions du Peru le froid ne soit si violent, & qu'il y vienne abondance de plus beaux fruits, aussi n'y a il telle temperature en esté : car es autres parties en esté l'air est excessiuement chaud, & mal temperé, qui cause vne corruption, principalement es fruits.

Royaume des Inges.

Canar, region fort froide.

fruits. Aussi que les bestes veneneuses ne se trouuent es regions froides, comme es chaudes. Parquoy le tout consideré, il est mal aisé de iuger, laquelle de ces côtrées doit estre preferée à l'autre : mais en cela se faut resoudre que toute commodité est accompagnée de ses incómoditez.

Encores vne autre nommée Colao, en laquelle se fait plus de traffique, qu'en autre côtrée du Peru: qui est cause que pareillemét est beaucoup plus peuplée. Elle se cófine du costé de Leuát aux montagnes des Andes, & du Ponét aux mótagnes de Nauades. Le peuple de ceste côtrée, nómé en leur lágue *Xuli, Chilane, Acos, Pomata, Cepita, & Trianguanacho*, cóbien qu'il soit sauuage & barbare, est toutefois fort docile, à cause de la marchádise & traffique qui se mene là: autremét ne seroit moins rude que les autres de l'Amerique. En ceste côtrée y á vn grand lac, nómé en leur langue *Titicata*, qui est à dire Isle de plumes: pource qu'en ce lac y á quelques petites isles, esquelles se trouue si grád nombre d'oiseaux de toutes grádeurs & especes, que c'est chose presque incroyable. Reste à parler de la derniere contrée de ce Peru, nommée Carcas, voisine de Chile, en laquelle est situee la belle & riche cité de Plate : le païs fort riche pour les belles riuieres, & mines d'or & d'argét. Donques ce grand païs & royaume contient, & s'appelle tout ce qui est compris depuis la ville de Plate, iusques à Quito, comme desia nous auons dit, & duquel auós declaré les huit principales côtrées & prouinces. Ceste terre continente ainsi ample & spacieuse represente la figure d'vn triangle equilatere, combien que plusieurs des modernes l'appellent isle, ne pouuans, ou ne voulans mettre differéce entre isle, & ce que nous appellons presque isle,

Prouince de Colao.

Titicata lac.

Carcas, côtrée du Peru.
Plate, cité riche & ample.

Terre du Peru represente la figure d'vn triangle.

M ij

& continente. Par ainſi ne faut douter que depuis le deſtroit de Magellan, cinquante deux degrez de latitude, & trente minutes, & trois cens trois degrez de longitude delà la ligne iuſques à plus de ſoixante huit degrez deça, eſt terre ferme. Vray eſt que ſi ce peu de terre entre la nouuelle Eſpagne & le Peru, n'ayant de largeur que dixſept lieuës, de la mer Oceane, à celle du Su, eſtoit coupée d'vne mer en l'autre, le Peru ſe pourroit dire alors iſle, mais Darien, detroit de terre, ainſi nommé de la riuiere de Dariéne, l'empeſche. Or eſt il queſtion de dire encores quelque choſe du Peru. Quant à la religion des Sauuages du païs qui ne ſont encores reduits à noſtre foy, ils tiennent vne opinion fort eſtrange, d'vne grande bouteille, qu'ils gardent par ſingularité, diſans que la mer à autrefois paſſé par dedás auec toutes ſes eauës & poiſſons: & que d'vn autre large vaſe eſtoient ſaillis le Soleil & la Lune, le premier homme & la premiere femme. Ce que fauſement leur ont perſuadé leurs mechans preſtres, nommez *Bohitis*: & l'ont receu longue eſpace de temps, iuſques à ce que les Eſpagnols leur ont diſſuadé la meilleure part de telles reſüeries & impoſtures. Au ſurplus ce peuple eſt fort idolatre ſur tous autres. L'vn adore en ſon particulier ce qu'il luy plaiſt: les peſcheurs adorent vn poiſſon nommé Liburon: les autres adorent autres beſtes & oiſeaux. Ceux qui labourent les iardins adorent la terre: mais en general ils tiennent le Soleil vn grand dieu, la Lune pareillement & la terre: eſtimans que par le Soleil & la Lune toutes choſes ſont conduites & regies. En iurant ils touchent la terre de la main, regardans le Soleil. Ils tiennent d'auantage auoir eſté vn deluge, comme ceux

Darien, detroit de terre.

Superſtitió grãde d'aucuns peuples Peruſiẽs. Bohitis, preſtres.

Idolâtrie de ces peuples.

de

de l'Amerique, difans qu'il vint vn Prophete de la part de Septentrion, qui faifoit merueilles: lequel apres auoir efté mis à mort, auoit encores puiffance de viure, & de fait auoit vefcu. Les Efpagnols occupent tout ce païs de terre ferme, depuis la riuiere de Marignan iufques à Furne & Dariéne, & encores plus auāt du cofté de l'Occident, qui eft le lieu plus eftroit de toute la terre ferme, par lequel on va aux Moluques. D'auantage ils f'eftendent iufques à la riuiere de Palme: ou ils ont fi bien bafti & peuplé tout le païs, que c'eft chofe merueilleufe de la richeffe qu'auiourd'huy leur rapporte tout ce païs, comme vn grand royaume. Premieremēt prefque en toutes les ifles du Peru y à mines d'or ou d'argent, quelques emeraudes & turquoifes, n'ayans toutefois fi viue couleur que celles qui viennent de Malaca ou Calicut. Le peuple le plus riche de tout le Peru, eft celuy qu'ils nōment *Ingas*, belliqueux, aufsi fur toutes autres nations. Ils nourriffent beufs, vaches, & tout autre beftial domeftique, en plus grand nombre que ne faifions par deçà: car le païs y eft fort propre, de maniere qu'ils font grand traffique de cuir de toutes fortes: & tuent les beftes feulement pour en auoir le cuir. La plus grand part de ces beftes priuées & domeftiques font deuenuës fauuages, pour la multitude qu'il y en à, tellement que lon eft contraint les laiffer aller par les bois iour & nuit, fans les pouuoir tirer ne heberger aux maifons. Et pour les prendre font contrains de les courir, & vfer de quelques rufes, comme à prendre les cerfs & autres beftes fauuages par deçà. Le blé, comme i'ay entendu, ne peut proffiter tant es ifles que terre ferme du Peru, non plus qu'en l'Amerique. Parquoy tant gentilshōmes

Les Espagnols seigneurs de tout le Peru.

Richesses des isles du Peru.

Ingas, peuple fort riche & belliqueux.

Blé & vin en nul vsage aux païs Occidētaux.

M iij

qu'autres viuent d'vne maniere d'alimét, qu'ils appellent *Caſſade*, qui eſt vne ſorte de tourteaux, faits d'vne racine, nommée Manihot. Au reſte ils ont abondance de mil & de poiſſon. Quant au vin il n'y en croiſt aucunement, au lieu duquel ils font certains bruuages. Voila quant à la continente du Peru, lequel auec ſes iſles, dont nous parlerons cy apres, eſt remis en telle forme, qu'à preſent y trouuerez villes, chaſteaux, citez, bourgades, maiſons, villes epiſcopales, republiques, & toute autre maniere de viure, que vous iugeriez eſtre vne autre Europe. Nous congnoiſſons par cela cóbien eſt grande la puiſſance & bonté de noſtre Dieu, & ſa prouidence enuers le genre humain: car autant que les Turcs, Mores, & Barbares, ennemis de verité, s'efforcent d'aneantir & deſtruire noſtre religion, de tant plus elle ſe renforce, augmente, & multiplie d'autre coſté. Voila du Peru, lequel à noſtre retour auons coſtoyé à ſeneſtre, tout ainſi qu'en allant auons coſtoyé l'Afrique.

Caſſade ſorte d'aliment.

Le Peru eſtimé à preſent quaſi vne autre Europe.

Des iſles du Peru, & principalement de l'Eſpagnole.
CHAP. 71.

Pres auoir eſcrit de la continente du Peru, pourtant que d'vne meſme route auons coſtoyé à noſtre retour quelques iſles ſus l'Ocean, appellées iſles du Peru, pour en eſtre fort prochaines, i'en ay pareillemét bié voulu eſcrire quelque choſe. Or pource qu'eſtans paruenuz à la hauteur de l'vne de ces iſles, nommée Eſpagnole, par ceux qui depuis certain

Iſle Eſpagnole, nõmée auparauãt Haïti & Quiſqueia.

tain temps l'ont decouuerte, appellée parauant *Haïti*, qui vaut autant à dire comme terre aspre, & Quisqueïa, grande. Aussi veritablement est elle de telle beauté & grandeur, que de Leuant au Ponent, elle à cinquante lieuës de de long, & de large du Nort au Midy, enuiron quarante, & plus de quatre cens de circuit. Au reste est à dixhuit degrez de la ligne, ayant au Leuát l'isle dite de Saint Iean, & plusieurs petites islettes, fort redoutées & dangereuses aux nauigans : & au Ponét l'isle de Cuba & Iamaïque: du costé du Nort les isles des Canibales, & vers le Midy, le cap de Vele, situé en terre ferme. Ceste isle ressemble aucunement à celle de Sicile, que premierement lon appelloit Trinacria, pour auoir trois promontoires, fort eminens: tout ainsi celle dont nous parlons, en à trois fort auancez dans la mer: desquels le premier s'appelle Tiburon, le deuxiéme Higuey, le troisiéme Lobos, qui est du costé de l'isle, qu'ils ont nommée Beata, quasi toute pleine de bois de gaiac. En ceste Espagnole se trouuent de tresbeaux fleuues, entre lesquels le plus celebre, nommé Orane, passe alentour de la principale ville de ladite isle, nommée par les Espagnols Saint Domingue. Les autres sont Nequée, Hatibonice, & Haqua, merueilleusement riches de bon poisson, & delicat à manger : & ce pour la temperature de l'air, & bonté de la terre, & de l'eau. Les fleuues se rendent à la mer presque tous du costé du Leuant : lesquels estans assemblez font vne riuiere fort large, nauigable de nauires entre deux terres. Auát que ceste isle fust decouuerte des Chrestiens, elle estoit habitée des Sauuages, qui idolatroient ordinairement le diable, lequel se monstroit à eux en diuerses formes : aussi fai-

Trois promontoires de l'isleEspagnole.
Tiburon.
Higuey.
Lobos.
Orane, fleuue.
S.Domĩgue ville principale de l'isle Espagnole.
Fleuues les plus renõmez de l'isle Espagnole.
Religion ancienne des habitans de l'isle Espagnole.

M iiij

foient plufieurs & diuerfes idoles, felon les vifions & illufions nocturnes qu'ils en auoient: comme ils font encores à prefent en plufieurs ifles, & terre ferme de ce païs. Les autres adoroient plufieurs dieux, mefmement vn par deffus les autres, lequel ils eftimoient comme vn moderateur de toutes chofes: & le reprefentoient par vne idole de bois, eleuée contre quelque arbre, garnie de fueilles & plumages: enfemble ils adoroient le Soleil & autres creatures celeftes. Ce que ne font les habitans d'auiourdhuy, pour auoir efté reduits au Chriftianifme & à toute ciuilité. Ie fçay bien qu'il f'en eft trouué aucuns le temps paffé, & encores maintenant, qui en tiennent peu de conte.

C. Caligula Emp. Rom.

Nous lifons de Caius Caligula Empereur de Rome, quelque mefpris qu'il fift de la diuinité, fi à il horriblemét tremblé, quád il f'eft apparu aucun figne de l'ire de Dieu. Mais auant que cefte ifle de laquelle nous parlons ait efté reduite à l'obeïffance des Efpagnols (ainfi que quelques vns qui eftoient à la conquefte m'ont recité) les Barbares ont fait mourir plus de dix ou douze mille Chreftiés, iufques apres auoir fortifié en plufieurs lieux, ils en ont fait mourir grand nombre, les autres menez efclaues de toutes parts. Et de cefte façon ont procedé en l'ifle de Cuba, de Saint Iean, Iamaïque, Sainte Croix, celles des Canibales, & plufieurs autres ifles, & païs de terre ferme: car au commencement les Efpagnols & Portugais, pour plus aifément les dominer, f'accommodoient fort à leur maniere de viure, & les allechans par prefens & par douces parolles, f'entretenoiét toufiours en leur amitié: tant que par fucceffion de temps fe voyás les plus forts, commencerent à fe reuolter, prenans les vns efclaues, les ont contrains

trains à labourer la terre: autrement iamais ne fuſſent venuz à fin de leur entrepriſe. Les Roys plus puiſſans de ce païs ſont en Caſco & Apina, iſles riches & fameuſes, tant pour l'or & l'argent qui s'y trouue, que pour la fertilité de la terre. Les Sauuages ne portent qu'or ſur eux, comme larges boucles de deux ou trois liures, pendues aux oreilles, tellement que pour ſi grande peſanteur ils pendent les oreilles demy pié de long : qui á donné argument aux Eſpagnols de les appeller Grands oreilles. Ceſte iſle eſt merueilleuſement riche en mines d'or, comme pluſieurs autres de ce païs là, car il s'en trouue peu, qui n'aye mines d'or ou d'argent. Au reſte elle eſt riche & peuplée de beſtes à cornes, comme beufs, vaches, moutons, cheures, & nombre infini de pourceaux, auſi de beaux cheuaux: deſquelles beſtes la meilleure part pour la multitude eſt deuenuë ſauuage: comme nous auons dit de la terre ferme. Quant au blé & vin, ils n'en ont aucunement, ſ'il n'eſt porté d'ailleurs: parquoy en lieu de pain ils mangent force Caſſade, faite de farine de certaines racines : & au lieu de vin, bruuages bós & doux, faits auſſi de certains fruits, comme le citre de Normandie. Ils ont infinité de bons poiſſons, dont les vns ſont fort eſtranges: entre leſquels ſ'en trouue vn nommé Manati, lequel ſe prend dans les riuieres, & auſſi dans la mer, non toutefois qu'il aye tant eſté veu en la mer qu'aux riuieres. Ce poiſſon eſt fait à la ſemblâce d'vne peau de bouc, ou de cheure pleine d'huile ou de vin, ayant deux pieds aux deux coſtez des eſpaules, auec leſquels il nage : & depuis le nóbril iuſques au bout de la queuë, va touſiours en diminuant de groſſeur: ſa teſte eſt cóme celle d'vn beuf, vray eſt qu'il á le viſage plus

Caſco & Apina iſles riches & fertiles.

Fertilité & richeſſes de l'iſle Eſpagnole.

Deſcription du manati, poiſſon eſtrange.

N

maigre, le menton plus charnu & plus gros, ses ïeux sont fort petis selon sa corpulence, qui est de dix pieds de grosseur, & vingt de longueur: sa peau grisatre, brochée de petit poil, autant epesse comme celle d'vn beuf: tellement que les gens du païs en font souliers à leur mode. Au reste ses pieds sont tous ronds, garnis chascun de quatre ongles assez longuets, ressemblans ceux d'vn elephant. C'est le poisson le plus difforme, que lon ait gueres peu voir en ces païs là: neantmoins la chair est merueilleusement bonne à manger, ayant plus le goust de chair de veau, que de poisson. Les habitans de l'isle font grand amasts de la gresse dudit poisson, à cause qu'elle est propre à leurs cuirs de cheures, dequoy ils font grand nombre de bons marroquins. Les esclaues noirs en frottét communement leurs corps, pour le rendre plus dispos & maniable, comme ceux d'Afrique font d'huile d'oliue. Lon trouue certaines pierres dans la teste de ce poisson, desquelles ils font grāde estime, pource qu'ils les ont esprouuées estre bonnes contre le calcule, soit es reins & à la vessie: car de certaine proprieté occulte, ceste pierre le comminuë & met en poudre. Les femelles de ce poisson rendent leurs petis tous vifs, sans œuf, comme fait la balene, & le loup marin: aussi elles ont deux tetins comme les bestes terrestres, auec lesquels sont alaittez leurs petis.

Pierres qui rōpēt le calcule.

Vn Espagnol qui ā demeuré long téps en ceste isle m'a affermé qu'vn Seigneur en auoit nourri vn l'espace de trente ans en vn estang, lequel par succession de temps deuint si familier & priué, qu'il se laissoit presque mettre la main sus luy. Les Sauuages prennent ce poisson communément assez pres de terre, ainsi qu'il paist de l'herbe.

Ie

Ie laisse à parler du nombre des beaux oyseaux vestuz de diuers & riches pénages, dont ils font tapisseries figurées d'hommes, de femmes, bestes, oyseaux, arbres, fruits, sans y appliquer autre chose que ces plumes naturellement embellies & diuersifiées de couleurs : bien est vray qu'ils les appliquent sus quelque linceul. Les autres en garnissent chapeaux, bonnets & robes, choses fort plaisantes à la veuë. Des bestes estranges à quatre pieds ne s'en trouue point, sinon celles que nous auons dit : bien se trouuent deux autres especes d'animaux, petis comme connins, qu'ils appelent *Hulias*, & autres *Caris*, bons à manger.

Diuers ouurages faits de plumes d'oiseaux par les Sauuages.

Ce que i'ay dit de ceste isle, autant puis ie dire de l'isle Saint Iaques, parauant nommée Iamaïca : elle tient à la part de Leuant l'isle de Saint Dominique. Il y a vne autre belle isle, nommée *Bouriquan* en langue du païs, appellée es cartes marines, isle de Saint Iean : laquelle tient du costé du Leuāt l'isle Sainte Croix, & autres petites isles, dont les vnes sont habitées, les autres desertes. Ceste isle de Leuant, en Ponent tient enuiron cinquante deux lieuës, de longitude trois cens degrez, minutes nulles : & de latitude dixhuit degrez, minutes nulles. Bref, il y a plusieurs autres isles en ces parties là, desquelles, pour la multitude ie laisse à parler, n'ayant ausi peu en auoir particuliere congnoissance. Ie ne veux oublier qu'en toutes ces isles ne se trouuent bestes rauissantes, non plus qu'en Angleterre, & en l'isle de Crete.

Hulias & Caris especes de bestes estranges. Isle de S. Iaques. Isle de S. Iean.

N ij

LES SINGVLARITEZ
Des isles de Cuba & Lucaïa.
CHAP. 72.

Description de l'isle de Cuba.

ESte pour le sommaire des isles du Peru, reciter quelques singularitez de l'isle de Cuba, & de quelques autres prochaines, cóbien qu'à la verité, lon n'en peut quasi dire gueres autre chose, qui desia n'ait esté attribué à l'Espagnole. Ceste isle est plus grande que les autres, & quant & quant plus large: car lon conte du promótoire qui est du costé de Leuant, à vn autre qui est du costé de Ponent, trois cens lieuës, & du Nort à Midy, septante lieuës. Quant à la disposition de l'air, il y à vne fort gráde temperature, tellement qu'il n'y à grand exces de chaud, ne de froid. Il s'y trouue de riches mines, tant d'or que d'argent, semblablement d'autres metaux. Du costé de la marine se voyent hautes mótagnes, desquelles procedent fort belles riuieres, dont les eaües sont excellentes, auec grande quantité de poisson. Au reste, parauant qu'elle fust decouuerte, elle estoit beaucoup plus peuplée des Sauuages, que nulle de toutes les autres: mais auiourd'huy les Espagnols en sont Seigneurs & maistres. Le milieu de ceste isle tient deux cens nonante degrez de longitude, minutes nulles, & latitude vingt degrez, minutes nulles. Il s'y trouue vne montagne pres de la mer, qui est toute de sel, plus haute que celle de Cypre, gránd nombre d'arbres de cotton, bresil, & ebene.

Montagne de sel.

Sel terrestre.

Que diray ie du sel terrestre, qui se prend en vne autre montagne fort haute & maritime? Et de ceste espece s'en trouue pareillement en l'isle de Cypre, nommé des
Grecs

Grecs ὄρυκτος, lequel se prend aussi en vne montagne prochaine de la mer. D'auantage se trouue en ceste isle abondance d'azur, vermillon, alun, nitre, sel de nitre, galene, & autres tels, qui se prennent es entrailles de la terre. Et quát aux oyseaux, vous y trouuerez vne espece de perdris assez petite, de couleur rougeatre par dehors, au reste diuersifiées de variables couleurs, la chair fort delicate. Les rustiques des montagnes en nourrissent vn nombre dans leurs maisons, comme on fait les poulles par deçà. Et plusieurs autres choses dignes d'estre escrites & notées. En premier lieu y a vne vallée, laquelle dure enuiron trois lieuës, entre deux montagnes, ou se trouue vn nombre infini de boules de pierre, grosses, moyennes, & petites, rondes comme esteufs, engendrées naturellement en ce lieu, combien que lon les iugeroit estre faites artificiellement. Vous y en verrez quelque fois de si grosses, que quatre hommes seroiét bien empeschez à en porter vne: les autres sont moindres, les autres si petites, qu'elles n'excedent la quantité d'vn petit esteuf. La seconde chose digne d'admiration est, qu'en la mesme isle se trouue vne mótagne prochaine du riuage de la mer, de laquelle sort vne liqueur semblable à celle que lon fait aux isles Fortunées, appellée Bré, comme nous auons dit: laquelle matiere vient à degoutter & rendre dans la mer. Quinte Curse en ses liures qu'il a faits des gestes d'Alexandre le Grád, recite, qu'iceluy estant arriué à vne cité nommée Memi, voulut voir par curiosité vne grande fosse ou cauerne, en laquelle auoit vne fontaine rendant grande quantité de gomme merueilleusement forte, quand elle estoit appliquée auec autre matiere pour bastir: tellement que l'Au-

Espece de perdris.

Liqueur admirable sortāt d'vne montagne.
Bré, sorte de liqueur.

LES SINGVLARITEZ

Pourquoy iadis les murailles de Babylone ont esté estimées si fortes.
Isles de Lucaïa.

teur estime pour ceste seule raison, les murailles de Babylone auoir esté si fortes, pour estre composées te telle matiere. Et non seulement s'en trouue en l'isle de Cuba, mais aussi au païs de Themistitan, & du costé de la Floride. Quāt aux isles de Lucaïa (ainsi nommées, pour estre plusieurs en nombre) elles sont situées au Nort de l'isle de Cuba & de Saint Dominique. Elles sont plus de quatre cens en nombre, toutes petites, & non habitées, sinō vne grāde, qui porte le nom pour toutes les autres, nommée Lucaïa. Les habitans de ceste isle vont communément traffiquer en terre ferme, & aux autres isles. Ceux qui font residence, tant hommes que femmes, sont plus blancs, & plus beaux qu'en aucune des autres. Puis qu'il viēt à pro-

Montagne de Potosi fort riche en mines.

pos de ces isles, & de leurs richesses, ie ne veux oublier à dire quelque chose des richesses de Potossi: lequel prend son nom d'vne haute montagne, qui à de hauteur vne grand lieuë, & vne demie de circuit, eleuée en haut en façon de pyramide. Ceste montagne est merueilleusement riche à cause des mines d'argēt, de cuiure, & estain, qu'on á trouué quasi aupres du coupeau de la montagne, & s'est trouuée là mine d'argent si tresbonne, qu'à vn quintal de mine, se peut trouuer vn demy quintal de pur argent. Les esclaues ne font autre chose qu'aller querir ceste mine, & la portent à la ville principale du païs, qui est au bas de la mōtagne, laquelle depuis la decouuerture à esté là bastie par les Espagnols. Tout le païs, isles, & terre ferme est habitée de quelques Sauuages tous nuds, ainsi qu'aux autres lieux de l'Amerique. Voila du Peru, & de ses isles.

Descri-

Description de la nouuelle Espagne, & de la grande cité de Themistitan, située aux Indes Occidentales.
CHAP. 73.

Pource qu'il n'est possible à tout homme de veoir sensiblemét toutes choses, durant son aage, soit ou pour la continuelle mutation de tout ce qui est en ce monde inferieur, ou pour la longue distance des lieux & païs : Dieu à donné moyen de les pouuoir representer, non seulement par escript, mais aussi par vray portrait, par l'industrie & labeur de ceux qui les ont veuës. Ie regarde que lon reduit bien par figures plusieurs fables anciénnes, pour donner plaisir seulement : comme sont celles de Iason, d'Adonis, d'Acteon, d'Æneas, d'Hercules : & pareillement d'autres choses que nous pouuons tous les iours voir, en leur propre essence, sans figure, cóme sont plusieurs especes d'animaux. A ceste cause ie me suis auisé vous descrire simplement & au plus pres qu'il m'à esté possible la grande & ample cité de Themistitan, estant suffisamment informé que bien peu d'entre vous l'ayez veuë, & encores moins la pouuez aller voir, pour la longue, merueilleuse, & difficile nauigation, qu'il vous conuiendroit faire. Themistitan est vne Cité située en la nouuelle Espagne, laquelle prend son commencement au destroit d'Ariane, limitrophe du Peru, & finist du costé du Nort, à la riuiere du Panuque : or fut elle iadis nommée *Anauach*, depuis pour auoir esté decouuerte, & habitée des Espagnols, à receu le nom de nouuelle Espagne. Entre

Themistitan.

Nouuelle Espagne, iadis Anauach.

N iiij

lesquélles terres & prouinces la premiere habitée, fut celle d'Yucathá, laquelle a vne pointe de terre, aboutissant à la mer, semblable à celle de la Floride: Iaçoit que noz faiseurs de cartes ayent oublié de marquer le meilleur, qui embellist leur description. Or ceste nouuelle Espagne de la part de Leuant, Ponent & Midy, est entourée du grand Ocean: & du costé du Nort a le nouueau Monde, lequel estant habité, voit encor par delà en ce mesme Nort, vne autre terre non cógneuë des Modernes, qui est la cause que ie surseoy d'en tenir plus long propos. Or Themistitan, laquelle est Cité forte, grande & tresriche, au païs sus nommé, est située au milieu d'vn grand lac: le chemin par ou lon y va, n'est point plus large, que porte la longueur de deux lances. Laquelle fut ainsi appellée du nom de celuy qui y mit les premiers fondements, surnommé Tenuth, fils puisné du roy Iztacmircoatz. Ceste cité à seulement deux portes, l'vne pour y entrer, & l'autre pour en sortir: & non loing de la cité, se trouue vn pont de bois, large de dix pieds, fait pour l'accroissement & decroissement de l'eau: car ce lac croist & decroist à la semblance de la mer. Et pour la deffence de la cité y en à encores plusieurs autres, pour estre comme Venise edifiée en la mer. Ce païs est tout enuironné de fort hautes montagnes: & le plain païs à de circuit enuiron cent cinquante lieuës, auquel se trouuent deux lacs, qui occupent vne grande partie de la campagne, parce qu'iceux lacs ont de circuit cinquante lieuës, dont l'vn est d'eau douce, auquel naissent force petits poissons & delicats, & l'autre d'eau salée, laquelle outre son amertume est venimeuse, & pour ce ne peut nourrir aucun poisson,

Situatiõ de la nouuelle Espagne.

L'opiniõ de deux lacz

qui

qui est contre l'opinion de ceux qui pésent que ce ne soit qu'vn mesme lac. La plaine est separée desdits lacs par aucunes montagnes, & à leur extremité, sont conioincts d'vne estroicte terre, par ou les hommes se font conduire auec barques, iusques dedans la cité, laquelle est situeé dans le lac salé: & de là iusques à terre ferme, du costé de la chaussée, sont quatre lieuës: & ne la sçaurois mieux cō-parer en grandeur qu'à Venise. Pour entrer en ladicte cité y à quatre chemins, faits de pierres artificiellement, ou il y à des conduicts de la grandeur de deux pas, & de la hauteur d'vn homme: dont par l'vn desdits est conduicte l'eau douce en la cité, qui est de la hauteur de cinq pieds: & coule l'eau iusques au milieu de la ville, de laquelle ils boiuent, & en vsent en toutes leurs necessitez. Ils tiennent l'autre canal vuide pour celle raison, que quand ils veulent nettoyer celuy dans lequel ils conduisent l'eau douce, ils menent toutes les immondices de la cité, auec l'autre en terre. Et pource que les canaulx passent par les pōts, & par les lieux ou l'eau salée entre & sort, ils conduisent ladicte eau par canaulx doulx, de la hauteur d'vn pas. En ce lac qui enuironne la ville, les Espagnols ont fait plusieurs petites maisons, & lieux de plaisance, les vnes sur petites rochettes, & les autres sur pilotis de bois. Quant au reste Themistitan est situé à vingt degrez de l'eleuation sus la ligne equinoctiale, & à deux cens septante deux degrez de longitude. Elle fut prise de force par Fernand de Cortes, Capitaine pour l'Empereur en ces païs l'an de grace mil cinq cens vingt & vn, contenant lors septante mille maisons, tant grandes que petites. Le palais du Roy, qui se nommoit *Mutueezuma*, auec ceux des Seigneurs

Cōparaison de Themistitan.

Fernand Cortes.

Mutueezuma.

de la cité, eſtoient fort beaux, grands, & ſpacieux. Les Indiens qui alors ſe tenoient en ladite cité auoient couſtume de tenir de cinq iours en cinq iours le marché en places à ce dediées. Leur traffique eſtoit de plumes d'oyſeaux, deſquelles ils faiſoient varieté de belles choſes : còme robes façónées à leur mode, tapiſſeries, & autres choſes. Et à ce eſtoient occupez principalement les vieux, quand ils vouloient aller adorer leur grande idole, qui eſtoit erigée au milieu de la ville en mode de theatre, leſquels quand ils auoient pris aucun de leurs ennnemis en guerre, ils le ſacrifioient à leurs idoles, puis le màgeoient, tenans cela pour maniere de religion. Leur traffique d'auantage eſtoit de peaux de beſtes, deſquelles ils faiſoient robes, chauſſes, & vne maniere de coqueluches pour ſe garder tàt du froid, que des petites mouches fort piquantes. Les habitans du iourd'huy iadis cruels & inhumains, par ſucceſsion de temps ont chágé ſi bien de meurs & de còdition, qu'au lieu d'eſtre barbares & cruels, ſont à preſent humains & gracieux, en ſorte qu'ils ont laiſſé toutes anciennes inciuilitez, inhumanitez, & mauuaiſes couſtumes : comme de ſ'entretuer l'vn l'autre, manger chairs humaines, auoir còpagnie à la premiere femme qu'ils trouuoient, ſans auoir aucun egard au ſang & parétage, & autres ſemblables vices & imperfectiòs. Leurs maiſons ſont magnifiquement baſties : entre les autres y à vn fort beau palais, ou les armes de la ville ſont gardées : les ruës & places de ceſte ville ſont ſi droites que d'vne porte lon peut voir en l'autre, ſans aucun empeſchement. Bref ceſte cité à preſent fortifiée & enuiròneé de répars & fortes murailles à la façò de celles de par deça, & eſt l'vne des grandes,

La maniere de leur traffique.

des, belles, & riches, qui soient en toutes les prouinces des Indes Occidentales, comprenant depuis le destroit de Magellan, qui est delà la ligne cinquantedeux degrez, iusques à la derniere terre de l'Abrador, laquelle tient cinquante & vn degrez de latitude deçà la ligne du costé du Nort.

De la Floride Peninsule. CHAP. 74.

Vis qu'en escriuant ce discours auós fait quelque métion de ceste terre appellée Floride, encores qu'à nostre retour n'en soyons si pres approchez, consideré que nostre chemin ne s'addonnoit à descendre totalemét si bas, toutefois que nous y tirames pour prendre le vent d'Est: il semble n'estre impertinent d'en reciter quelque chose, ensemble de la terre de Canada qui luy est voisine, tirant au Septentrion, estans quelques montagnes seulement entredeux. Poursuyuans donc nostre chemin de la hauteur de la neuue Espagne à dextre pour attaindre nostre Europe, nó si tost, ne si droitement que nous le desirions, trouuames la mer assez fauorable. Mais, comme de cas fortuit, ie m'auisay de mettre la teste hors pour la contempler, ie la vei, tant qu'il fut possible estendre ma veuë, toute couuerte d'herbes & fleurs par certains endroits, les herbes presque semblables à noz geneures: qui me donna incontinent à penser que nous fussions pres de terre, consideré aussi qu'en autre endroit de la mer ie n'en auois autant veu, toutefois ie me congnuz incontinent frustré de mon opinion, en-

Mer ma rescageuse.

O ij

tendant qu'elles procedoient de la mer : & ainſi la vimes nous ſemée de ces herbes bien l'eſpace de quinze à vingt iournées. La mer en ceſt endroit ne porte gueres de poiſſon, car ces lieux ſemblent plus eſtre quelques mareſcages qu'autrement. Incontinent apres nous apparut autre ſigne & preſage, d'vne eſtoille à queuë, de Leuant en Septentrion : leſquels preſages ie remets aux Aſtrologues, & à l'experience que chacun en peut auoir congnue. Apres (ce qui eſt encores pis) fumes agitez l'eſpace de neuf iours d'vn vent fort contraire, iuſques à la hauteur de noſtre Floride. Ce lieu eſt vne pointe de terre entrant en pleine mer bien cent lieuës, vingtcinq lieuës en quarré, vingtcinq degrez & demy deça la ligne, & cent lieuës du cap de Baxa, qui eſt pres de la. Donc ceſte grande terre de la Floride eſt fort dangereuſe à ceux qui nauigent du coſté de Catay, Canibalu, Panuco, & Themiſtitan: car à la voir de loing on eſtimeroit que ce fuſt vne iſle ſituée en pleine mer. D'auantage eſt ce lieu dangereux à cauſe des eauës courantes, grandes & impetueuſes, vents & tempeſtes, qui là ſont ordinaires. Quant à la terre ferme de la Floride, elle tient de la part de Leuant, la prouince de Chicoma, & les iſles nommées Bahanna & Lucaïa. Du coſté de Ponent elle tient la neuue Eſpagne, laquelle ſe diuiſe en la terre que l'on nomme Anauac, de laquelle par cy deuant auons traité. Les prouinces meilleures & plus fertiles de la Floride, c'eſt Panuco, laquelle ſe confine à la neuue Eſpagne. Les gens naturels de ce païs puiſſans & & fort cruels, tous idolatres, leſquels quand ils ont neceſſité d'eau ou du Soleil pour leurs iardins & racines, dont ils viuent tous les iours, ſe vont proſterner deuant leurs idoles,

Eſtoile à queuë.

Situatiõ de la Floride.

idoles, formées en figure d'hómes ou de beſtes. Au reſte ce peuple eſt plus cauteleux & ruſé au fait de guerre que que ceux du Peru. Quand ils vont en guerre, ils portent leur Roy dans vne grand peau de beſte, & ceux qui le portent, eſtans quatre en nombre, ſont tous veſtuz & garniz de riches plumages. Et ſ'il eſt queſtion de combatre contre leurs ennemis, ils mettront leur Roy au milieu d'eux tout veſtu de fines peaux, & iamais ne partira de là, que toute la bataille ne ſoit finie. S'ils ſe ſentent les plus foibles, & que le Roy face ſemblant de ſ'en fuyr, ils ne faudront de le tuer: ce qu'obſeruent encores auiourd'huy les Perſes & autres nations barbares du Leuant. Les armes de ce peuple ſont arcs, garnis de fleches faites de bois qui porte venin, piques, leſquelles en lieu de fer ſont garnies par le bout d'os de beſtes ſauuages, ou poiſſons, toutefois bien aguz. Les vns mágent leurs ennemis, quand ils les ont pris, comme ceux de l'Amerique, deſquels auós parlé. Et combien que ce peuple ſoit idolatre, comme deſia nous auós dit, ils croient toutefois l'ame eſtre immortelle: auſsi qu'il y à vn lieu deputé pour les meſchans, qui eſt vne terre fort froide: & que les dieux permettent les pechez des mauuais eſtre punis. Ils croyent auſsi qu'il y à vn nombre infini d'hommes au ciel, & autant ſoubs la terre, & mille autres follies, qui ſe pourroient mieux comparer aux transformations d'Ouide, qu'à quelque choſe d'ou lon puiſſe tirer rien mieux, que moyen de rire. D'auantage ſe perſuadent ces choſes eſtre veritables comme ſont les Turcs & Arabes, ce qui eſt eſcrit en leur Alcoran. Ce païs eſt peu fertile la part qui approche à la mer: le peuple y eſt fort agreſte, plus que celuy du Peru, ne de l'Ameri-

LES SINGVLARITEZ

Floride pourquoy ainsi nommée.

que, pour auoir peu esté frequenté d'autre peuple ciuil. Ceste terre ainsi en pointe fut nommée Floride l'an mil cinq cens douze, par ceux qui la decouurirent premieremét, pource qu'elle estoit toute verdoyante, & garnie de fleurs d'infinies especes & couleurs.   Entre ceste Floride & la riuiere de Palme se trouuent diuerses especes de bestes monstrueuses : entre lesquelles lon peut voir vne espece de grands taureaux, portans cornes longues

Toreau sauuage.

seulement d'vn pié, & sur le dos vne tumeur ou eminence, comme vn chameau: le poil long par tout le corps, duquel la couleur s'approche fort de celle d'vne mule fauue, & encores l'est plus celuy qui est dessoubs le méton. Lon en amena vne fois deux tous vifs en Espagne, de l'vn desquels i'ay veu la peau, & non autre chose, & n'y peurent

rent viure long temps. Ceſt animal ainſi que lon dit, eſt perpetuel ennemy du cheual, & ne le peut endurer pres de luy. De la Floride tirant au promontoire de Baxe, ſe trouue quelque petite riuiere, ou les eſclaues vont peſcher huitres, qui portent perles. Or depuis que ſommes venus iuſque là, que de toucher la collection des huitres, ne veux oublier par quel moyen les perles en ſont tirées, tant aux Indes Orientales que Occidentales, il faut noter que chacun chef de famille ayant grand troupe d'eſclaues, ne ſçachant en quoy mieux les employer, les enuoient à la marine, pour peſcher (comme dit eſt) huitres, deſquelles en portans pleines hottées, ches leurs maiſtres, les poſent dans certains grands vaiſſeaux, leſquels eſtans à demy pleins d'eau, ſont cauſe que les huitres, conſeruées là quelques iours, ſouurent: & l'eau les nettoyant, laiſſent ces pierres ou perles dans leurs vaiſſeaux. La forme de les en tirer eſt telle, ils oſtent premierement les huitres du vaiſſeau, puis font couler l'eau par vn trou, ſoubs lequel eſt mis vn drap, ou linge, à fin qu'auec l'eau les perles qui pourroient y eſtre ne ſ'eſcoulent. Quant à la figure de ces huitres, elle eſt moult differente des noſtres, tant en couleur, que eſcaille, ayans chaſcune d'elles, certains petis trous que lon pourroit iuger auoir eſté faits artificiellement, là ou ſont comme liées ces petites perles par le dedans. Voila ce que i'ay bien voulu vous declarer en paſſant. D'icelles auſsi ſ'en trouue au Peru, & quelques autres pierres en bon nombre : mais les plus fines ſe trouuent à la riuiere de Palme, & à celle de Panuco, qui ſont diſtátes l'vne de l'autre trétedeux lieuës: mais ils n'ont liberté d'en peſcher, à cauſe des Sauuages

Cap de Baxe.

Huitres portans perles.

O iiij

qui ne font encores tous reduits, adorás les creatures celeſtes, & attribuás la diuinité à la reſpiration, cóme faiſoiẽt ceux qui paſſerẽt enſemble pluſieurs peuples des Scithes & Medes. Coſtoyans donc à ſeneſtre la Floride, pour le vent qui nous fut contraire, approchames fort pres de Canada, & d'vne autre côtrée, que lon appelle Baccalos, à noſtre grand regret toutefois, & deſauantage, pour l'exceſsiue froidure, qui nous moleſta l'eſpace de dixhuit iours: combien que ceſte terre de Baccalos entre fort auãt en pleine mer du coſté de Septentrion, en forme de pointe, bien deux cens lieuës, en diſtance à la ligne de quarantehuit degrez ſeulement. Ceſte pointe à eſté appelée des Baccales, pour vne eſpece de poiſſon, qui ſe trouue en la mer d'alentour, lequel ils nomment *Baccales*, entre laquelle, & le càp del Gado y à diuerſes iſles peuplées, difficiles toutefois à aborder, à cauſe de pluſieurs rochers dont elles ſont enuironnées: & ſont nommées iſles de Cortes. Les autres ne les eſtiment iſles, mais terre ferme, dependante de ceſte pointe de Baccalos. Elle fut decouuerte premierement par Sebaſtian Babate Anglois, lequel perſuada au Roy d'Angleterre Henry ſeptiéme, qu'il iroit aiſément par là au païs de Catay, vers le Nort, & que par ce moyen trouueroit eſpiceries & autres choſes, auſsi bien que le Roy de Portugal aux Indes: ioint qu'il ſe propoſoit aller au Peru & Amerique, pour peupler le païs de nouueau habitans, & dreſſer là vne nouuelle Angleterre. Ce qu'il n'executa: vray eſt qu'il miſt bien trois cens hommes en terre, du coſté d'Irlande au Nort, ou le froid fiſt mourir preſque toute ſa compagnie, encores que ce fuſt au moys de Iuillet. Depuis Iaques Quartier (ainſi que luy

Païs de Baccalos.

Pointe de Baccales.
Baccales poiſſon.

Iſles de Cortes.

Voyage de Sebaſtian Babate Anglois.

luy mesme m'a recité) fist deux fois le voyage en ce païs là, c'est à sçauoir l'an mil cinq cens trentequatre, & mil cinq cens trentecinq.

De la terre de Canada, dicte par cy deuant Baccalos, decouuerte de nostre temps, & de la maniere de viure des habitans.
CHAP. 75.

Our autant que ceste contrée au Septentrion a esté decouuerte de nostre temps, par vn nommé Iaques Quartier, Bretó, maistre pillot & Capitaine, homme expert & entendu à la marine, & ce par le commandement du feu Roy François premier de ce nom, que Dieu absolue, ie me suis auisé d'en escrire sommairement en cest endroit, ce qu'il me semble meriter d'estre escript, combien que selon l'ordre de nostre voyage à retourner, il deuoit preceder le prochain chapitre. Qui m'a d'auantage inuité à ce faire, c'est que ie n'ay point veu homme, qui en aye traicté autrement, combien que la chose ne soit sans merite en mon endroit, & que ie l'aye certainement appris dudit Quartier, qui en a fait la decouuerte. Ceste terre, estant presque soubs le pole Arctique zeniculaire, est iointe par l'occident à la Floride, & au isles du Peru, & depuis là costoye l'Ocean, vers les Baccales, dont auós parlé. Lequel lieu ie croy que ce soit le mesme que ceux qui ont fait la derniere decouuerte, ont nommé Canada: comme il auient que souuent à plaisir lon nomme ce qui est hors de la co-

Voyage du Seigneur Iaques Quartier en Canada.

Situatiõ de la terre de Canada.

P

gnoiſſance d'autruy, ſe confinant vers Orient, à vne mer prouenãt de la glaciale ou Hyperborée: & de l'autre coſté à vne terre ferme, dicte Campeſtre de Berge, au Sueſt ioignant à ceſte contrée. Il y à vn cap appellé de Lorraine, autrement de ceux qui l'ont decouuert, Terre des Bretons, prochaine des Terres neuues, ou ſe prénent auiourd'huy les Moruës, vn eſpace de dix ou douze lieuës, entre les deux, tenãt ladicte Terre neuue à ceſte haute terre, laquelle nous auons nommée Cap de Lorraine: & eſt aſſiſe au Nordeſt, vne aſſez ſpacieuſe & large iſle entre deux, laquelle à de circuit enuirõ quatre lieuës. Ladicte terre commence tout aupres dudit Cap, par deuers le Su, ou ſe renge Eſt, Nordeſt, & Oüeſt, Suroüeſt, la plus part d'icelle allant à la terre de la Floride, ſe renge en forme de demy cercle, tirant à Themiſtitan. Or pour retourner au Cap de Lorraine, dont nous auons parlé, il giſt à la terre par deuers le Nort, laquelle eſt rengée par vne mer Mediterranée (comme deſia nous auons dit) ainſi que l'Italie entre la mer Adriatique & Liguſtique. Et depuis ledit cap allant à Loüeſt, Oüeſt, & Suroüeſt, ſe peut rẽger enuiron deux cens lieuës, & tous ſablons & arenes, ſans aucun port ne haure. Ceſte region eſt habitée de pluſieurs gens, d'aſſez grande corpulence, fort malins, & portent ordinairement viſage maſqué, & deguiſé par lineamens de rouge, & pers: leſquelles couleurs ils tirent de certains fruits. Ladicte terre fut decouuerte par le dedans de ceſte mer, mil cinq cens trente cinq, par le Seigneur Quartier, comme nous auons dit, natif de Saict Malo. Donques outre le nõbre des nauires dont il vſa, pour l'execution de ſon voyage, auec quelques barques de ſoixante à quatre vingts

Cãpeſtre de Berge.
Cap de Lorraine ou terre des Bretons.
Peſche de morues.

Situatiõ du cap de Lorraine.

vingts hómes, rengea de païs par auát incógneu, iufques
à vn fleuue grand & fpacieux, lequel ils nóment l'Abaye *Abbaye*
de chaleur, ou il fe trouue de tresbon poiffon & en abon- *de cha-*
dance, principalement de Saulmons. Alors ils traffique- *leur, fleu-*
rent en plufieurs lieux circonuoifins, c'eft à fçauoir les *ue.*
noftres de haches, coufteaux, haims à pefcher, & autres
hardes, contre peaux de Cerfs, Loutres, & autres fauuagines, dont ils ont abondance. Les barbares de ce païs leur
firent bien boπ acueil, fe monftrant bien affectionnez enuers eux, & ioyeux de telle venuë, congnoiffance, & amytié pratiquée & cóceuë les vns auecques les autres. Apres
ce fait, paffans outre, trouuerent autres peuples, prefque
contraires aux premiers, tant en langue, que maniere de
viure: & difoient eftre defcendus du grand fleuue de Che *Chelo-*
logua, pour aller faire la guerre aux premiers voifins. Ce *gua, fleu*
que puis apres le Capitaine Quartier à fceu, & veritable- *ue.*
ment entendu, par eux mefmes, d'vne de leurs barques,
qu'il prift auec fept hommes: dont il en retint deux, qu'il
amena en France au Roy: lefquels il remena à fa feconde
nauigation: & les ayás de rechef amenez, ont pris le Chriftianifme, & font ainfi decedez en France. Et n'a oncques efté entendue la maniere de viure de ces premiers
Barbares, ne de ce qu'il y á en leur païs & region, pource
qu'elle n'á efté hantée ne autrement traffiquée.

P ij

LES SINGVLARITEZ
D'vne autre contrée de Canada.
CHAP. 76.

Autre region de Canada decouuerte par la. Quartier.

Vant à l'autre partie de ceſte region de Canada, ou ſe tiennent & frequentent les derniers Sauuages, elle a eſté depuis decouuerte outre ledit fleuue de Chelogua, plus de trois à quatre cens lieuës par ledit Quartier, auecques le commandement du Roy: ou il a trouué le païs fort peuplé, tant en ſa ſeconde que premiere nauigation. Le peuple eſt autant obeïſſant & amiable qu'il eſt poſſible, & auſſi familier, que ſi de tout temps euſſent eſté nourris enſemble, ſans aucun ſigne de mauuais vouloir, ne autre rigueur. Et ilec fiſt ledit Quartier quelque petit fort & baſtimét pour hyuerner luy & les ſiens, enſemble pour ſe defendre cótre l'iniure de l'air tant froid & rigoureux. Il fut aſſez bien traité pour le païs & la ſaiſon : car les habitans luy amenoiét par chacun iour leurs barques chargées de poiſſon, comme anguilles, lamproyes, & autres: pareillement de chairs ſauuages, dont ils en prennent bóne quantité. Auſſi ſont ils grands veneurs, ſoit eſté ou hyuer, auecques engins ou autrement. Ils vſent d'vne maniere de raquettes tiſſues de cordes en façon de crible, de deux piés & demy de long, & vn pié de large, tout ainſi que vous repreſente la figure cy apres miſe. Ils les portent ſoubs les pieds au froid & à la neige, ſpecialement quand ils vont chaſſer aux beſtes ſauuages, à fin de n'enfoncer point dans les neiges, à la pourſuite de leur chaſſe. Ce peuple ſe reueſt de peaux de cerfs, córoyées & accómodées à leur mode.

Meurs amiables de ces Canadiens.

Maniere de raquettes.

Vſage de ces raquettes.

Pour

DE LA FRANCE ANTARCTIQVE. 151

Pour prendre ces bestes ils s'assembleront dix ou douze armez de longues lances ou piques, grandes de quinze à seize pieds, garnies par le bout de quelque os de cerf ou autre beste, d'vn pié de long ou plus, au lieu de fer, portás arcs & fleches garnies de mesme: puis par les neiges qui leur sont familieres toute l'année, suyuans les cerfs au trac par lesdites neiges assez profondes, decouurent la voye, laquelle estant ainsi decouuerte, vous y planteront branches de cedre, qui verdoyent en tout temps, & ce en forme de rets, soubs lesquelles ils se cachant armez en ceste maniere. Et incontinent que le cerf attiré pour le plaisir de ceste verdure & chemin frayé s'y achemine, ils se iettēt dessus à coups de piques & de fleches, tellement qu'ils le contraindront de quitter la voye, & entrer es profondes

Cōme ces Canadiēs chassēt le Cerf & autres bestes sauuages.

O iij

neiges, voire iufques au ventre, ou ne pouuant aifément cheminer, eft atteint de coups iufques à la mort. Il fera ecorché fur le champ, & mis en pieces, l'enueloperont en fa peau, & traineront par les neiges iufques en leurs maifons. Et ainfi les apportoient iufques au fort des François, chair & peau, mais pour autre chofe en recompéfe, c'eft à fçauoir quelques petis ferremens & autres chofes. Auffi ne veux omettre cecy qui eft fingulier, que quand lefdits Sauuages font malades de fieure ou perfecutez d'autre maladie interieure, ils prennent des fueilles d'vn arbre qui eft fort femblable aux cedres, qui fe trouuent autour de la montagne de Tarare, qui eft au Lyonnois: & en font du ius, lequel ils boiuent. Et ne faut doubter, que dans vingtquatre heures il n'y á fi forte maladie, tant foit elle inueterée dedans le corps, que ce breuuage ne guerifſe: comme fouuentesfois les Chreftiens ont experimenté, & en ont apporté de la plante par deça.

Breuuage fouuerain dôt ils vfent en leurs maladies.

La religion & maniere de viure de ces pauures Canadiens, & comme ils refiftent au froid.
CHAP. 77.

E peuple en fa maniere de viure & gouuernement approche affez pres de la loy de Nature. Leur mariage eft, qu'vn hôme prendra deux ou trois femmes fans autre folennité, comme les Ameriques, defquels auons ia parlé. De leur religion, ils ne tiennent aucune methode ne ceremonie de reuerer ou prier Dieu, finon qu'ils contéplent le nouueau croiffant,

Mariages des Canadiens.

sant, appelé en leur langue *Osannaha*, disans que *Andouagni* l'appelle ainsi, puis l'enuoye peu à peu qu'elle auance & retarde les eaues. Au reste ils croyent tresbien, qu'il á vn Createur, plus grand que le Soleil, la Lune, ne les estoilles, & qui tient tout en sa puissance: & est celuy qu'ils appellent *Andouagni*, sans auoir toutefois forme, ne aucune methode de le pier: combien qu'en aucune region de Canada ils adorent des idoles, & en auront aucunefois de telles en leurs loges, quarante ou cinquante, comme veritablement m'à recité vn pillot Portugais, lequel visita deux ou trois villages, & les loges ou habitoient ceux du païs. Ils croyent que l'ame est immortelle: & que si vn homme verse mal, apres la mort vn grand oyseau prend son ame, & l'emporte: si au contraire, l'ame s'en va en vn lieu decoré de plusieurs beaux arbres, & oyseaux chantans melodieusement. Ce que nous à fait entendre le Seigneur du païs de Canada, nommé *Donacoua Aguanna*, qui est mort en France bon Chrestien, parlant François, pour y auoir esté nourry quatre ans. Et pour euiter prolixité en l'histoire de noz Canadiens, vous noterez que les paures gens vniuersellement sont affligez d'vne froideur perpetuelle, pour l'absence du Soleil, come pouuez entendre. Ils habitent par villages & hameaux en certaines maisons faites à la façon d'vn demy cercle, en grádeur de vingt à trente pas, & dix de largeur, couuertes d'écorces d'arbres, les autres de ioncs marins. Et Dieu sçait si le froid les penetre tant mal basties, mal couuertes, & mal appuyées, tellemét que bien souuent les piliers & cheurons flechissent & tóbent pour la pesanteur que cause la neige estant dessus. Nonobstant ceste froidure tát excessiue, ils sont puissans

Osannaha.

Andouagni, dieu des Canadiens.

Opinion des Canadiens de l'immortalité de l'ame.

Donacoua Aguanna, Roy de Canada.

Froideur extreme au païs de Canada.

Loges des Canadiens.

P iiij

& belliqueux, insatiables de trauail. Semblablement sont tous ces peuples Septentrionaux ainsi courageux, les vns plus, les autres moins, tout ainsi que les autres tirans vers l'autre pole, specialement vers les tropiques & equinoctial sont tout au contraire: pource que la chaleur si vehemente de l'air leur tire dehors la chaleur naturelle, & la dissipe: & par ainsi sont chaulds seulement par dehors, & froids au dedans. Les autres ont la chaleur naturelle serrée & contrainte dedans par le froid exterieur, qui les réd ainsi robustes & vaillans : car la force & faculté de toutes les parties du corps depend de ceste naturelle chaleur. La mer alentour de ce païs est donc glacée tirant au Nort, & ce pour estre trop elongnée du Soleil, lequel d'Orient en Occidét passe par le milieu de l'vniuers, obliquemét toutefois. Et de tant plus que la chaleur naturelle est gráde, d'autant mieux se fait la cócoction & digestion des viandes dans l'estomac: l'appetit aussi en est plus grand. Ainsi ce peuple de Septentrion máge beaucoup plus que ceux de la part opposite: qui est cause que bien souuent en ce Canada y a famine, ioint que leurs racines & autres fruits desquels se doiuét sustenter & nourrir toute l'année, sont gelez, leurs riuieres pareillement l'espace de trois ou quatre moys. Nous auons dit qu'ils couurent leurs maisons d'ecorces de bois, aussi en font ils barques, pour pescher en eau douce & salée. Ceux du païs de Labrador, leurs voisins (qui furét decouuers par les Espagnols, pésans de ce costé trouuer vn destroit pour aller aux isles des Moluques, ou sont les espiceries) sont pareillement subiets à ces froidures, & couurét leurs logettes de peaux de poissons, & de bestes sauuages, comme aussi plusieurs autres Canadiens.

Peuples de Septétrion pourquoy plus courageux que les Meridionaux.

Mer glaciale.

Famine frequéte en Canada, & pourquoy.

Païs de Labrador decouuert par les Espagnols.

nadiens. D'auantage lesdits Canadiens habitent en com- *Cōmuni-*
munité, ainsi que les Ameriques, & là trauaille chacun se- *té de vie*
lon ce qu'il sçait faire. Aucuns font pots de terre, les au- *entre les*
tres plats, escuelles, & cuillers de boys: les autres arcs & *Canadiēs*
fleches, paniers, quelques autres habillemens de peaux,
dont ils se couurent contre le froid. Les femmes labou- *Maniere*
rent la terre, & la remuent auec certains instrumens faits *de labou-*
de longues pierres, & sement les grains, du mil speciale- *rer la ter-*
ment, gros comme pois, & de diuerses couleurs, ainsi que *re.*
lon plante les legumes par deça. La tige croist en façon *Mil, le-*
de cannes à succre, portant trois ou quatre espis, dont y *gume.*
en à tousiours vn plus grād que les autres, de la façon de
noz artichaux. Ils plantēt aussi des feues plates, & blāches *Febues*
comme neige, lesquelles sont fort bonnes. Il s'en trouue *blāches.*
de ceste espece en l'Amerique, & au Peru. Il y à d'auanta- *Citrouil-*
ge force citrouilles & coucourdes, lesquelles ils mangent *les, &*
cuites à la braise, comme nous faisons les poires de par *coucour-*
deça. Il y à en outre vne petite graine fort menuë, ressem- *des, &*
blant à la graine de Mariolaine, qui produist vne herbe *cōme ils*
assez grande. Ceste herbe est merueilleusement estimée, *en vsent.*
aussi la font ils secher au Soleil, apres en auoir fait grand *Espece*
amas: & la portent à leur col ordinairement en de petits *d'herbe.*
sachets de peaux, de quelque beste, auec vne maniere de
cornet persé, ou ils mettent vn bout de ceste herbe ainsi
sechée: laquelle ayans frottée entre leurs mains, y met- *Vsage de*
tent le feu, & en reçoyuent la fumée par la bouche par *ceste her-*
l'autre bout du cornet. Et en prennent en telle quantité, *be en par-*
qu'elle sort par les yeux & par le nez: & se perfument ain- *fums.*
si à toutes heures du iour. Noz Ameriques ont vne autre
maniere de se perfumer, cōme nous auons dit cy deuant.

Q

LES SINGVLARITEZ
Des habillemens des Canadiens, comme ils portent cheueux, & du traitement de leurs petis enfans.
CHAP. 78.

Vestemēs des Canadiens.

Es Canadiens trop mieux apris que les habitans de l'Amerique, se sçauent fort bien couurir de peaux des destes sauuages, auecques leur poil, acoustrez à leur mode, ainsi que desia nous auons touché, parauanture contrains pour le froid, & non autrement: laquelle occasion ne s'est presentée aux autres, qui les à fait demeurer ainsi nuds, sans aucune vergongne l'vn de l'autre. Combien que ceux cy, i'entens les hommes, ne sont totalement vestus, sinon enueloppez d'vne peau peluë, en façon d'vn dauanteau, pour couurir le deuāt & parties honteuses: le faisans passer entremy les iambes, fermées à boutons sur les deux cuisses: puis ils se ceingnent d'vne large ceinture, qui leur affermist tout le corps, bras, & iambes nues: hormis que par sus le tout ils portent vn grand manteau de peaux cousuës ensemble, si bien acoustrées, comme si le plus habile peletier y auoit mis la main. Les manteaux sont faits, les vns de loutre, ours, martres, panteres, renards, lieures, rats, connins, & autres peaux, conrayées auecques le poil: qui à donné argument, à mon aduis, à plusieurs ignorans de dire, que les Sauuages estoient velus. Aucuns ont escript que Hercules de Lybie venant en France, trouua le peuple viuant presque à la maniere des Sauuages, qui sont tant aux Indes de Leuant, qu'en l'Amerique, sans nulle ciuilité: & alloyent les hommes & femmes presque tous

Gaulois sauuages du temps d'Hercules.

tous nuds : les autres estoyent vestus de peaux de diuerses especes de bestes. Ainsi á esté la premiere condition du genre humain, estant au commencement rude, & mal poly : iusques à ce que par succession de temps, necessité á contraint les hommes d'inuenter plusieurs choses, pour la conseruation & maintien de leur vie. Encores sont en ceste rude inciuilité ces pauures Sauuages, admirans nostre vestement, de quelle matiere, & comment il est ainsi basti, iusques à demander quels arbres portoyent ceste matiere, comme il m'á esté proposé en l'Amerique: estimans la laine croistre es arbres, comme leur cotton. L'vsage de laquelle á esté par long temps ignoré, & fut inuenté, comme veulent plusieurs, par les Atheniés, & mise en œuure. Les autres l'ont attribué à Pallas, pource que les laines estoient en vsage auant les Atheniens, & que leur ville fust bastie. Voila pourquoy les Atheniens l'ont merueilleusement honorée, & euë en grande reuerence, pour auoir receu d'elle ce grand benefice. Et par ainsi est vraysemblable, que lesdits Atheniens & autres peuples de la Grece, se vestoient de peaux, à la maniere de noz Canadiens : & à la similitude du premier homme, comme tesmoigne Sainct Hierosme, laissant exemple à sa posterité d'en vser ainsi, & non aller tous nuds. En quoy ne pouuons assez louër & recógnoistre nostre Dieu, lequel par singuliere affection, sur toutes les autres parties du monde, auroit vniquemét fauorisé à nostre Europe. Reste à parler comme ils portent les cheueux, c'est à sçauoir autrement que les Ameriques. Tant hommes que femmes portent les cheueux noirs, fort longs : & y á ceste difference seulement, que les hómes ont les cheueux trous-

Vsage de la laine par qui inuenté.

Maniere des Canadiens à porter leurs cheueux.

fez sur la teste, cõme vne queuë de cheual, auec cheuilles de bois à trauers : & là dessus vne peau de tygre, d'ours, ou autres bestes: tellement qu'à les voir accoustrez en telle sorte, lon les iugeroit ainsi deguisez, vouloir entrer en vn theatre, ressemblans mieux aux portraits d'Hercules, que faisoient pour recreation les anciens Romains, & cõme nous le peignons encores auiourd'huy, qu'à autre chose. Les autres se ceignent & enueloppent la teste de martres zebelines, ainsi appellées du nom de la region situëe au Nort, ou cest animal est frequent: lesquelles nous estimõs precieuses par deça pour la rarité:& pource telles peaux sont reseruées pour l'ornemẽt des Princes & grãds seigneurs, ayans la beauté coniointe auec la rarité. Les hommes ne portent aucune barbe, non plus que ceux du Bresil, pource qu'ils l'arrachent selon qu'elle pullule. Quant aux femmes elles s'habillent de peaux de cerfs preparées à leur mode, qui est tresbonne & meilleure que celle qu'on tient en France, sans en perdre vn poil seul. Et ainsi enueloppées se serrent tout le corps d'vne ceinture longue, à trois ou quatre tours par le corps, ayãs tousiours vn bras & vne mammelle hors de ceste peau, attachée sur l'vne des espaules, comme vne escharpe de pelerin. Pour continuër nostre propos, les femmes de Canada portent chausses de cuir tanné, & fort bien labouré à leur mode, enrichi de quelque teinture faite d'herbes & fruits, ou biẽ de quelque terre de couleur, dont il y à plusieurs especes. Le soulier est de mesme matiere & cadeleure. Ils obseruẽt le mariage auec toute foy, fuyans adultere sur tout : vray est que chascun à deux ou trois femmes, comme desia nous auons dit en vn autre lieu. Le seigneur du païs nommé

Martres zebelines.

Habillemens des femmes de Canada.

Mariage des Canadiens.

mé *Agahanna*, en peut auoir autant que bon luy femble. *Agahanna.*

Les filles ne font defeftimées pour auoir feruy à quelques ieunes hommes auant qu'eftre mariées, ainfi qu'en l'Amerique. Et pource ont certaines loges en leur village, ou ils fe rencontrent, & communiquent les hommes auec les femmes, feparez d'auec les ieunes gens, fils & filles. Les femmes vefues ne fe remarient iamais, en quelque nombre qu'elles foient apres la mort de leur mary: ains viuét en dueil le refte de leur vie, ayans le vifage tout noirci de charbon puluerifé auec huyle de poiffon: les cheueux toufiours efpars fur le vifage, fans eftre liez ne trouffez par derriere, côme portent les autres: & fe maintiennent ainfi iufques à la mort. Quant au traitement de leurs petis enfans, ils les lient & enueloppent en quatre ou cinq peaux de martres coufues enfemble: puis les vous attachent & garrotent fur vne planche ou ais de bois perfée à l'endroit du derriere, en forte qu'il á toufiours ouerture libre, & entre les iambes comme vn petit entonnoir, ou gouttiere faite d'ecorce mollette, ou ils font leur eau, fans toucher ne coïnquiner leur corps, foit deuant ou derriere, ne les peaux ou ilz font enueloppez. Si ce peuple eftoit plus prochain de la Turquie, i'eftimerois qu'ils auroient appris cela des Turcs: ou au côtraire auoir enfeigné les autres. Nô pas que ie vueille dire que ces Sauuages eftimét eftre peché, que leurs enfans fe mouillent de leur propre vrine, comme cefte nation fuperftitieufe de Turquie: mais plus toft pour vne ciuilité qu'ils ont par deffus les autres. Parce que lon peut eftimer combien ces paures brutaux les furpaffent en honefteté. Ils vous plantent cefte planche auecques l'enfant par l'extremité inferieure:

Viduité fort obferuée par les femmes de Canada.

Côme elles traitét leurs petis enfâs.

Superftition des Turcs.

pointue en terre, & demeure ainsi l'enfant de bout pour dormir, la teste pendant en bas.

La maniere de leur guerre. CHAP. 79.

Canadiēs peuple belliqueux.

Comme ce peuple semble auoir presque mesmes meurs que les autres Barbares sauuages, aussi apres eux ne se trouue autre plus prompt & coustumier de faire guerre l'vn contre l'autre, & qui approche plus de leur maniere de guerre, aucunes choses exceptées. Les Toutaniens, les Guadalpes, & Chicorins font guerre ordinaire contre les Canadiens, & autres peuples diuers, qui descendent de ce grand fleuue d'Ochelagua & Saguené. Lesquelles riuieres sont merueilleusement belles & grandes, portans tresbon poisson & en grāde quantité: aussi par icelles peut on entrer bien trois cens lieuës en païs, & es terres de leurs ennemis auec petites barques, sans pouuoir vser de plus grands vaisseaux, pour le danger des rochers. Et disent les anciés du païs, que qui voudroit suyure ces deux riuieres, qu'en peu de Lunes, qui est leur maniere de nombrer le temps, lon trouueroit diuersité de peuples, & abondance d'or & d'argent. Outre que ces deux fleuues separez l'vn de l'autre, se trouuent & ioignēt ensemble en certain endroit, tout ainsi que le Rhosne & la Saone à Lyon: & ainsi assemblez se rendent bien auant dans la nouuelle Espagne: car ils sont confins l'vn à l'autre, comme la France & l'Italie. Et pource quand il est question de guerre en Canada, leur grand *Agahanna*, qui vaut autant à dire que Roy ou Seigneur, commande aux autres

Toutaniens ennemis de ceux de Canada. Ochelagua & Saguené fleuues de Canada.

Preparatiue de guerre des Canadiens.

DE LA FRANCE ANTARCTIQVE. 156

autres Seigneurs de son obeïssance, ainsi que chacun village à son superieur, qu'ils se deliberent de venir & trouuer par deuers luy en bon & suffisant equipage de gens, viures & autres munitions, ainsi que leur coustume est de faire. Lesquels incontinent chacun en son endroit, se mettent en effort & deuoir d'obeïr au commandement de leur Seigneur, sans en rien y faillir, ou aller au contraire. Et ainsi s'en viénent sur l'eau, auec leurs petites barquettes, longues, & larges bien peu, faites d'ecorces de bois, ainsi qu'en l'Amerique & autres lieux circonuoisins. Puis l'as-

semblée faite, s'en vont chercher leurs ennemis : & lors qu'ils sçauent les deuoir rencontrer, se mettront en si bon ordre pour combatre & donner assaut qu'il est possible, auec infinité de ruses & stratagemes, selon leur mode. Les

Q iiij

LES SINGVLARITEZ

Stratageme de guerre vsité des Canadiens.

attendans se fortifient en leurs loges & cabanes, assemblez à dix, ou douze, & quinze mil hommes, auec quelques pieces de bois, fagots, ramages, engressez de certaine gresse de loup marin, ou autre poisson: & ce à fin qu'ils empoisonnent leurs ennemis s'ils approchent, mettans le feu dedans, dont il en sort vne fumée grosse & noire, & dangereuse à sentir pour la puanteur tant excessiue, qu'elle fait mourir ceux qui la sentent: outre ce qu'elle aueugle les ennemis, qu'ils ne se peuuent voir l'vn l'autre. Et vous sçauent adresser & disposer ceste fumée de telle methode, que le vent la chasse de leur costé à celuy des ennemis.

Autre stratageme.

Ils vsent pareillement de poisons faits d'aucunes fueilles d'arbres, herbes, & fruits, lesquelles matieres sechées au Soleil, ils meslent parmy ces fagots & ramages, puis y mettét le feu de loing, voyans approcher leurs ennemis. Ainsi se voulurent ils defendre contre les premiers, qui allerent decouurir leur païs, faisans effort, auec quelques gresses & huiles, de mettre le feu la nuict es nauires des autres abordées au riuage de la mer. Dont les nostres informez de ceste entreprise, y donnerent tel ordre, qu'ils ne furent aucunement incommodez. Toutefois i'ay entendu que ces pauures Sauuages n'auoient machiné ceste entreprise, que iustement & à bonne raison, consideré le tort qu'ils auoient receu des autres. C'est qu'estás les nostres descenduz en terre, aucuns ieunes folastres par passetemps, vicieux toutefois & irraisonnables, comme par vne maniere de tyrannie couppoient bras & iambes à quelques vns de ces pauures gens, seulement disoient ils pour essayer, si leurs espées trenchoient bien, nonobstant que ces pauures Barbares les eussent receu humainemét,

auecques

auecques toute douceur & amytié. Et par ainſi depuis n'ont permis aucuns Chreſtiens aborder & mettre pié à terre en leurs riuages & limites, ne faire traffique quelcóque, comme depuis lon à bien congneu par experience.

Or pour n'elongner d'auantage de noſtre propos, ces Canadiens marchent en guerre quatre à quatre, faiſans, quand ils ſe voyent, ou approchent les vns des autres, cris & hurlemens merueilleux & eſpouuentables (ainſi qu'auons dit des Amazones) pour donner terreur, & eſpouuenter leurs ennemis. Ils portent force enſeignes, faites de branches de boulleaux, enrichis de pénages & plumages de cygnes. Leurs tabourins ſont de certaines peaux tendues & bendées en maniere d'vne herſe, ou lon fait le parchemin, portée par deux hommes de chacun coſté, & vn autre eſtant derriere frappant à deux baſtons le plus impetueuſement qu'il luy eſt poſsible. Leurs fluſtes ſont faites d'os de iambes de cerf, ou autre ſauuagine. Ainſi ſe combatent ces Canadiens à coups de fleches, rondes maſſues, baſtons de bois à quatre quarres, lances & piques de bois, aguiſées par le bout d'os au lieu de fer. Leurs boucliers ſont de pénaches, qu'ils portét au col, les tournans dauant ou derriere, quand bon leur ſemble. Les autres portét vne ſorte de morion fait de peaux d'ours fort eſpes, pour la defence de la teſte. Ainſi en vſoient les anciens à la maniere des Sauuages: ils combatoient à coups de poing, à coups de pié, mordoient à belles dents, ſe prenoient aux cheueux, & autres manieres ſemblables. Depuis à combatre ils vſerent de pierres, qu'ils iettoient l'vn contre l'autre: comme il appert meſmement par la ſainte Bible. D'auantage Herodote en ſon quatriéme liure, par-

Cóme les Canadiés marchét en guerre.

Façon de leurs tabourins, & cóme ils les portent.

Maniere de leur combat.

Maniere que tenoient les anciens à cóbatre.

Herodote.

lant de certain peuple qui se combattoit à coups de bastons & de massue : il dit en outre que les vierges de ce
païs auoient coustume de batailler tous les ans auec pierres & bastós les vnes cótre les autres, à l'hóneur de la dées-
se Minerue, le iour de son anniuersaire. Aussi Diodore au
premier liure recite, q̃ les massues & peaux de lions estoiẽt
propres à Hercules pour combatre : car au parauant n'e-
stoiẽt encores les autres armes en vsage. Qui voudra voir
Plutarque & Iustin, & autres auteurs, trouuera que les anciens Romains combatoient tous nuds. Les Thebains
& Lacedemoniens se vengerẽt de leurs ennemis à coups
de leuiers & grosses massues de bois. Et ne faut estimer
que lors ce pauure peuple ne fust autãt hardi, comme celuy d'auiourd'huy, pour auoir demeuré tous nuds, sans e-
stre aucunement vestus, comme à present sont noz Canadiens de grosses peaux, destituez semblablemẽt de moyẽs
& ruses de guerre, dont ces Sauuages se sçauent ayder
maintenant. Ie vous pourroys amener plusieurs auteurs
parlans de la maniere que tenoient les anciens en guerre, mais suffira pour le present ce que i'en ay allegué, pour
retourner au peuple de Canada, qui est nostre principal
propos. Ce peuple n'vse de l'ennemy pris en guerre, cõme lon fait en toute l'Amerique : c'est à sçauoir qu'ils ne
les mangent aucunement, ainsi que les autres. Ce qu'est
beaucoup plus tolerable. Vray est, que s'ils prennent aucuns de leurs ennemis, ou autrement demeurent victorieux, ils leur escorchent la teste, & le visage, & l'estendent
à vn cercle pour la secher : puis l'emportent en leur païs,
la monstrans auec vne gloire, à leur amis, femmes, &
vieillards, qui pour l'aage imbecille ne peuuent plus porter

Cõbat de vierges aux festes de Miner-ue. Diodore.

Coustu-me anciẽ-ne des Thebaĩs & Lacé-demoniẽs à comba-tre.

Cõme les Canadiẽs traitent leurs pri-sonniers.

ter le fais, en signe de victoire. Au reste ils ne sont si enclins à faire guerre, comme les Perusiens, & ceux du Bresil, pour la difficulté parauenture, que causent les neiges & autres incommoditez, qu'ils ont par delà.

Des mines, pierreries, & autres singularitez qui se trouuent en Canada.
CHAP. 80.

LE païs & terrouër de Canada, est beau & bien situé, & de soy tresbon, hormis l'intemperature du ciel, qui le defauorise: comme pouuez ayfément conie&urer. Il porte plusieurs arbres & fruits, dont nous n'auons la congnoissance par deça. Entre lesquels y à vn arbre de la grosseur & forme d'vn gros noyer de deça, lequel à demeuré long temps inutile, & sans estre congnu, iusques à tant que quelcun le voulant coupper en saillit vn suc, lequel fut trouué d'autant bon goust, & delicat, que le bon vin d'Orleans, ou de Beaune: mesmes fut ainsi iugé par noz gens, qui lors en firent l'experience: c'est à sçauoir le Capitaine, & autres gentilshommes de sa compagnie, & recueillirent de ce ius sur l'heure de quatre à cinq grand pots. Ie vous laisse à penser, si depuis ces Canadiens afriandez à ceste liqueur, ne gardent pas cest arbre cherement, pour leur bruuage, puis qu'il est ainsi excellent. Cest arbre, en leur langue, est appelé *Couton*. Vne autre chose quasi incredible est, qui ne l'auroit veuë. Il se trouue en Canada plusieurs lieux & contrées, qui portent tresbeaux ceps de vi-

Bôté du païs de Canada.

Couton, arbre.

Suc dudit arbre ayant goust de vin.

Ceps de vigne naturels en Canada.

R ij

gne, du seul naturel de la terre, sans culture, auec grande quantité de raisins gros, bien nourris, & tresbons à manger: toutefois n'est mention que le vin en soit bon en pareil. Ne doubtez combien trouuerent cela estrange & admirable ceux, qui en firent la premiere decouuerte. Ce païs est acompli de montagnes & planures. En ces hautes montagnes se trouuent certaines pierres retirans en pesanteur & couleur à mine d'or: mais quand on la voulut esprouuer, si elle estoit legitime, elle ne peut endurer le feu, qu'elle ne fust dissipée & conuertie en cendre. Il n'est impossible, qu'en cest endroit ne se trouuast quelque mine aussi bonne, qu'aux isles du Peru, qui caueroit plus auant en terre. Quant à mines de fer, & de cuiure, il s'en trouue assez. Au surplus de petites pierres, faites & taillées en pointe de diamāt, qui prouiennent les vnes en plainure, les autres aux montagnes. Ceux qui premierement les trouuerent, pensoyent estre riches en vn moment, estimans que fussent vrays diamans, dont ils apporterēt abondance: & de là est tiré le prouerbe auiourd'huy commun par tout: C'est vn diamant de Canada. De fait il tire au diamant de Calicut, & des Indes Orientales. Aucuns veulent dire, que c'est vne espece de fin cristal: de quoy ie ne puis donner autre resolution, sinon ensuyuāt Pline, qui dit le cristal prouenir de neige, & eau excessiuement gelée, & ainsi concrée. Parquoy es lieux subiets à glace & neige se peut faire que quelque partie d'icelles, par succession de temps, se deseche & cōcrée en vn corps luysant, & transparent comme cristal. Solin estime ceste opinion faulse, que le cristal vienne totalement de neige: car si ainsi estoit, il se trouueroit seulement es lieux froids,

Pierres de couleur de mine d'or.

Mines de fer.
Mines de cuiure.

Diamāt de Canada, prouerbe.
Au li. dernier de l'hist. naturelle.
Opinions sur la cōcreation du cristal. Solin.

comme

comme en Canada, & semblables regions froides: mais l'experience nous monstre le contraire: comme en l'isle de Cypre, Rhodes, Egypte, & en plusieurs lieu de la Grece, comme moymesme ay veu du temps que i'y estoys, ou il se trouuoit, & encores trouue auiourd'huy abondance de cristal. Qui est vray argument de iuger que le cristal n'est eau congelée, consideré qu'en ces païs desquels parlons, la chaleur est trop plus frequente & vehemente sans comparaison, qu'en Canada, païs affligé de perpetuelles froidures. Diodore dit que le cristal est côcreé d'eau pure, non congelée par froideur, mais plus tost sechée par chaleur veheméte. Neantmoins celuy de Canada est plus luysant, & sent mieux en toutes choses sa pierre fine, que celuy de Cypre, & autres lieux. Les anciens Empereurs de Rome, estimoyent beaucoup le fin cristal, & en faisoyent faire des vases, ou ils mangeoyent. Les autres en faisoyent simulacres, qu'ils tenoient particulierement enfermez en leurs cabinets & tresors. Pareillement les Roys d'Egypte, du temps que florissoit Thebes la grande, enrichissoient leurs sepultures de fin cristal, que lon apportoit de l'Armenie maieur, & du costé de Syrie. Et de ce cristal estoyent representez les Roys par portraits au naturel, pour demeurer, ce leur sembloit, & estre en perpetuelle memoire. Voila comme les Anciens estimerent le cristal, & à quels vsages estoit appliqué. Auiourd'huy il est employé à faire vases & coupes à boire, chose fort estimée, si elle n'estoit tant fragile. Au surplus en ce païs se trouue grande abondance de iaspes, & cassidoines.

Diodore.

Cristal de Canada.

Combien le cristal estoit estimé des anciens, & à quels vsages appliqué.

Iaspes. Cassidoines.

R iij

LES SINGVLARITEZ
*Des tremblemens de terre & gresles, ausquels est
fort subiect ce païs de Canada.*
CHAP. 81.

Païs de Canada subiet à tremblement de terre, & pourquoy.

Este region de Canada est merueilleusement subiette aux tremblemens de terre, & aux gresles : dont ce pauure peuple ignorant les choses naturelles, & encores plus les celestes tombent en vne peur extreme, encores que telles choses leur soyent frequétes & familieres, ils estiment que cela prouient de leurs dieux, pour les auoir irritez & faschez. Toutefois le tremblemét de terre naturel, ne vient sinon des vents enfermez par quelques cauitez de la terre, lequel par grande agitation la fait mouuoir, comme il fait sur la terre trembler arbres & autres choses : comme dispute tresbien Aristore en ses Meteores. Quant à la gresle

Gresle frequéte en Canada.

ce n'est de merueille si elle y est frequente, pour l'intemperature & inclemence de l'air, autant froid en sa moyenne region qu'en la plus basse, pour la distance du Soleil, qui n'en approche plus pres, que quand il vient à nostre tropique : pourquoy l'eau qui tombe du ciel, l'air estant perpetuellement froid, est tousiours congelée, qui n'est autre chose que neige ou gresle. Or ces Sauuages incontinent qu'ils sentét telles incommoditez, pour l'affliction qu'ils en reçoiuent, se retirent en leurs logettes, & auec eux quelque bestial, qu'ils nourrissent domestiquement, & là caressent leurs idoles, la forme desquelles n'est gueres differéte à la fabuleuse Melusine de Lusignan, moitié serpent, moitié femme : veu que la teste auec la cheueleure re represente lourdement(selon leur bon esprit sauuage) vne femme. Or le surplus du corps en forme de serpent, qui pourroit bailler argument aux Poëtes de faindre que Melusine soit leur deesse, veu qu'elle s'enfuit en volant, selon qu'aucuns fabulent, narrateurs dudit Romát, qu'ils tiennent en leurs maisons ordinairement. Le tremblement de terre est dangereux, combien que la cause en est euidente. Puis qu'il vient à propos de ce tremblement, nous en dirons vn mot, selon l'opinion des Philosophes naturels, & les inconueniens qui en ensuiuent. Thale Milesien, l'vn des sept sages de Grece, disoit l'eau estre commencement de toutes choses : & que la terre flottant au milieu de ceste eau, cóme vne naue en plaine mer, estoit en vn tremblement perpetuel, quelque fois plus grand, & quelquefois plus petit. De mesme opinion a esté Democrite : & disoit d'auantage, que l'eau soubs terre, creuë par pluye, ne pouuant pour son excesiue quantité estre cótenuë es veines & capacitez de la terre, causoit ce tremblement : & de là venir les sources & fontaines que nous auons. Anaxagoras disoit estre le feu, lequel appetant (comme est son naturel) monter en haut, & se vnir au feu elementaire, causoit non seulement ce tremblemét, mais quelques ouuertures, goulfes, & autres semblables en la terre : comme nous voyons en quelques endroits. Et cófermoit son opinion de ce que la terre bruloit en plusieurs lieux. Anaximenes asseuroit la terre mesme estre seule cause de ce tremblement, laquelle estant ouuerte, pour l'excesiue ardeur du Soleil, l'air entroit dedans en grande quantité & auec violence : lequel parapres la terre estant reünie & reiointe, ne pouuant par ou sortir, se

Treblemens de terre dágereux.

Opinions d'aucuns Philosophes sur les treblemens de terre.

R iiij

LES SINGVLARITEZ

mouuoit çà & là au ventre de la terre: & que de là venoit ce tréblement. Ce que me semble plus raisonnable, & approchant de la verité, selon que nous auons dit, suyuans Aristote: aussi que le vent n'est autre chose, qu'vn air impetueusement agité. Mais ces opinions laissées des causes naturelles du tremblement de terre, il se peut faire pour autres raisons, du vouloir & permission du Superieur, à nous toutefois incongnuës. Les inconueniens qui en suruiennent, sont renuersemés de villes & citez: comme il aduint en Asie des sept citez, du téps de Tybere Cesar, & de la metropolitaine ville de Bithinie, durant le regne de Constantin. Plusieurs aussi ont esté englouties de la terre, les autres submergées des eaux: côme furent Elicé & Bura aux ports de Corinthe. Et pour dire en bref, ce tremblement se fait quelquefois de telle vehemence, que outre les inconueniens predits, il fait isles de terre ferme, comme il a fait de Sicile, & quelques lieux en Syrie & autres. Il vnist quelquefois les isles à la continente, côme Pline dit estre aduenu de celles de Doromisce, Perne en Milete: ayát mesme fait qu'en la vieille Afrique plusieurs plaines & lieux champestres, se voyent auiourd'huy reduits en lacs. Aussi recite Seneque, qu'vn troupeau de cinq cens ouailles, & autres bestes & oyseaux, furét quelquefois engloutis & perdus, par vn tremblement de terre. Pour ceste raison ils se logét (la plus grád part) pres des riuages, pour euiter ce tréblement, bien informez par experiéce, & nó de raison, que les lieux marescageux ne sont subiets à tremblemens, comme la terre ferme: & de ce la raison est bien facile à celuy qui entédra la cause du tremblement cy deuant alleguée. Voila parquoy le tresriche

Qu'est ce que le vent.

Incôueniens qui ensuyuẽt les trẽblemens de terre.

Seneque.

& renom-

& renommé temple de Diane, en Ephese, qui dura plus *Tẽple de* de deux cens ans, basti si sumptueusement, qu'il merita e- *Diane en* stre nombré entre les spectacles du monde, fut assis sur *Ephese,* pillotis en lieu de marais, pour n'estre subiet à tremble- *pour-* ment de terre, iusques à tant qu'vn certain follastre nom- *quoy* mé Heluidius, ou comme veulent aucuns, Eratosthenes, *fondé en lieu de* pour se faire congnoistre & parler de luy, y mist le feu, & *marais.* fut conuerty en cendres. Pour ceste mesme cause les Romains auoient edifié vn temple excellent à Hercules, pres le Tibre, & là luy faisoient sacrifices & oraisons. Or le *Trẽble-* tremblement en Canada est quelquefois si violent, qu'en *ment de* cinq ou six lieuës de leurs maisons dedans le païs, il se *terre en* trouuera plus de deux mil arbres, aucunefois plus, quel- *Canada* que fois moins, tombez par terre, tant en montagnes que *fort vio-* plat païs: rochers renuersez les vns sur les autres, terres en- *lent.* foncées & abismées: & tout cela ne prouient d'ailleurs que de ce mouuement & agitation de la terre. Autant en peut il auenir es autres contrées subiettes aux tréblemens de terre. Voila du tremblement de terre, sans plus elongner de nostre route.

Du païs appellé Terre neuue.
CHAP. 82.

Pres estre departis de la hauteur du goulfe de Canada, fut question de passer outre, tirant nostre droit chemin au Nort, delaissans la terre de Labrador, & les isles *Isles des* qu'ils appellent des Diables, & le cap de *Diables.* Marco, distant de la ligne cinquante six *Cap de Marco.*

S

Terre neuue region fort froide.

degrez, nous costoyames à senestre ceste contrée, qu'ils ont nommée Terre neuue, merueilleusement froide: qui à esté cause que ceux qui premierement la decouurirent, n'y firét long seiour, ne ceux ausi qui quelquefois y vont pour traffiquer. Ceste Terre neuue est vne region faisant vne des extremitez de Canada, & en icelle se trouue vne riuiere, laquelle à cause de son amplitude & largeur semble quasi estre vne mer, & est appellée la riuiere Des trois freres, distante des isles des Essores quatre cens lieuës, & de nostre France neuf cens. Elle separe la prouince de Canada de celle que nous appellons Terre neuue. Aucús modernes l'ont estimée estre vn destroit de mer, comme celuy de Magellan, par lequel lon pourroit entrer de la mer Oceane à celle du Su au Pacifique, & de faict Gemma Frisius, encor qu'il fust expert en Mathematique, à grandement erré, nous voulant persuader que ceste riuiere, de laquelle nous parlons, est vn destroit, lequel il nomme Septentrional, & mesmes l'a ainsi depaint en sa Mappemonde. Si ce qu'il en à escrit eust esté veritable, en vain les Espagnols & Portugais eussent esté chercher vn autre destroit, distant de cestuy cy de trois mil lieuës pour entrer en ceste mer du Su, & aller aux isles des Moluques, ou sont les espiceries. Ce païs est habité de Barbares vestus de peaux de sauuagines, ainsi que ceux de Canada, fort inhumains & mal traitables: comme bien l'experimentent ceux qui vont par delà pescher les morues, que nous mangeons par deça. Ce peuple maritime ne vit gueres d'autre chose que de poisson ds mer, dont ils prennent grande quantité, specialement de loups marins, desquels ils mangent la chair, qui est tresbonne. Ils font

certaine

DE LA FRANCE ANTARCTIQVE. 162

certaine huile de la greffe de ce poiffon, laquelle deuient apres eftre fondue, de couleur rouffatre, & la boiuét au repas, comme nous ferions par deça du vin ou de l'eau. De la peau de ce poiffon grande & forte, comme de quelque grand animal terreftre, ils font manteaux & veftemens à leur mode: chofe admirable, qu'en vn element fi humide que ceftuy là, qui eft l'humidité mefme, fe puiffe nourrir vn animant, qui aye la peau dure & feche, comme les terreftres. Ils ont femblablement autres poiffons veftus de cuir affez dur, comme marfouïns & chiens de mer: les autres reueftus de coquilles fortes, cóme tortues, huitres, & moulles. Au refte ils ont abondáce de tous autres poiffons, grands & petis, defquels ils viuent ordinairement. Ie m'esbahis que les Turcs, Grecs, Iuifs, & diuerfes autres nations du Leuant ne mangent point de dauphins, ny de plufieurs autres poiffons, qui font deftituez d'efcailles, tant de mer, que d'eau douce, qui me fait iuger que ceux cy font plus fages, & mieux auifez de trouuer le gouft des viandes plus delicates, que non pas ou les Turcs, ou Arabes & autre tel fatras de peuple fuperftitieux. En ceft endroit fe trouuét des balenes (i'entens en la haute mer, car tel poiffon ne s'approche iamais du riuage) qui ne viuent que de tels petis poiffons. Toutesfois le poiffon qu'ordinairement mange la balene, n'eft plus gros que noz carpes, chofe quafi incredible pour le refpect de fa grandeur & groffeur. La raifon eft, ainfi que veulent aucuns, que la balene ayant le gofier trop eftroit en proportion du corps, ne peut deuorer plus grád morceau. Qui eft vn fecret encor admirable, duquel les anciés ne fe font oncques auifez, voire ny les modernes, quoy

Huile de greffe de poiffon.

Superftition de diuerfes nations du Leuant.

De quels poiffons vit la balene.

S ij

qu'ils ayent traité des poiſſons. La femelle ne fait iamais qu'vn petit à la fois, lequel elle met hors comme vn animant terreſtre ſans œuf, ainſi que les autres poiſſons ouiperes. Et qui eſt encores plus admirable, elle allaitte ſon petit, apres eſtre dehors: & pource elle porte mammelles au ventre ſoubs le nombril: ce que ne fait autre poiſſon quelconque, ſoit de marine ou d'eau douce, ſinõ le loup.

Pline.
Rencõtre d'vne baleine dãgereuſe ſus la mer.

Ce que meſmement teſmoigne Pline. Ceſte balene eſt fort dangereuſe ſus la mer, pour la rencontre, ainſi que bien ſçauent les Bayonnois pour l'auoir experimenté, car ils ſont couſtumiers d'en prendre. A ce propos, lors que nous eſtions en l'Amerique, le batteau de quelque marchant qui paſſoit d'vne terre à autre pour ſa traffique, ou autre negoce, fut renuerſé & mis à ſac, & tout ce qui eſtoit dedans, par la rencontre d'vne balene, qui le toucha de ſa queuë.

Poiſſon ennemy naturel de la balene.

En ce meſme endroit ou conuerſe la balene, ſe trouue le plus ſouuent vn poiſſon, qui luy eſt perpetuel ennemy: de maniere que ſ'approchant d'elle, ne fera faute de la piquer ſoubs le vẽtre (qui eſt la partie la plus mollette) auecques ſa langue trenchante & ague, comme la lancette d'vn barbier: & ainſi offenſée, à grand difficulté ſe peut ſauuer, qu'elle ne meure, ainſi que diſent les habitans de Terre neuue, & les peſcheurs ordinaires. En ceſte mer de Terre neuue ſe trouue vne autre eſpece de poiſſon, que les Barbares du païs nomment *Hehec*, ayant le bec comme vn perroquet, & autres poiſſons d'eſcaille. Il ſe trouue en ce meſme endroit abondance de dauphins, qui ſe monſtrent le plus ſouuent ſus les ondes, & à fleur de l'eau, ſautans & voltigeans par deſſus: ce qu'aucuns eſtiment eſtre preſage de tormétes & tempeſtes, auec vens impetueux

Hehec, poiſſon.

Preſage des tempeſtes.

impetueux de la part dont ils viennent, comme Pline recite & Isidore en ses Etymologies, de ce que aussi l'experience m'à rendu plus certain, que l'autorité ou de Pline, ou autre des anciens. Sans eslongner de propos, aucuns ont escrit qu'il y à cinq especes de presage & prognostic des tempestes futures sus la mer, comme Polybius estant auecques Scipion Æmilian en Afrique. Au surplus y à abondance de moulles fort grosses. Quant aux animaux terrestres, vous y en trouuerez vn grand nombre, & bestes fort sauuages & dangereuses, comme gros ours, lesquels presque tous sont blancs. Et ce que ie dy des bestes s'esténd iusques aux oyseaux, desquels le plumage presque tire sur le blanc: ce que ie pése auenir pour l'excessiue froideur du païs. Lesquels ours iour & nuyt sont importús es cabanes des Sauuages, pour máger leurs huiles & poissós, quád il s'en trouue de reserue. Quát aux ours encore que nous en ayons amplemét traité en nostre Cosmographie de Leuant, nous dirons toutefois en passant cóme les habitans du païs les prénent affligez de l'importunité qu'ils leur font. Doncques ils font certaines fosses en terre fort profondes pres les arbres ou rochers, puis les couurent si finement de quelques branches ou fueillages d'arbres: & ce là ou quelque essain de mousches à miel se retire, ce que ces ours cherchent & suyuét diligemment, & en sont fort friands, non comme ie croy tant pour s'en rassasier, que pour s'en guerir les ïeux qu'ils ont naturellement debiles, & tout le cerueau, mesmes qu'estás picquez de ces mousches rédent quelque sang, specialemét par la teste, qui leur apporte grád allegemét. Il se voit là vne espece de bestes grandes cóme buffles, portans cornes assez larges, la peau

Isidore.

Animaux estráges.

S iij

grisastre, dont ils font vestemens: & plusieurs autres bestes, desquelles les peaux sont fort riches & singulieres. Le païs au reste est montagneux & peu fertile, tant pour l'intemperature de l'air, que pour la condition de la terre peu habitée, & mal cultiuée. Des oyseaux, il ne s'en trouue en si grand nombre qu'en l'Amerique, ou au Peru, ne de si beaux. Il y a deux especes d'aigles, dont les vnes hantent les eauës, & ne viuent gueres que de poisson, & encores de ceux qui sont vestus de grosses escailles ou coquilles, qu'ils enleuent en l'air, puis les laissent tomber en terre, & les rompent ainsi pour manger ce qui est dedans. Ceste aigle nidifie en gros arbres sus le riuage de la mer. En ce païs à plusieurs beaux fleuues, & abondance de bon poisson. Ce peuple n'appete autre chose, sinon ce qui luy est necessaire pour substenter leur nature, en sorte qu'ils ne sont curieux en viades, & n'en vont querir es païs loingtains, & sont leurs nourritures saines, dequoy auient qu'ils ne sçauent que c'est que maladies, ains viuét en continuelle santé & paix, & n'ont aucune occasion de conceuoir enuie les vns contre les autres, à cause de leurs biens ou patrimoine: car ils sont quasi tous egaux en biens, & sont tous riches par vn mutuel contentement, & equalité de pauureté. Ils n'ont aussi aucun lieu deputé pour administrer iustice, parce qu'entre eux ne font aucune chose digne de reprehension, Ils n'ont aucunes loix, ne plus ne moins que noz Ameriques & autre peuple de ceste terre continente, sinon celle de nature. Le peuple maritime se nourrist communément de poisson, cóme nous auons desia dit: les autres eslongnez de la mer se contentent des fruits de la terre, qu'elle produit la plus grand part sans culture,

Deux especes d'aigles.

DE LA FRANCE ANTARCTIQVE. 164

culture, & estre labourée. Et ainsi en ont vsé autrefois les anciens, comme mesme recite Pline. Nous en voyons encores assez auiourd'huy, que la terre nous produit elle-mesme sans estre cultiuée. Dont Virgile recite que la forest Dodonée commençant à se retraire, pour l'aage qui la surmontoit, ou bien qu'elle ne pouuoit satisfaire au nombre du peuple qui se multiplioit, vn chascun fut contraint de trauailler & solliciter la terre, pour en receuoir emolument necessaire à la vie. Et voila quant à leur agriculture. Au reste ce peuple est peu subiet à guerroyer, si leurs ennemis ne les viennét chercher. Alors ils se mettét tous en defense en la façon & maniere des Canadiens.

Au li. 16. de l'hist. na. Virgile. Forest Dodonée

Maniere de guerroyer des Sauuages de Terre neuue.

Leurs instrumens incitans à batailler, sont peaux de bestes tendues en maniere de cercle, qui leur seruét de tabourins, auec fleuftes d'offemens de cerfs, comme ceux des Canadiens. Que s'ils apperçoyuent leurs ennemis de loing, ils se prepareront de combatre de leurs armes, qui sont arcs & fleches: & auant qu'entrer en guerre, leur principale guide, qu'ils tiennent comme vn Roy, ira tout le premier, armé de belles peaux & plumages, afsis sur les espaules de deux puiffans Sauuages, à fin qu'vn chacun le congoiffe, & foyent prompts à luy obeïr en tout ce qu'il commandera. Et quand il obtient victoire, Dieu sçait cõme ils le careffent. Et ainsi s'en retournent ioyeux en leurs loges auec leurs bannieres deployées, qui sont rameaux d'arbres garnis de plumes de cygnes, voltigeans en l'air, & portans la peau du visage de leurs ennemis, tendue en petis cercles, en signe de victoire, comme i'ay voulu reprefenter par la figure precedente.

Bãnieres eftrãges.

Des ifles des Effores.
CHAP. 83.

Ifles des Effores pourquoy aĩsi nõmées & redoutées des nauigãs.

IL ne refte plus de tout noftre voyage, qu'à traiter d'aucunes ifles, qu'ils appellent des Effores, lefquelles nous coftoyames à main dextre, & nõ fans grand danger de naufrage: car trois ou quatre degrez deçà & delà fouffle ordinairement vn vent le plus merueilleux, froid, & impetueux, qu'il eft pofsible: craintes pour ce refpect, & redoutées des pilots & nauigans, comme le plus dangereux paffage, qui foit en tout le voyage, foit pour aller aux Indes, ou à l'Amerique: & pouuez penfer qu'en ceft endroit la mer n'eft iamais

DE LA FRANCE ANTARCTIQVE. 165

mais tranquille, ains se leue contremont, comme nous voyons souuentefois, que le vent esleue la pouldre, ou festus de la terre, & les hausse droictement contremont, ce que nous appellons communement turbillon, qui se fait aussi bien en la mer comme en la terre, car en l'vn & en l'autre il se fait comme vne pointe de feu ou pyramide, & esleue l'eau contremont, comme i'ay veu mainte fois, parquoy semble que le vent à aussi vn mouuement droit d'embas contremont, comme mouuement circulaire, duquel i'ay dit en vn autre lieu. Voila parquoy elles ont esté ainsi nommées, pour le grand essor que cause ce vent es dites isles : car essorer vaut autant à dire comme secher, ou essuyer. Ces isles sont distantes de nostre France enuiron dix degrez & demy : & sont neuf en nombre, dont les meilleures sont habitées auiourd'huy des Portugais, ou ils ont enuoyé plusieurs esclaues, pour trauailler & labourer la terre : laquelle par leur diligence ils ont renduë fertile de tous bons fruits, necessaires à la vie humaine, de blé principalement, qu'elle produit en telle abondáce, que tout le païs de Portugal en est fourny de là : & le transportét à belles nauires, auec plusieurs bons fruits, tant du naturel du païs, que d'ailleurs, mais vn entre les autres, nómé *Hirci*, dont la pláte à esté apportée des Indes, car au parauant ne se trouuoit nullement, tout ainsi qu'aux isles Fortunées. Et mesme en toute nostre Europe, auant que lon commençast à cultiuer la terre, à planter & semer diuersité de fruits, les hómes se contentoyent seulement de ce que la terre produisoit de son naturel : ayans pour bruuage, de belle eau clere : pour vestemens quelques escorces de bois, fueillages, & quelques peaux, comme desia

Essores.

Fertilité des isles des Essores.

Hirci.

T

nous auons dit. En quoy pouuós voir cleremét vne admirable prouidence de noſtre Dieu, lequel à mis en la mer, ſoit Oceane ou Mediterranée, grand quantité d'iſles, les vnes plus grandes, les autres plus petites, ſoutenás les flots & tempeſtes d'icelle, ſans toutefois aucunement bouger, ou que les habitás en ſoient de rien incommodez(le Seigneur, cóme dit le Prophete, luy ayant ordonné ſes bornes, qu'elle ne ſçauroit paſſer) dont les vnes ſont habitées, qui autrefois eſtoient deſertes: pluſieurs abandónées qui iadis auoient eſté peuplées, ainſi que nous voyons aduenir de pluſieurs villes & citez de l'Empire de Grece, Trapezonde, & Egypte. L'ordonnance du Createur eſtant telle, que toutes choſes çà bas ne ſeroyent perdurables en leur eſtre, ains ſubiettes à mutation. Ce que conſiderans noz Coſmographes modernes, ont adiouſté aux tables de Ptolomée les cartes nouuelles de noſtre temps, car depuis la congnoiſſance & le temps qu'il eſcriuoit, ſont aduenuës pluſieurs choſes nouuelles. Noz Eſſores donques eſtoyent deſertes, auant qu'elles fuſſent congnuës par les Portugais, pleines toutefois de bois de toutes ſortes: entre leſquels ſe trouue vne eſpece de cedre, nommé en lágue des Sauuages *Oracantin*, dont ils font tresbeaux ouurages, comme tables, coffres, & pluſieurs vaiſſeaux de mer. Ce bois eſt à merueilles odoriferant, & n'eſt ſubiect à putrefaction, comme autre bois, ſoit en terre ou en eau. Ce que Pline à bien noté, que de ſon temps lon trouue à Rome quelques liures de Philoſophie en vn ſepulchre, entre deux pierres, dans vn petit coffre, fait de bois de cedre, qui auoit demeuré ſoubs terre bien l'eſpace de cinq cens ans. D'auange il me ſouuient auoir leu autrefois

Oracantin, eſpece de cedre.

Pline.

Coffre de cedre.

trefois, qu'Alexandre le grand paſſant en la Taprobane, trouua vne nauire de cedre ſus le riuage de la mer, ou elle auoit demeuré plus de deux cens ans, ſans corruption, ou putrefaction aucune. Et de là eſt venu le prouerbe Latin, que lon dit, *Digna cedro*, des choſes qui meritent eternelle memoire. Il me ſemble que ces cedres des Eſſores, ne ſont ſi haut eleuez en l'air ny de telle odeur, que ceux qui ſont au deſtroit de Magellan, encores qu'il ſoit quaſi en meſme hauteur, que leſdites iſles des Eſſores. Il ſy trouue pareillement pluſieurs autres arbres, arbriſſeaux portant fruits tresbeaux à voir, ſpecialement en la meilleure & plus notable iſle, laquelle ils ont nommée Iſle de Sainct Michel, & la plus peuplée. En ceſte iſle à vne fort belle ville nagueres baſtie auec vn fort, là ou les nauires tãt d'Eſpagne que de Portugal, au retour des Indes abordent, & ſe repoſent auant qu'arriuer en leur païs. En l'vne de ces iſles à vne montagne, preſque autant haute que celle de Teneriffe, dont nous auons parlé: ou il y à abondance de paſtel, de ſucre, & de vin quelque peu. Il ne ſy trouue aucune beſte rauiſſante, oy bien quelques cheures ſauuages, & pluſieurs oyſeaux par les boccages. De la hauteur de ces iſles fut queſtion de paſſer outre, iuſques au cap de Fine terre, ſus la coſte d'Eſpagne, ou abordames, toutefois bien tard, pour recouurer viures, dont nous auions grande indigéce, pour filer & deduire chemin, iuſques en Bretagne, contrée de l'obeïſſance de France.

Voila Meſſieurs, le diſcours de mon loingtain voyage au Ponent, lequel i'ay deſcrit, pour n'eſtre veu inutile, & pour neant auoir executé telle entrepriſe, le plus ſommairement qu'il m'à eſté poſſible, non parauenture ſi elo-

Nauire de cedre.

Prouerbe.

Iſle de S. Michel.

Cap de Fine terre.

Epilogue de l'Auteur.

T ij

quemment que meritent voz aureilles tant delicates, & iugement si exquis. Et si Dieu ne m'a fait ceste grace de consumer ma ieunesse es bonnes lettres, & y acquerir autant de perfection que plusieurs autres, ains plus tost à la nauigation, ie vous supplieray affectueusement m'excuser. Ce pendant si vous plait agreablement receuoir ce mien escript tumultuairement comprins & labouré par les tempestes, & autres incómoditez d'eau & de terre, vous me donnerez courage, estant seiourné & à repos par deçà, apres auoir reconcilié mes esprits, qui sont comme espandus çà & là, d'escrire plus amplement de la situation & distance des lieux, que i'ay obseruez oculairemét, tant en Leuant, Midy, que Ponent: lesquelles i'espere vous monstrer à l'œil, & representer par viues figures, outre les Cartes modernes, que i'oseray dire, sans offenser l'honneur de personne, manquer en plusieurs choses, soit la faute des portrayeurs, tailleurs, ou autres, ie m'en rapporte. D'auantage, encores qu'il est malaisé, voire impossible, de pouuoir iustement representer les lieux & places notables, leurs situations & distances, sans les auoir veuës à l'œil: qui est la plus certaine congnoissance de toutes, comme vn chacun peut iuger & bien entendre. Vous voyez combien long temps nous auons ignoré plusieurs païs, tant isles que terre ferme, nous arrestans à ce qu'en auoiét veu & escript les Anciés: iusques à tant, que depuis quelque temps en çà, l'on s'est hazardé à la nauigation, de maniere qu'auiourd'huy lon a decouuert tout nostre Hemisphere, & trouué habitable: duquel Ptolomée, & les autres n'auoyent seulement recongnu la moytié.

Cartes de l'Auteur cōtenans la situation & distance des lieux.

FIN.

www.ingramcontent.com/pod-product-compliance
Lightning Source LLC
Chambersburg PA
CBHW060456170426
43199CB00011B/1231